Dietrich Gronau

# HEINRICH HEINE

*»Nichts als ein Dichter«*

Originalausgabe

Wilhelm Heyne Verlag
München

HEYNE SACHBUCH
19/540

*Umwelthinweis:*
Dieses Buch wurde auf
chlor- und säurefreiem Papier gedruckt.

Redaktion: Barbara Hörmann


Printed in Germany 1997
Umschlagillustration: Archiv für Kunst und Geschichte, Berlin
Umschlaggestaltung: Atelier Adolf Bachmann, Reischach
Innenbilder: Archiv für Kunst und Geschichte, Berlin
Satz: Schaber Satz- und Datentechnik, Wels
Druck und Verarbeitung: Presse-Druck, Augsburg

ISBN: 3-453-12318-2

*Du bist wie eine Blume …*

# Inhalt

## 1.
## *Als Napoleon durch Düsseldorf ritt …*
(1797–1816)

Als Heinrich Heine am 13. Dezember 1797 in Düsseldorf geboren wurde, befand sich Europa wie zur Zeit der Renaissance in einem Umwandlungsprozeß, der große schöpferische Energien freisetzte. Während der nächsten fünfzig Jahre, die fast die gesamte Lebensspanne Heines ausmachten, vollzog sich die durch die Aufklärung vorbereitete und durch die Französische Revolution 1789 eingeleitete Trennung von der historisch überholten feudalistischen Gesellschaftsordnung. Dem Absolutheitsanspruch der herrschenden Dynastien wurde das Recht aller Menschen auf Freiheit und Gleichheit entgegengehalten, fürstliche Kabinettspolitiker sahen sich mit republikanischen Parlamentariern konfrontiert, und anstatt sich mit Spitzenrüschen zu garnieren, trugen die fortschrittlich Denkenden ihre Hemden weit geöffnet über der unverfälschten Brust.

Wie Jahrhunderte zuvor, als durch das Wissen um neue Kontinente und um das Verhältnis der Gestirne zueinander die Allmacht der Kirche gebrochen und Vorbildliches in der heidnischen Antike entdeckt wurde, beendeten zu Beginn des 19. Jahrhunderts die erste Industrialisierungswelle und die neu sich bildende Schicht der Arbeiter die Vorrechtstellung des Adels. Die Vorbilder aus der griechischen und römischen Antike erhielten mittelalterliche Trachten oder Gewänder im Stil des französischen Empire, sangen Volkslieder und Balladen, schwärmten von freier Liebe und erhitzten sich am Patriotismus, der fatalen Vorstufe des Nationalismus.

Alle diese Veränderungen in Politik und Alltagsleben schufen eine berauschende Atmosphäre der Entfesselung, die sich in der Pariser Julirevolution von 1830 und in den revolutionären Erhebungen des Jahres 1848 am spektakulärsten niederschlug. Nach 1848 verlor sich der Freiheitsenthusiasmus im zähen Ringen der restaurativen mit den progressiven Kräften, das geistige und künstlerische Leben begann – zumindest in den deutschen

Kleinstaaten – zu stagnieren, und die stürmisch bewegte Phase des Aufbegehrens und des Experimentierens versank in verklärender Erinnerung.

Heines Werk ist in seiner Vielschichtigkeit und Dynamik so eng mit dieser Phase der rasanten Umwälzungen und der leidenschaftlich ausgetragenen Richtungskämpfe verwoben, daß es einem minutiös protokollierten Zeitdokument gleichkommt. Nichts fehlt darin, um ein einzigartiges Panorama, dessen frisch-lebendige Unmittelbarkeit verblüfft, entstehen zu lassen: kommentierende Berichte über politische, religiöse und kulturelle Ereignisse und Zusammenhänge, mit Exkursen in die Vergangenheit, Beschreibungen von Reisen zwischen Polen und den Pyrenäen, zwischen London und Florenz, Rezensionen von Neuerscheinungen aus allen Kunstsparten, Porträts zahlreicher Persönlichkeiten des öffentlichen und gesellschaftlichen Lebens, Intrigen, Klatsch und private Fehden in Form von Zeitungsartikeln, Historisches und Aktuelles, Allgemeines und Besonderes in dichtem Gemisch und mit ständig gleicher Brisanz.

Verse jedoch bilden den Anfang, den Abschluß und einige der Höhepunkte dieses Werkes. Verse, die sich zu Strophen formen, zu Liedern, Balladen, Romanzen und Epen, gelegentlich auch zu dramatischen Texten. Sie sind das seelisch-geistige Diagramm ihres Autors und vieler seiner Zeitgenossen. Hoffnungsvollen Frühlings- und Liebesgedichten und romantisch gestimmten Szenen folgen kritisch-satirische Poeme und, nach längerer lyrischer Pause in den ersten Pariser Jahren, metrische Abrechnungen mit den Kleingeistern, Idyllikern und Rückgewandten. Während der kraftvollen letzten Phase seines Lebens entstanden schließlich die ›Neuen Gedichte‹ im realistischen Stil der zweiten Jahrhunderthälfte, Gedichte voller Enttäuschung, Anklage und Bitterkeit gegen die erstickende Ordnung der triumphierenden Bourgeoisie und gegen die geistige Nivellierung des aufkommenden Massenzeitalters.

Heine war zu sehr Spiegel seiner Zeit, als daß man vermuten dürfte, sein Leben sei reich an Abenteuern und Unternehmungen gewesen. Er beobachtete, sammelte und recherchierte für seine Texte, aber niemals trat er als Handelnder auf, weder als Barrikadenkämpfer noch als Verführer, weder als Zeitungsverleger noch als Salonlöwe. Seinen Liebesaffären fehlte die Kühnheit einer George Sand oder eines Lord Byron, die er beide bewunderte, seine verlegerischen Versuche scheiterten an der Beweglichkeit seines Geistes, die ihm keinen Stillstand durch Unterordnung und Routine erlaubte, und für seine Überzeugungen bevorzugte er die persönliche Auseinandersetzung, notfalls im Duell, einer durchaus wagemutigen Spielart der Verteidigung seiner Ideale. In den Salons in Berlin und Paris, wo effektvolle Selbstdarstellung hoch zählte, ging Heine, den man vor allem seiner literarischen Begabung wegen schätzte, nur selten aus sich heraus. Seinen berühmt-berüchtigten Spott, mit dem er auf die von Gegensätzen berstende Zeit reagierte, hielt er in kluger Ökonomie für sein Lesepublikum zurück.

Nach Abenteuern aber hat Heine sich immer gesehnt, nach einem Entweichen aus dem Labyrinth der Buchstaben und Gedanken hin zu einer sinnlichen Welt des Betrachtens und des Berührens. Seine Liebe zum Meer, die ihn oft an die Nordseeküste und später an die französische Atlantikküste zog und ihn zu einigen seiner eindrucksvollsten Gedichte im ›Buch der Lieder‹ inspirierte, verrät viel von dieser Sehnsucht in die Weite. Daß sie eine reale Ursache, ein leibhaftiges Vorbild hatte, bekannte Heine in den erst nach seinem Tod 1884 veröffentlichten fragmentarischen ›Memoiren‹, die seiner Jugendzeit gewidmet sind.

Während er in alten und neuen Sprachen, Philosophie, Religion und Naturwissenschaften gedrillt wurde, vertrieb sich der junge Harry, wie Heine nach einem Geschäftsfreund seines Vaters in Liverpool bis zu seiner Taufe im Jahr 1825 mit Vornamen hieß, die Freizeit am liebsten auf dem mit Gerümpel und Büchern vollgestellten Dachboden seines Onkels Simon van Geldern junior. Eines Tages entdeckte er dort beim Herumstöbern Aufzeichnungen seines 1774 verstorbenen Großonkels Simon van Geldern senior, eines echten Abenteurers, den die Familie als ›Morgenländer‹ und ›Chevalier‹ im Gedächtnis bewahrte. Dieses ›Notizenbuch‹ des weitgereisten ›Großoheims‹ beeindruckte das Gemüt des neugierigen Schülers stärker als alles Schulwissen. Es erweckte durch die Schilderungen fremder Landschaften, bizarrer Gestalten und ungewöhnlicher Begebenheiten nicht nur die in ihm ruhende Einbildungskraft, sondern vermittelte ihm auch die Erkenntnis, daß Phantasie und Wirklichkeit sich bis zur Austauschbarkeit annähern können. In seinen ›Memoiren‹, die er im wesentlichen wenige Jahre vor seinem Tod niederschrieb, hebt er diese für seine Dichtung so folgenreiche Erkenntnis durch die Beschreibung eines Erlebnisses hervor, das ihn die Grenze zwischen übersteigerter Wahrnehmung und Wahnvorstellung spüren ließ.

»... ich versenkte mich so tief in seine [des Großoheims] Irrfahrten und Schicksale, daß mich manchmal am hellen, lichten Tage ein unheimliches Gefühl ergriff und es mir vorkam, als sei ich selbst mein seliger Großoheim und als lebte ich nur eine Fortsetzung des Lebens jenes längst Verstorbenen! In der Nacht spiegelte sich dasselbe retrospektiv zurück in meine Träume. Mein Leben glich damals einem großen Journal, wo die obere Abteilung die Gegenwart, den Tag mit seinen Tagesberichten und Tagesdebatten, enthielt, während die untere Abteilung die poetische Vergangenheit in fortlaufenden Nachtträumen wie eine Reihenfolge von Romanfeuilletons sich phantastisch kundgab. In diesen Träumen identifizierte ich mich gänzlich mit meinem Großohm, und mit Grauen fühlte ich zugleich, daß ich ein anderer war und einer anderen Zeit angehörte .... Dieser wunderliche Zustand dauerte wohl ein Jahr, und obgleich ich wieder ganz zur Einheit des Selbstbewußtseins kam, blieben doch geheime Spuren in meiner Seele. Manche Idiosynkrasie, manche fatale Sympathien und Antipathien, die gar nicht zu meinem Naturell passen, ja sogar manche Handlungen, die im Widerspruch mit meiner Denkweise sind, erkläre ich mir als Nachwirkungen aus jener Traumzeit, wo ich mein eigener Großoheim war.«[1]

Mit einem Anflug von Wehmut verglich Heine auf seinem Krankenlager in Paris das Abenteuerleben seines Großonkels mit dem seinigen, das von politischen Auseinandersetzungen gekennzeichnet war. Die Französische Revolution von 1789 hatte schlagartig ein neues Bewußtsein geschaffen. Man konnte nicht mehr unbekümmert in der Welt herumschlendern, während es darum ging, hier und jetzt Entscheidungen für die Zukunft zu treffen. Der ›Morgenländer‹ gehörte der Vergangenheit an. Seine phantastische Welt war zusammengeschrumpft auf einen konkreten Erdball mit Völkern, die um ihre Rechte kämpften, und Ländern, die nach ihrem wirtschaftlichen Nutzen beurteilt wurden. Nur seine Persönlichkeit hatte nichts von ihrer Faszination eingebüßt. Heine huldigte ihr als einer individuellen Kraft, die auch ihn antrieb und befähigte, Gegenwart in zeitlose Dichtung umzuwandeln.

»Eine rätselhafte Erscheinung, schwer zu begreifen, war dieser Großoheim. Er führte eine jener wunderlichen Existenzen, die nur im Anfang und in der Mitte des achtzehnten Jahrhunderts möglich gewesen; er war halb Schwärmer, der für kosmopolitische, weltbeglückende Utopien Propaganda machte, halb Glücksritter, der im Gefühl seiner individuellen Kraft die morschen Schranken einer morschen Gesellschaft durchbricht oder überspringt. Jedenfalls war er ganz Mensch.«[2]

Die tief empfundene Wesensverwandtschaft zu seinem Großonkel ließ Heine früh ahnen, daß er ebenfalls Abenteuer zu bestehen haben würde. Keine Abenteuer im alten Stil beliebigen Reisens, die einer Flucht in die Anonymität von Zeit und Raum glichen, sondern Abenteuer in der eigenen aufregenden Gegenwart, der er sich als starkes Individuum, als ›ganzer Mensch‹ nicht ohne Aufgabe seiner selbst würde entziehen können.

Noch bevor das geheimnisvolle ›Notizenbuch‹ ihn in eine Aufbruchsstimmung versetzte, die ihn niemals wieder loslassen sollte, hatte er durch seine nicht ganz unbedeutende Familie eine erhebliche Bewußtseinserweiterung erfahren. Gesellschaftliche Anerkennung oder Mißachtung prägten sich ihm seit seiner Kindheit als wichtige Maßstäbe ein, wobei seine jüdische Abstammung, die ihn von vornherein in der damaligen bürgerlichen Gesellschaft zu einem Außenseiter machte, wesentlich dazu beitrug, seinen Sinn für die Bewertung öffentlicher Vorgänge zu schärfen.

Immerhin gab es unter den Vorfahren der Familie angesehene Kaufleute, Ärzte, Gelehrte und Hofangestellte, die sich zwischen den festgefügten Zünften und Ständen bewegt hatten und reich an Erfahrungen waren. Heines Mutter, Betty, eine geborene van Geldern, brachte etwas mehr gesellschaftlichen Glanz mit. Daher achtete sie auch strenger darauf, daß ihre vier Kinder – Heinrich, damals noch Harry, Charlotte, Gustav und Maximilian – eine gute Ausbildung erhielten und durch Karriere oder Eheschließung eine gehobene Position erlangten. Als er der mütterlichen Disziplin längst entwichen war, erinnerte sich Heine:

»Meine Mutter … hatte große, hochfliegende Dinge mit mir im Sinn, und alle Erziehungspläne zielten darauf hin. Sie spielte die Hauptrolle in meiner Entwicklungsgeschichte, sie machte die Programme aller meiner Studien, und schon vor meiner Geburt begannen ihre Erziehungspläne. Ich folgte gehorsam ihren ausgesprochenen Wünschen, jedoch gestehe ich, daß sie schuld war an der Unfruchtbarkeit meiner meisten Versuche und Bestrebungen in bürgerlichen Stellen, da dieselben niemals meinem Naturell entsprachen. Letzteres, weit mehr als die Weltbegebenheiten, bestimmte meine Zukunft. In uns selbst liegen die Sterne unseres Glücks.«[3]

Sein Vater, Samson Heine, seit 1796 als Textilkaufmann in Düsseldorf ansässig, wirkte eher durch seine individuellen Eigenschaften. Er war ein Träumer und Lebenskünstler und den Geschäften nicht sehr ernsthaft zugetan, was schließlich in Verbindung mit früh auftretenden körperlichen Gebrechen dazu führte, daß seine beruflichen Unternehmungen scheiterten. Dennoch hat er sich große Verdienste erworben, indem er seinem zukünftigen Dichtersohn ein Beispiel dafür bot, daß die menschliche Existenz nur ein flüchtiger Zeitvertreib und die Welt ein Tummelplatz immer gleicher Begierden ist. Nichts lockt den Poeten so sehr hervor wie die überzeugende Relativierung von Himmel und Erde. Durch diese unbewußt erteilte väterliche Lektion öffnete sich bereits dem heranwachsenden Heine die höhere Region heiterer Betrachtungen, die meist erst betagte Philosophen erreichen. Als er in den ›Memoiren‹ über seinen Vater schrieb, schien er ihm lächelnd sein eigenes Lebensrezept zu bestätigen.

»Eine grenzenlose Lebenslust war ein Hauptzug im Charakter meines Vaters, er war genußsüchtig, frohsinnig, rosenlaunig. In seinem Gemüte war beständig Kirmes, und wenn auch manchmal die Tanzmusik nicht sehr rauschend, so wurden doch immer die Violinen gestimmt. Immer himmelblaue Heiterkeit und Fanfaren des Leichtsinns. Eine Sorglosigkeit, die des vorigen Tages vergaß und die an den kommenden Morgen denken wollte. ... Er war wirklich ein großes Kind mit einer kindlichen Naivität, die bei platten Verstandesvirtuosen sehr leicht für Einfalt gelten konnte, aber manchmal durch irgendeinen tiefsinnigen Ausspruch das bedeutendste Anschauungsvermögen (Intuition) verriet.

Er witterte mit seinen geistigen Fühlhörnern, was die Klugen erst langsam durch die Reflektion begriffen. Er dachte weniger mit dem Kopf als mit dem Herzen und hatte das liebenswürdigste Herz, das man sich denken kann. Das Lächeln, das manchmal um seine Lippen spielte und mit der oben erwähnten Gravität gar drollig anmutig kontrastierte, war der süße Widerschein seiner Seelengüte.«[4]

Dieses väterliche Porträt könnte dem Biedermeier entnommen sein, so weich und liebevoll ist es gezeichnet. Heine fügte ihm jedoch einige Szenen hinzu, die der gemütvollen Harmonie einen von Willkür und Zufällen verdunkelten Hintergrund geben. Die Abhängigkeit von großen und kleinen Fürsten, die bis zum Ende des 18. Jahrhunderts jeder Angehörige der niederen Stände hinnehmen mußte, und die Sondergesetze für Juden, die weitere empfindliche Einschränkungen – wie begrenztes Niederlassungsrecht in den Städten – brachten, sind die realen Bedingungen dieses in pietätvoller Heiterkeit dargestellten Lebenslaufs.

»Im Gefolge des Prinzen Ernst von Cumberland befand sich mein Vater zu Anfang der französischen Revolution und machte den Feldzug in Flandern und Brabant mit in der Eigenschaft eines Proviantmeisters oder Kommissarius oder, wie es die Franzosen nennen, eines Officier de bouche; die Preußen nennen es einen ›Mehlwurm‹. Das eigentliche Amt des blutjungen Menschen war aber das eines Günstlings des Prinzen, ... und er teilte auch am Ende das Schicksal solcher Spielzeuge der Fürstengunst. Mein Vater blieb zwar zeitlebens fest überzeugt, daß der Prinz, welcher später König von Hannover ward, ihn nie vergessen habe, doch wußte er sich nie zu erklären, warum der Prinz niemals nach ihm schickte, niemals sich nach ihm erkundigen ließ, da er doch nicht wissen konnte, ob sein ehemaliger Günstling nicht in Verhältnissen lebte, wo er etwa seiner bedürftig sein möchte.«

Den Wechsel vom Soldaten- in den Kaufmannsstand und von Hannover nach Düsseldorf verdankte Samson Heine seiner Frau Betty, die als Mitglied der alteingesessenen Familie van Geldern genügend Einfluß besaß, um den Räten der Stadt und der jüdischen Gemeinde eine Zuzugsgenehmigung für ihren geliebten, nur leider etwas flatterhaften Mann abzuringen. Der Preis, den er dafür zahlen mußte, waren der Verlust an Beweglichkeit, die das Militär ihm ermöglicht hatte, und die eheliche Kontrolle seiner Liebhabereien.

»Aus jener Feldzugsperiode stammen manche bedenkliche Liebhabereien meines Vaters, die ihm meine Mutter nur allmählich abgewöhnen konnte. Z. B. er ließ sich gern zu hohem Spiel verleiten, protegierte die dramatische Kunst oder vielmehr ihre Priesterinnen, und gar Pferde und Hunde waren seine Passion. Bei seiner Ankunft in Düsseldorf, wo er sich aus Liebe für meine Mutter als Kaufmann etablierte, hatte er zwölf der schönsten Gäule mitgebracht. Er entäußerte sich aber derselben auf ausdrücklichen Wunsch seiner jungen Gattin, die ihm vorstellte, daß dieses vierfüßige Kapital zuviel Hafer fresse und gar nichts eintrage. Schwerer ward es meiner Mutter, auch den Stallmeister zu entfernen, einen vierschrötigen Flegel, der beständig mit irgendeinem aufgegabelten Lump im Stalle lag und Karten spielte. Er ging endlich von selbst in Begleitung einer goldenen Repetieruhr meines Vaters und einiger anderer Kleinodien von Wert.«[5]

Trotz energischer Korrekturen gelang es Betty Heine nicht, aus ihrem Mann einen perfekt angepaßten Bürger zu machen. Da auch bei Harry, dem Erstgeborenen, ihre Erziehungsmaßnahmen nicht in gewünschter Weise fruchteten, mußte sie sich mit den folgsameren Charakteren ihrer Söhne Gustav, der als Zeitungsverleger in Wien Karriere machte, und Maximilian, der sich als Arzt und Schriftsteller in Sankt Petersburg niederließ, und ihrer Tochter Charlotte, die den Hamburger Kaufmann Moritz Embden heiratete, trösten. Daß sie alle drei ihren in der Poesie sich verzehrenden Bruder um mehrere Jahrzehnte überlebten, schien die mütterliche Wertschätzung einer soliden bürgerlichen Existenz nachträglich zu rechtfertigen. Mit der Unsterblichkeit aber hat es seine eigene Bewandtnis. Sie fiel jenem Heinrich Heine zu, der in Erinnerung an seinen 1820 nach geschäftlichem Ruin und langer schwerer Krankheit in Hamburg gestorbenen Vater zärtlich und frei von religiösen Konventionen zu schreiben vermochte:

»Er war von allen Menschen derjenige, den ich am meisten auf dieser Erde geliebt. Er ist jetzt tot seit länger als 25 Jahren. Ich dachte nie daran, daß ich ihn einst verlieren würde, und selbst jetzt kann ich es kaum glauben, daß ich ihn wirklich verloren habe. Es ist so schwer, sich von dem Tod der Menschen zu überzeugen, die wir so innig lieben. Aber sie sind auch nicht tot, sie leben fort in uns und wohnen in unseren Seelen.«[6]

Aber nicht nur aus dem beruflichen und gesellschaftlichen Erfahrungskreis seiner Familie fiel Heine lehrreiches Anschauungsmaterial zu. Nicht weniger förderlich für die Entwicklung von Verstandeskraft und Sensibilität war das Aufwachsen in der gesellschaftlichen Randgruppe der Juden, denen eine latent feindselige Umgebung erhöhte Wachsamkeit abverlangte. Als Heine im Februar 1798 nach herkömmlicher Sitte beschnitten und in das Register der jüdischen Gemeinde Düsseldorfs eingetragen wurde, gab es allerdings berechtigte Hoffnungen dafür, daß das von Ausweisungen, Pogromen, Verleumdungen und erniedrigenden Sonderbestimmungen gekennzeichnete Schicksal der europäischen Juden an einer entscheidenden Wende angekommen sei.

Im Jahr 1782 hatte Kaiser Joseph II. im Zuge der Reformen, die das alte Habsburgerreich in einen modernen Staat verwandeln sollten, den Juden in den Kronländern ein Toleranzpatent ausgestellt, das ihre privatrechtliche Gleichstellung bedeutend verbesserte. Neun Jahre später, am 28. September 1791, erließ die aus der Revolution hervorgegangene französische Nationalversammlung ein Dekret, das unter Aufhebung aller Ausnahmegesetze den Juden Frankreichs gleiche bürgerliche Rechte und Pflichten zuerkannte. Diese in Wien und Paris getroffenen Maßnahmen erwirkten in Preußen und anderen deutschen Ländern größere Verständigungsbereitschaft für die jüdische Emanzipationsbewegung, die der Philosoph und Freund Lessings, Moses Mendelssohn, bereits seit Mitte des 18. Jahrhunderts gegen den Widerstand traditionalistischer orthodoxer Rabbiner und mit dem Ziel ›bürgerlicher Aufnahme‹ geistig vorbereitet hatte.

Noch während der Jugendjahre Heines setzte das preußische Edikt vom 11. März 1812 ein erstes Zeichen, daß sich auch für deutsche Juden die Rechtslage zu verbessern begann. Das von Friedrich Wilhelm III. unterzeichnete Edikt gewährte den meisten Juden der preußischen Kronländer die gleichen bürgerlichen Rechte, Freiheiten und Pflichten wie den Christen, nicht aber die Berufung in Staatsämter. Die völlige Gleichstellung aller deutschen Juden erfolgte schließlich in der Ära Bismarcks, als die Gesetze der deutschen Bundesstaaten vereinheitlicht wurden. In den dazwischenliegenden Jahrzehnten gab es verwirrend viele Judenordnungen, die sich von Stadt zu Stadt und von einem Fürstentum zum andern änderten. Dieses Chaos beseitigten weder die napoleonischen Eroberungszüge, in deren

Folge sich die Ideen der Französischen Revolution und des modernen Staatsgedankens verstärkt ausbreiteten, noch der Wiener Kongreß, der der 1815 eingerichteten deutschen Bundesversammlung in Frankfurt am Main die Regelung der Judengesetze überließ. Sogar das preußische Judenedikt zerfiel zwischenzeitlich wieder in achtzehn Sonderbestimmungen, angemessen der nachnapoleonischen Restaurationspolitik, die jedes Emanzipationsbestreben, ob von religiöser oder intellektueller Seite, als revolutionären Umtrieb unterdrückte.

Weit über ein halbes Jahrhundert länger als in Frankreich oder Holland hieß in Deutschland Jude sein, Jude sein müssen. Ob orthodox oder liberal bis gleichgültig in Fragen des Glaubens, ohne Taufe blieb ein deutscher Jude in einem Netz demütigender Ausnahmeregelungen, die sich tief in das Gedächtnis der christlichen Bevölkerung gruben, gefangen. Auch für Heine blieb diese Herabstufung eine unsichtbare Wunde, die seine ohnehin extreme Empfindsamkeit gegenüber Persönlichkeitsverletzungen noch steigerte. Sein Werk ist durchdrungen von dieser früh erfahrenen Isolierung. Am sublimsten äußert sie sich in den zahlreichen Gedichten über unerfüllbare Liebe, weniger verborgen in der kämpferischen Prosa. Selten konfrontierte er seine Leser direkt mit der so absichtsvoll verschlossenen jüdischen Welt.

In der unvollendet gebliebenen Novelle ›Der Rabbi von Bacherach‹, an der er während der Berliner Jahre 1821 bis 1823 und zwei Jahrzehnte später in Paris arbeitete, bildet die bösartigste Verleumdung jüdischer Gläubigen – die rituelle Opferung christlicher Kinder – den Ausgangspunkt. Diese im Mittelalter ausgestreute Verdächtigung, die überall, wo Antisemitismus aufflammte, bereitwillig übernommen wurde, verknüpfte er mit einem vom Ende des 15. Jahrhunderts aus dem Rheinland überlieferten Vorfall.

Nicht in allem mußte Heine sich an historische Vorbilder halten. Er konnte auch auf Beobachtungen zurückgreifen, die er selbst gemacht hatte. So schrieb er über die Juden von Bacherach, als säßen sie neben ihm: »Je mehr aber der Haß sie von außen bedrängte, desto inniger und traulicher wurde das häusliche Zusammenleben, desto tiefer wurzelte die Frömmigkeit und Gottesfurcht ...« Und Sarah, die Frau des Rabbi von Bacherach, porträtierte er, als würde er sich an sie erinnern:

»Dieses Antlitz war rührend schön, wie denn überhaupt die Schönheit der Jüdinnen von eigentümlich rührender Art ist; das Bewußtsein des tiefen Elends, der bittern Schmach und der schlimmen Fährnisse, worin ihre Verwandte und Freunde leben, verbreitet über ihre holden Gesichtszüge eine gewisse leidende Innigkeit und beobachtende Liebesangst, die unsere Herzen sonderbar bezaubern.«[7]

Auch in der 1839 verfaßten Gedenkschrift über den 1837 in Paris gestorbenen Ludwig Börne, einen Juden aus Frankfurt am Main, wo die Bürgerschaft noch bis 1798 den ›Israeliten‹ den freien Ausgang an Sonn- und Feiertagen verboten hatte, beschrieb Heine aus eigener Anschauung eine Gasse, die zum ältesten Teil des Frankfurter Ghettos gehörte. Während eines Besuchs bei Börne im Jahr 1828, als das politische Zerwürfnis zwischen ihnen noch weit entfernt war, kamen sie dort wiederholt vorbei.

»In der Tat, die Häuser jener Straße sahen mich an, als wollten sie mir betrübsame Geschichten erzählen, Geschichten, die man wohl weiß, aber nicht wissen will, oder lieber vergäße, als daß man sie ins Gedächtnis zurückriefe.« Nach Einbruch der Dämmerung verzogen sich die mittelalterlichen Schatten, und es herrschte die Heiterkeit glaubensvoller Zuversicht beim Feiern des Chanukka-Fests: »Als wir denselben Abend wieder durch die Judengasse gingen, und das Gespräch über die Insassen derselben wieder anknüpften, sprudelte die Quelle des Börnschen Geistes um so heiterer, da auch jene Straße, die am Tage einen düsteren Anblick gewährte, jetzt aufs fröhlichste illuminiert war, und die Kinder Israel an jenem Abend … ihr lustiges Lampenfest feierten. Dieses ist einst gestiftet worden zum ewigen Andenken an den Sieg, den die Makkabäer über den König von Syrien so heldenmäßig erfochten haben.«[8]

Wenige Jahre vor seinem Tod befaßte sich Heine auch in seinem lyrischen Werk direkt mit dem Judentum, dem er sich nach krisenreicher Neubesinnung auf einen persönlichen Gott wieder zugewandt hatte – vielleicht ein Versuch, seine schicksalhafte Isolierung in der Versöhnung aufzulösen. Das dritte Buch seiner 1851 veröffentlichten Gedichtsammlung ›Romanzero‹ überschrieb er mit ›Hebräische Melodien‹. Und wie in Rückbesinnung auf die eigene Existenz, in der er, von seinem Werk her betrachtet, das jüdische Erbe solange vernachlässigt hatte, zitierte er in der ersten Strophe des Gedichts ›Jehude ben Halevy‹ die bekennenden Zeilen:

»›Lechzend klebe mir die Zunge
An dem Gaumen, und es welke
Meine rechte Hand, vergäß ich
Jemals dein, Jerusalem …‹«[9]

Schon bevor Heine durch die exotischen Berichte seines Großonkels die eigene schöpferische Phantasie entdeckte, gehörten die jüdischen Traditionen ebenso wie die bis ins 17. Jahrhundert zurückreichenden Familiengeschichten zu dem Fundus an Themen und Stoffen, die seinem künstlerischen Ingenium leicht und schnell zur Entfaltung verhalfen. Aber auch die unmittelbare Gegenwart trug durch die fast zehnjährige Zugehörigkeit Düsseldorfs zu Frankreich ihre anregenden Bilder und Gedanken bei.

Napoleon, seit 1804 Kaiser der Franzosen, hatte 1806 im Zuge seiner europäischen Eroberungen das Herzogtum Berg mit der Residenz Düsseldorf übernommen und ihm den Status eines französischen Départements verliehen. Die glückliche Konsequenz für die Juden bestand darin, daß sie wie alle anderen Bewohner Bergs den Bürgern Frankreichs gleichgestellt wurden. Heine kam viele Jahre später, als das vom Wiener Kongreß Preußen zugesprochene Herzogtum längst wieder den restriktiven deutschen Gesetzen unterstand, in den zusätzlichen Genuß einer am 14. Oktober 1814 in Paris herausgegebenen Verordnung, die besagte, daß alle in der Zeit von 1791 bis 1801 in Düsseldorf geborenen Personen das Recht haben, in Frankreich zu leben. Heine konnte daher während seiner fünfundzwanzig in Paris verbrachten Jahre von keiner französischen Regierung, auch nicht auf Verlangen deutscher Behörden, ausgewiesen werden.

Es gab aber nicht nur praktische Gründe für Heines Bewunderung Napoleons. Als sich schon bald nach den Befreiungskriegen das deutsche Nationalgefühl mit Verachtung gegen das geistige und kulturelle Frankreich wandte und sich in der Enge kleinstaatlicher Verhältnisse verbrauchte, sahen die Fortschrittlichsten ein vereintes Europa als einzigen Ausweg aus der Erstarrung der politischen Fronten. Napoleon hatte dieses Europa zwar nur vorgegaukelt, als er die Fahne der Freiheit, die Trikolore, bis nach Italien, Rußland und Spanien trug, denn als machtgetriebener Eroberer hatte er es gleichzeitig wieder zerstört. Aber nach der Restauration der Adelsherrschaft durch den Wiener Kongreß, die den nationalen Aufschwung in Deutschland in Partikularismus und Selbstbeschau hinabsinken ließ, erschien dieses napoleonische Europa wieder wie eine Zukunftsvision. Nicht zuletzt den deutschen Juden, die sich von den Befreiungskriegen, in denen viele von ihnen mitgezogen waren, ein geeinigtes, Gleichheit gewährendes Deutschland erhofft hatten.

Auch Heine litt an der verpaßten Chance zu einem modernen Einheitsstaat, dem ersten Schritt zu einer Europaunion der Gleichgesinnten, und verabscheute um so mehr die engstirnige, behäbige Deutschtümelei, die jede Weltoffenheit für Vaterlandsverrat hielt. In den ›Briefen aus Berlin‹ schrieb er 1822: »Ich liebe Deutschland und die Deutschen; aber ich liebe nicht minder die Bewohner des übrigen Teils der Erde, deren Zahl vierzig mal größer ist, als die der Deutschen. Die Liebe gibt dem Menschen seinen Wert. Gott lob! ich bin also vierzig mal mehr wert als jene, die sich nicht aus dem Sumpfe der Nationalselbstsucht hervorwinden können, und die nur Deutschland und die Deutschen lieben.«[10]

Die in Heine ruhende künstlerische Begabung und sein weit über dem Durchschnitt liegendes geistiges Aufnahmevermögen wurden durch die politisch bedingte deutsch-französische Parallelausbildung schon im frühesten Entwicklungsstadium beeinflußt. Die beiden so unterschiedlichen Kulturen, die sich durch die romantische Bewegung im ausgehenden 18. Jahrhundert besonders markant voneinander abhoben, mußten ein aufgeschlossenes junges Gemüt nachhaltig prägen. Im positiven Sinn, wenn es um die Erkenntnis von der Einheit des geistigen Kosmos geht, im negativen Sinn, wenn eine schöpferische Natur nicht befähigt ist, ihre originären Wurzeln wechselweise aus zwei Nährböden zu stärken und zu bewahren. Heines Genie wurde durch diese Polarität eher angetrieben als behindert, denn es gelang ihm, sie als Spannungsfeld zwischen Spiritualität und Sinnlichkeit ein Leben lang auszuhalten und für sein gesamtes dichterisches und literarisches Werk zu nutzen.

Daß Heine, der sich von 1806 bis 1815 in der entscheidenden

Phase seiner geistigen Orientierung befand, überhaupt die öffentlichen Schulen besuchen durfte, verdankte er der Bindung des Herzogtums Berg an Frankreich. Als gleichberechtigter Bürger von Napoleons Gnaden besaß auch er, der Jude, das Recht, alle Ausbildungsmöglichkeiten, die bis 1806 nur Christen vorbehalten waren, in Anspruch zu nehmen. Da seine Eltern außerdem den Emanzipationsbestrebungen der liberalen deutschen Juden offen gegenüberstanden, konnte er ohne weiteres Hindernis die israelitische Privatschule, in die er 1803 aufgenommen worden war, verlassen und 1807 in das in einem ehemaligen Franziskanerkloster untergebrachte Düsseldorfer Lyzeum eintreten. Der Unterricht, den er dort bis zum Herbst 1814 erhielt, vermittelte viel mehr Wissen über Frankreich, als es in Schulen unter ausschließlich deutscher Leitung üblich war. Dieser besonders intensive Einfluß, dem er zwischen seinem zehnten und siebzehnten Lebensjahr ausgesetzt war, ließ ihn in den ›Memoiren‹ feststellen: »Ich bin geboren zu Ende des skeptischen achtzehnten Jahrhunderts und in einer Stadt, wo zur Zeit meiner Kindheit nicht bloß die Franzosen, sondern auch der französische Geist herrschte.«[11]

Der Geist der französischen Aufklärung und die Ideen der Französischen Revolution bildeten ein starkes Gegengewicht zur deutschen Romantik, deren Autoren – etwa Joseph von Eichendorff, Ludwig Tieck, Achim von Arnim und E. T. A. Hoffmann – Heine auch außerhalb der schulischen Pflichtlektüre verschlang. Wie sicher er beide Strömungen, die eine rationaler und formaler als die andere, zu Eigenschöpfungen zu verschmelzen verstand, bewies er mit der 1819 entstandenen frühen Napoleon-Romanze ›Die Grenadiere‹, die Datailrealismus und Schicksalhaftigkeit, Historie und individuelles Erleben zu einem magisch wirkenden Wachtraum verbindet. Man kann sie immer wieder lesen, ohne daß sie ihren melancholischen Zauber verliert.

Auch in dem 1827 erschienenen Prosatext ›Ideen. Das Buch Le Grand‹ nehmen Napoleon und seine Soldaten eine zentrale Stelle ein. In den Kapiteln VI bis X dieses autobiographisch angelegten Fragments schildert er, expressiver und ausführlicher als in der späteren Endfassung der ›Memoiren‹, die seine Jugend begleitende dramatische Geschichte des französischen Kaiserreichs. Anknüpfend an die zeitweilige Einquartierung französischen Militärs im Haus seiner Eltern, stellt er den Armeetrommler Le Grand als seinen Dialogpartner vor, mit dem er die Zeit zwischen Napoleons Aufstieg und Fall Revue passieren läßt. Da die sprachliche Verständigung Schwierigkeiten bereitet, bedient sich Le Grand der Trommel, ein glänzender Einfall Heines, dem später Günther Grass in seiner ›Blechtrommel‹ in ähnlicher Weise folgte.

Le Grand, »eine kleine, bewegliche Figur mit einem fürchterlichen, schwarzen Schnurrbarte, worunter sich die roten Lippen trotzig hervorbäumten, während die feurigen Augen hin und her schossen«, gewinnt in dem jungen Düsseldorfer, der bereits etwas Französisch gelernt hat, einen emsigen Schüler. »Ich kleiner Junge hing an ihm wie eine Klette, und half ihm seine Knöpfe spiegelblank putzen und seine Weste mit Kreide weißen – denn Monsieur Le Grand wollte gerne gefallen – und ich folgte ihm auch auf die Wache, nach dem Appell, nach der Parade – da war nichts als Waffenglanz und Lustigkeit – les jours de fête sont passés! Monsieur Le Grand wußte nur wenig gebrochenes Deutsch, nur die Hauptausdrücke – Brot, Kuß, Ehre – doch konnte er sich auf der Trommel sehr gut verständlich machen, z. B. wenn ich nicht wußte, was das Wort ›liberté‹ bedeute, so trommelte er den Marseiller Marsch – und ich verstand ihn. Wußte ich nicht die Bedeutung des Wortes ›égalité‹, so trommelte er den Marsch [der Revolutionäre] ›ça ira, ça ira … les aristocrates à la lanterne!‹ – und ich verstand ihn. Wußte ich nicht, was ›bêtise‹ sei, so trommelte er den Dessauer Marsch, den wir Deutschen, wie auch Goethe berichtet, in der Champagne getrommelt – und ich verstand ihn. Er wollte mir mal das Wort ›l'Allemagne‹ erklären, und er trommelte jene allzueinfache Urmelodie, die man oft an Markttagen bei tanzenden Hunden hört, nämlich Dum – Dum – Dum – ich ärgerte mich, aber ich verstand ihn doch.«[12]

Anders als in der künstlerisch vollendeten Romanze ›Die Grenadiere‹ erscheint Napoleon in diesen Erinnerungsskizzen nicht nur imaginär, sondern als die lebendige Gestalt, die Heine Anfang November 1811 in Düsseldorf mit eigenen Augen sah. Gleich geblieben ist nur die Trauer um den besiegten Kaiser, die Trauer um den tragischen Helden, dessen Visionen von einem zukünftigen Europa an den Realitäten der Gegenwart scheitern mußten. Hosianna! ruft Heine aus, denn das vereinte Europa wäre eine sichere Heimstatt der Juden gewesen. »Denke ich an den großen Kaiser, so wird es in meinem Gedächtnisse wieder recht sommergrün und goldig, eine lange Lindenallee taucht blühend empor, auf den laubigen Zweigen sitzen Nachtigallen, der Wasserfall rauscht, auf runden Beeten stehen Blumen und bewegen traumhaft ihre schönen Häupter ... Ich spreche vom Hofgarten zu Düsseldorf, wo ich oft auf dem Rasen lag, und andächtig zuhörte, wenn Monsieur Le Grand von den Kriegstaten des großen Kaisers erzählte, und dabei die Märsche schlug, die während jener Taten getrommelt wurden, so daß ich alles lebendig sah und hörte ... Aber wie ward mir erst, als ich ihn selber sah, mit hochbegnadigten, eigenen Augen, ihn selber, Hosiannah! den Kaiser.«

Mit nachträglicher Belustigung berichtet Heine von dem Staunen des Schülers, daß Napoleon sich nicht um die kleinlichen Verbote deutschen Ordnungssinns scherte und mitten durch die Allee des Hofgartens ritt, wofür die alte Polizeiverordnung fünf Taler Strafe vorsah. Und sich an das Gesicht des Kaisers erinnernd, der ›seine scheinlose grüne Uniform und das kleine, welthistorische Hütchen‹ trug, fährt er schwärmerisch und mit spöttischen Seitenhieben auf die deutsche Kleingeisterei fort: »Ein Lächeln, das jedes Herz erwärmte und beruhigte, schwebte um die Lippen – und doch wußte man, diese Lippen brauchten nur zu pfeifen – et la Prusse n'existait plus – diese Lippen brauchten nur zu pfeifen – und die ganze Klerisei hatte ausgeklingelt – diese Lippen brauchten nur zu pfeifen – und das ganze heilige römische Reich tanzte. Und diese Lippen lächelten und auch das Auge lächelte – Es war ein Auge klar wie der Himmel, es konnte lesen im Herzen der Menschen, es sah rasch auf einmal alle Dings dieser Welt, während wir anderen sie nur nach einander und nur ihre gefärbten Schatten sehen. Die Stirne war nicht so klar, es nisteten darauf die Geister zukünftiger Schlachten, und es zuckte bisweilen über dieser Stirn, und das waren die schaffenden Gedanken, die großen Siebenmeilenstiefel-Gedanken, womit der Geist des Kaisers unsichtbar über die Welt hinschritt – und ich glaube, jeder dieser Gedanken hätte einem deutschen Schriftsteller, Zeit seines Lebens, vollauf Stoff zum Schreiben gegeben.«

Trotz seiner emotionalen Verwurzelung in der deutschen Romantik zeigt sich Heine von Beginn seiner literarischen Veröffentlichungen an als Realist. Er benennt die Ursachen historischer Ereignisse, und er zeigt das Elend der Namenlosen, wenn Schlachten auf dem Kriegsfeld oder in den Produktionsstätten der Industrie geschlagen werden. Helden, wie sie die alten Dynastien liebten, verlieren durch das ›Hütchen‹ ihren Nimbus, und ihnen folgt als mahnender Troß das Heer betrogener Revolutionäre. Heine läßt noch einmal Le Grand auf der Bühne seines Jugendtheaters erscheinen, nachdem er ihm die Bürde des Wissens um den opferreichen Untergang des Kaisers, der 1812 den Rußlandfeldzug verlor, 1815 abdanken mußte und 1821 auf Sankt Helena starb, aufgelastet hat:

»Während ich aber, auf der alten Bank des Hofgartens sitzend, in die Vergangenheit zurückträumte, hörte ich hinter mir verworrene Menschenstimmen, welche das Schicksal der armen Franzosen beklagten, die, im russischen Kriege als Gefangene nach Sibirien geschleppt, dort mehre lange Jahre, obgleich schon Frieden war, zurückgehalten worden und jetzt erst heimkehrten. Als ich aufsah, erblickte ich wirklich diese Waisenkinder des Ruhmes; durch die Risse ihrer zerlumpten Uniformen lauschte das nackte Elend, in ihren verwitterten Gesichtern lagen tiefe, klagende Augen, und obgleich verstümmelt, ermattet und meist hinkend, blieben sie doch noch immer in einer Art militärischen Schrittes, und seltsam genug! ein Tambour mit einer Trommel schwankte voran; und mit innerem Grauen ergriff mich die Erinnerung an die Sage von den Soldaten, die des Tags in der Schlacht gefallen und des Nachts wieder vom Schlachtfelde aufstehen und mit dem Tambour an der Spitze nach ihrer Vaterstadt marschieren …

Wahrlich, der arme französische Tambour schien halb verwest aus dem Grabe gestiegen zu sein, es war nur ein kleiner Schatten in einer schmutzig zerfetzten grauen Capotte, ein verstorben gelbes Gesicht, mit einem großen Schnurrbarte, der wehmütig herabhing über die verblichenen Lippen, die Augen waren wie verbrannter Zunder, worin nur noch wenige Fünkchen glimmen, und dennoch, an einem einzigen Fünkchen, erkannte ich Monsieur Le Grand.«[13]

Napoleon war zu Anfang des 19. Jahrhunderts die alle anderen Persönlichkeiten der Zeit überragende Gestalt. An ihr entzündeten sich sämtliche Gemüter, ob aus Zustimmung oder Ablehnung, ob fasziniert durch die sagenhafte Karriere eines genialen Einzelgängers oder abgestoßen von dem paradoxen

Versuch, Europa mit Waffengewalt in eine freiheitliche Ordnung zu zwingen. Neben ihm verblaßten der Kaiser in Wien, der Zar in Moskau, die alteingesessenen Könige wie Friedrich Wilhelm IV. in Preußen oder die wiedereingesetzten wie Ludwig XVIII. in Frankreich und sogar Klemens Wenzel Lothar Nepomuk Fürst von Metternich, der Hauptbetreiber der restaurativen Politik auf dem Wiener Kongreß, dessen Name von 1814 bis 1848 verzweifelten Haß bei den Intellektuellen und frohlockende Genugtuung bei den Royalisten hervorrief.

Heine schwärmte sein Leben lang von Napoleon. Naiver als Schüler, der gerne die Welt aus den Angeln gehoben sieht, kämpferischer als gesellschaftskritischer Sprachkünstler, der unter der Zensur kleingeistiger deutscher Patrioten und rückständiger Königstreuer litt, und verhaltener aus der Entfernung der Jahre, die das Prinzipielle aus dem Subjektiven filtert. Und doch besaß er schon als Schüler einen wachen Sinn für die praktische Seite der Dinge. Als das napoleonische Kaiserreich zusammenstürzte, feierte er mit den deutschen Patrioten, die 1815 noch durch den gemeinsamen Widerstand gegen jede Unterdrückung und kühne Zukunftsvisionen verbunden waren, nicht nur die Befreiung von der französischen Gewaltherrschaft, sondern auch die persönliche Befreiung von einer unliebsamen schulischen Pflicht. In den ›Memoiren‹ erzählt er diese Episode im Zusammenhang mit den ehrgeizigen Plänen seiner Mutter.

»Zuerst war es die Pracht des Kaiserreichs, die meine Mutter blendete ... ach da träumte meine Mutter für mich die goldensten Epauletten oder die brodiertesten Ehrenchargen am Hofe des Kaisers, dessen Dienst sie mich ganz zu widmen beabsichtigte. Deshalb mußte ich ... vorzugsweise diejenigen Studien betreiben, die einer solchen Laufbahn förderlich, und obgleich im Lyceum schon hinlänglich für mathematische Wissenschaften gesorgt war und ich bei dem liebenswürdigen Professor Brewer vollauf mit Geometrie, Statik, Hydrostatik, Hydraulik und so weiter gefüttert ward und in Logarithmen und Algebra schwamm, so mußte ich doch noch Privatunterricht in dergleichen Disziplinen nehmen, die mich instand setzen sollten, ein großer Strategiker oder nötigenfalls der Administrator von eroberten Provinzen zu werden.

Mit dem Fall des Kaiserreichs mußte auch meine Mutter der prachtvollen Laufbahn, die sie für mich geträumt, entsagen; die dahin zielenden Studien nahmen ein Ende, und sonderbar! sie ließen auch keine Spur in meinem Geist zurück, so sehr waren sie demselben fremd. Es war nur eine mechanische Errungenschaft, die ich von mir warf als unnützen Plunder.«[14]

Die Bahn war wieder frei für eigene Ausflüge. Zu den Romantikern, Philosophen und Schöngeistern, deren Bücher sich im Haus von Simon van Geldern junior, dem literarisch dilettierenden Onkel, stapelten, zu den alten Kinderfrauen, die die wunderlichsten Geschichten aus wahren Begebenheiten, volkstümlichen Motiven und frommer Gesinnung spannen, und zu Josepha, der Tochter des Scharfrichters von Düsseldorf und Bergen, dem ›roten Sefchen‹, wie man sie wenig taktvoll nannte.

Josepha und Charlotte, die über alles geliebte Schwester, sind die ersten der zahlreichen Frauen, Mädchen, Jungfrauen, Witwen, Matronen, Liebesgöttinnen, Gattinnen und Damen, die Heines Werk bevölkern. Sie erreichen niemals das Volumen eines selbständigen Charakters oder eigener Individualität, sondern bilden immer neue Varianten idealisierter Weiblichkeit. Sie sind sinnliche Leidenschaft oder reines Gefühl. Jede von ihnen eine ewig Geliebte, keine die vollendete Liebe. In den turbulenten ersten Pariser Jahren begegnete Heine diesem Dilemma, indem er sich, wieder die praktische Seite der Dinge erwägend, ein solides Fundament für seine Herzensangelegenheiten verschaffte. Er nahm sich eine Frau ins Haus, Mathilda, die er einige Jahre später, 1841, sogar in den Stand der Ehe versetzte.

Charlotte und Josepha genießen jedoch nicht nur den Vorzug, die ersten in einer langen Frauengirlande zu sein. Die stille und, wie ihr Bruder, einsame Charlotte blieb für Heine von den frühesten Kindheitsjahren bis zu seinem Tod die einzige, mit der ihn eine zärtliche Seelenverwandtschaft verband. »Schon als Kind war meine Mutter des Dichters Liebling«[15], erinnerte sich Maria, ihre Tochter aus der Ehe mit Moritz Embden. Heine widmete ihren innig verbrachten gemeinsamen Jahren das Gedicht ›Mein Kind, wir waren Kinder‹, dessen letzte Strophe den Seufzer enthält:

»Vorbei sind die Kinderspiele,
Und alles rollt vorbei –
Das Geld und die Welt und die Zeiten,
Und Glauben und Lieb und Treu.«

Josephas Stellenwert lag weniger im sentimentalen Bereich. Sie war, obwohl sie leibhaftig in Düsseldorf existierte, eher ein Geschöpf der Einbildungskraft, wie so viele Kunstfiguren bei Heine, ein Zwitterwesen aus Phantasie und ausgeliehener Identität. Was sie aus anderen heraushob, hatte weniger mit ihrer Erscheinung zu tun – da gab es schließlich die blondgelockte Tochter des Oberappellationsgerichtspräsidenten, bei deren Anblick Heine laut Familienüberlieferung ohnmächtig zu Boden gesunken sein soll[16] – als mit dem gräßlichen Beruf ihres Vaters. Mochte der Henker auch ein herzensguter Mann sein, die Leute wollten das gar nicht wissen. Sie mieden ihn und mit ihm seine Tochter. Für Heine, den Sprößling einer jüdischen Familie, war sie als Außenseiterin eine natürliche Verwandte, die sich ebenfalls damit abfinden mußte, in ihrer eigenen Welt zu leben. Wie diese Welt aussah, konnte ihr zurückhaltender Verehrer nur vermuten, und dieser Vermutung nachgehend, wurde ihm ›Sefchen‹ zur Hüterin eines Geisterreichs, das er mit allem ausstattete, was ihn die Romantiker und die alten Kinderfrauen mit ihren wunderlichen Geschichten gelehrt hatten. Durch das ›Notizenbuch‹ seines Großonkels war er sich der eigenen schöpferischen Phantasie bewußt geworden, durch die Aura Josephas entdeckte er in sich den kreativen Quell des Irrealen.

Er präsentierte sie nicht eben einladend, aber bei ihr schwanden ihm auch nicht die Sinne wie bei der blonden Präsidententochter. Er folgte ihr mit hellwachen Sinnen in die Romantik, erschaudernd und mit Vorbehalt: »Ihr Haar war rot, ganz blutrot und hing in langen Locken bis über ihre Schultern hinab, so daß sie dasselbe unter dem Kinn zusammenbinden konnte. Das gab ihr aber das Aussehen, als habe man ihr den Hals abgeschnitten, und in roten Strömen quölle daraus hervor das Blut ... Sie wußte viele alte Volkslieder und hat vielleicht bei mir den Sinn für diese Gattung geweckt, wie sie gewiß den größten Einfluß auf den erwachenden Poeten übte, so daß meine ersten Gedichte der ›Traumbilder‹, die ich bald darauf schrieb, ein düstres und grausames Kolorit haben, wie das Verhältnis, das damals seine blutrünstigen Schatten in mein junges Leben und Denken warf.«[17]

Eines dieser titellosen ›Traumbilder‹, die das ›Buch der Lieder‹ eröffnen, endet als gruselig geschürzte Volksballade, deren Ton Heine so gut trifft, daß sie sich nur im saloppen Wortdetail als spielerische Nachahmung verrät.

»Auf weiter Heid stand weiße Maid,
Grub tief die Erd mit Grabesscheit.
Kaum wagt ich noch sie anzuschaun,
Sie war so schön und doch ein Graun.

Die schöne Maid, die sputet sich,
Sie summt ein Lied gar wunderlich:
›Spaten, Spaten, scharf und breit,
Schaufle Grube tief und weit.‹

Ich ging und nahete mich ihr,
Und flüsterte: O sage mir,
Du wunderschöne, süße Maid,
Was diese Grube hier bedeut't?

Da sprach sie schnell: ›Sei still, ich hab
Geschaufelt dir ein kühles Grab.‹
Und als so sprach die schöne Maid,
Da öffnet sich die Grube weit;

Und als ich in die Grube schaut,
Ein kalter Schauer mich durchgraut;
Und in die dunkle Grabesnacht
Auch stürzt ich hinein – und bin erwacht.«

Auch mit Josepha geschah ein imaginärer Persönlichkeitsaustausch, wenn auch nicht so umfassend wie mit dem Großonkel. Heine vernahm diesmal seine eigene Stimme und übertrug sie in den ›Memoiren‹ auf das ›Sefchen‹, so, wie man sie ihm mitunter beschrieben hatte oder wie sein empfindliches Gehör, durch Violinunterricht und musikalische Veranstaltungen geschult, sie registrierte. »Die Stimme der Josepha ... war nicht besonders wohllautend, und ihr Sprachorgan war manchmal bis zur Klanglosigkeit verschleiert; doch plötzlich, wenn die Leidenschaft eintrat, brach der metallreichste Ton hervor, der mich ganz besonders durch den Umstand ergriff, daß die Stimme der Josepha mit der meinigen eine so große Ähnlichkeit hatte. Wann sie sprach, erschrak ich zuweilen und glaubte, mich selbst sprechen zu hören, und auch ihr Gesang erinnerte mich an Träume, wo ich mich selber mit derselben Art und Weise singen hörte.«[18]

Heines hochempfindlicher Hörsinn fiel bereits seiner Schwester auf, die er ermahnte, nicht so laut zu sprechen. Mitunter irritierte ihn sogar das Ticken oder der Pendelschlag einer Uhr, und die Zimmer oder Wohnungen, die er später mietete, mußten möglichst ruhig liegen. Diese Reizbarkeit war auch der Grund für die Kopfschmerzen, die ihn schon ebenso früh quälten. In einer umfassenden Studie aus dem Jahr 1964, die alle bekannten Krankheitsberichte von und über Heine auswertete, konstatierte ein Nervenarzt als am häufigsten auftretende Symptome Nervosität und ›depressiv-hypochondrische‹ Stimmungen, denen Kurzsichtigkeit und, in den mittleren Jahren, andere organische Leiden folgten.[19]

Die extrem ausgeprägte sinnlich-geistige Spannung, die auch nach Heines physischem Zusammenbruch 1848 nicht nachließ und sein gesamtes Werk bis ins Detail bestimmte, mußte seiner zarten Konstitution auf die Dauer schaden. Nicht weniger diskrepant angelegt war seine menschliche Natur, deren gütige und herzliche Wesensart im Kampf um moralische und politische Ideale aggressive Züge entwickelte, was sich stilistisch in immer schärfer werdender Ironie und bitterem Sarkasmus niederschlug.

Die Schriftstellerin Elise von Hohenhausen, die in Berlin einen literarischen Salon führte, schilderte in einem Gespräch mit ihrer Tochter Friederike den Eindruck, den der junge Heine am Anfang seiner Karriere auf sie gemacht hatte: »Er war klein und schmächtig von Gestalt, blond und blaß, ohne irgend einen hervorstechenden Zug im Gesicht zu haben, doch von eigentümlichem Gepräge, so daß man gleich aufmerksam auf ihn wurde und ihn nicht leicht wieder vergaß. Sein Wesen war damals noch weich, der Stachel des Sarkasmus noch nicht ausgebildet, der später die Rose seiner Poesie umdornte. Er war selbst mehr empfindlich gegen Spott, als aufgelegt, ihn auszuüben. Die guten Empfindungen, die er später oft verlachte, fanden ein wohlklingendes Echo in seiner Seele.«[20]

Jahrzehnte später war Heine zum gefürchteten Spötter geworden, der die Verteidiger und Mitläufer der restaurativen Politik provozierte, indem er sie als Gegner geistigen und sozialen Fortschritts hinstellte. Das Bild, das die Öffentlichkeit sich von dem an der Liebe leidenden Dichter einst gemacht hatte, trug jetzt die Züge eines nihilistischen Kritikers, der weder Gott noch die Liebe, weder die gesellschaftlichen Verhältnisse noch die

Künste mit seinen satirischen Analysen verschonte. Nur die persönlich mit ihm Vertrauten wußten, daß sich sein sanfter Grundcharakter und seine Mitleidensfähigkeit durch den verzehrenden Kampf um geistige Freiheit und politische Rechte nicht verändert hatte. Der fünfundzwanzig Jahre jüngere Alfred Meissner, ein böhmisch-deutscher Schriftsteller, der 1847 mit seiner damals noch idealistisch-demokratischen Gesinnung Heines Sympathie gewann und mehrere Jahre in freundschaftlicher Beziehung zu ihm stand, schrieb über seine letzten Besuche bei dem bereits schwerkranken Dichter in Paris:

»Heine hat Recht, wenn er sagt: ›Es ist wahr, ich habe manchen gekratzt, manchen gebissen, ich war kein Lamm. Aber die gepriesensten Lämmer der Sanftmuth würden sich minder frömmig geberden, besäßen sie, wie ich, die Zähne und die Tatze des Tigers.‹ Ihm waren diese furchtbaren Waffen angeboren, er gebrauchte sie zuweilen, aber zu seiner Ehre sei's gesagt und nachdrücklich hervorgehoben, nur zur Vertheidigung und herausgefordert. Seine persönlichen Ausfälle waren nicht die Geburt einer kleinlichen Reizbarkeit, einer schmähsüchtigen Seele, nicht der Trieb zu scandalösen Auftritten, ja sogar nicht des Uebermuths im Bewußtsein solcher Angriffsmittel. Die Situation erzeugte sie, die Situation berief ihn zu seinem Amte.«

Nach der Wiedergabe einiger bissiger Bemerkungen Heines faßte der junge Böhme noch einmal zusammen: Er »konnte ... hassen, tief, ingrimmig, mit einer Energie, wie ich sie bei keinem andern Menschen noch angetroffen, aber nur darum, weil er auch lieben konnte. Er hatte den Sinn des Hohen, Reinen und Idealen, aber von dem, was er in Licht getaucht sah, löste sich die Mehrzahl der Menschen und der Institutionen grell abstechend in dunkler Farbe ab. Ja, es sei gesagt: sein Herz war gut. Doch dieses Herz gehörte nur seinen Freunden, der Haß war für die Feinde. Dieses gute Element, das in ihm waltete, ergoß sich sogar auf gleichgültige, ihm ganz fremde Menschen. Es genügte diesen, um sein Interesse zu wecken, nothdürftig, arm oder unglücklich zu sein. Zahllose Flüchtlinge haben seine wohlthätige Hand empfunden, ohne daß er gefragt hätte, welcher Partei sie angehörten, wenn sie sogar aus einem Lager kamen, dessen Fahnen er verspottete und in dessen Reihen ihm feindliche Kämpfer nisteten; zu jeder Geldsammlung für irgend ein edles oder unverschuldetes Unglück steuerte er mit, beinahe mehr als seine Mittel es gestatteten und sagte dabei lächelnd wie zur Entschuldigung: ›Ich liebe von Zeit zu Zeit meine Visitenkarte bei dem lieben Gott abzugeben.‹«[21]

Ähnlich lautet das Zeugnis von Maximilian Heine, der die auffällige Reizbarkeit des hochbegabten älteren Bruders an einem eher banalen Beispiel auf belustigende Weise illustriert: »Er war sehr milde, sanft und weichherzig; aber in Zorn gebracht, äußerst heftig, selbst gegen seine Gewohnheit manchmal etwas gewaltthätig. Ich erinnere mich noch, daß er über die Unverschämtheit und grobe Prellerei eines Karrenschiebers, der seinen Koffer von der Post in's elterliche Haus bringen sollte, außer sich gerieth; ein anderer hätte dem groben Lümmel eine Ohrfeige gegeben. Heinrich, bleich vor Zorn, faßte sich, zahlte ruhig das ausgepreßte Geld, zupfte aber mit aller Vehemenz des Kerls großen, schwarzen Backenbart, indem er freundlich zu ihm sagte: ›Ich glaubte, mein Bester, Sie trügen einen falschen Bart.‹ So habe ich, erzählte er später, meinem schrecklichen Aerger Luft gemacht, ohne daß der Kerl mich verklagen konnte.«[22]

Nachträglich sind die Kinder- und Jugendjahre einer Berühmtheit voller Anzeichen für eine außerordentliche Entwicklung. Familienangehörige, entfernte Verwandte, ehemalige Spielgefährten, Mitschüler und Lehrer erinnern sich später gerne, wie früh sie das Genie unter sich erkannt hätten. Manche dieser anekdotischen Mitteilungen mögen wertvolle Hinweise dafür sein, daß bestimmte Merkmale des reifen erarbeiteten Werks mit naiv-spontanen Bekundungen des Heranwachsenden korrespondieren. Meist verschleiern sie jedoch mit ihrer Halbwahrheit den Zustand der Anonymität, den Begabung und Ehrgeiz überwinden müssen, um sich in der Anerkennung zu erfüllen.

Als Heine am 29. September 1814 das Düsseldorfer Lyzeum – es bezeichnete sich inzwischen als Gymnasium – verließ, hatte er erst wenige Verse geschrieben, und auch 1815, also mit achtzehn Jahren, kam er nicht über die Imitation damals gängiger Reimerei in Form von Balladen und Gesellschaftsgedichten hinaus. Nichts sprach für ein frühreifes Talent, niemandem fiel auf, daß in dem Gymnasiasten Harry eine explosive Sprachgewalt steckte. Allen späteren Anekdoten zum Trotz, war er im Wendejahr 1814, als Napoleon sein erstes Exil auf der Insel Elba antrat und der Wiener Kongreß sich versammelte, für seine Um-

*Der junge Heine. Zeichnung von Wilhelm Hensel*

*Heines Mutter Betty, geb. van Geldern. Gemälde von Isidor Popper*

*Caroline Murat als Großherzogin von Berg*

*Napoleons Einzug in Düsseldorf am 3. November 1811*

*Blick über die Binnenalster auf den Jungfernstieg in Hamburg*

*Klopstocks Grab in Ottensen (Hamburg)*

*Die Ermordung August von Kotzebues am 23. März 1819*

*Klemens Fürst von Metternich, Leiter des Wiener Kongresses*

*August Wilhelm von Schlegel*

*Friedrich-Wilhelms-Universität*

*Karl August Varnhagen von Ense*

*Rahel Varnhagen von Ense, geb. Levin*

*Karikatur auf die Unterdrückung der Meinungs- und Pressefreiheit*

*Bundesversammlung in Frankfurt am Main im Jahr 1816*

*Biedermeier-Milieu*

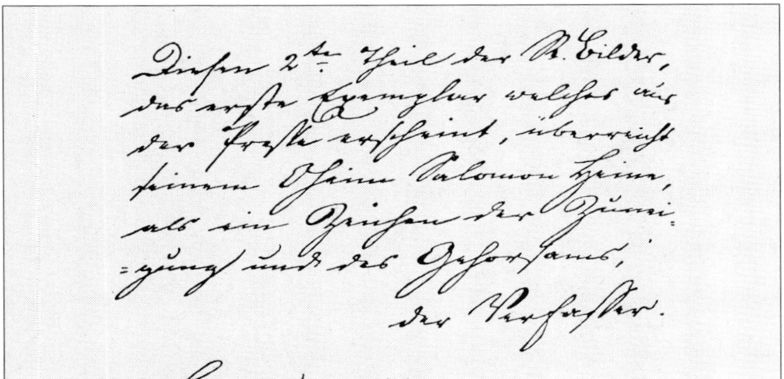

Diesen 2ten Theil der R. Bilder,
das erste Exemplar welches aus
der Presse erscheint, überreicht
seinem Oheim Salomon Heine,
als ein Zeichen der Zunei=
=gung und des Gehorsams,
der Verfasser.

Hamburg d 31.
Merz 1827.

*Heines handschriftliche Widmung der ›Reisebilder II‹ für seinen Onkel Salomon Heine*

*Titelblatt der Miniaturausgabe vom ›Buch der Lieder‹, 1852*

gebung nur ein beliebiger Berufsanwärter. Da die finanziellen Mittel für ein Studium nicht ausreichten, schickten die Eltern ihn auf eine Handelsschule, wo er das grundsolide Kaufmannsgewerbe erlernen sollte. Ein Jahr später – Napoleon befand sich in seinem endgültigen Exil auf Sankt Helena und seit dem 8. Juni 1815 lag die Wiener Kongreßakte vor – gab sein Vater ihn in die kaufmännische Lehre nach Frankfurt am Main, erst in ein Bankhaus und dann, mit dem gleichen Mißerfolg, in eine Spezereiwarenhandlung.

Heine faßte diese Episode in den ›Memoiren‹ lapidar zusammen: »Um etwas vom Wechselgeschäft und von Kolonialwaren kennenzulernen, mußte ich später das Comptoir eines Bankiers meines Vaters und die Gewölbe eines großen Spezereihändlers besuchen; erstere Besuche dauerten höchstens drei Wochen, letztere vier Wochen, doch ich lernte bei dieser Gelegenheit, wie man einen Wechsel ausstellt und wie Muskatnüsse aussehen. Ein berühmter Kaufmann ... meinte, ich hätte kein Talent zum Erwerb, und lachend gestand ich ihm, daß er wohl recht haben möchte.«[23]

Für Heines persönliche Interessen waren diese beiden Jahre von weitaus höherem Gewinn. Er erwarb auf der Handelsschule die ersten Grundkenntnisse der englischen Sprache und unternahm in der Düsseldorfer Bibliothek ausgedehnte literarische Streifzüge, die ihm seinen eigenen Standpunkt zu erkennen halfen. Als er im Juni 1816 Düsseldorf verließ, um von seinem Onkel Salomon Heine, dem erfolgreichen Bankier in Hamburg, erneut auf seine kaufmännische Tauglichkeit überprüft zu werden, war er für seinen dichterischen Beruf bestens vorbereitet. Den auslösenden Impuls lieferten die Erinnerung an das ›rote Sefchen‹, die Außenseiterin aus dem Volk, und die hoffnungsvoll-sehnsüchtige Erwartung seiner Cousine Amalie, der gesellschaftlich Unerreichbaren, die er 1814 kennengelernt hatte, als sie mit ihrem Vater in Düsseldorf zu Besuch weilte.

## 2.
## *Zwischen Elbchaussee und Jungfernstieg*
(1816–1819)

Hamburg wurde für Heines künftiges Leben die beziehungsreichste deutsche Stadt. Hier hielten sich die meisten Verwandten auf – sein Onkel Salomon Heine und dessen Großfamilie, seit 1820 seine aus Düsseldorf zugezogenen Eltern, die zeitweise auch im Umland wohnten, und, bis in ihr hohes Alter, seine seit 1823 mit Moritz Embden verheiratete Schwester Charlotte –, hier begann die endlose Geschichte seiner unerfüllten Liebe und seiner bitter-süßen Lyrik, hier erschienen nicht nur in einer Lokalzeitung erste Gedichte, sondern hier veröffentlichte der alteingesessene und in ganz Deutschland renommierte Verlag Hoffman und Campe fast sein gesamtes Werk.

Heine kannte die Hansestadt an der Alster flüchtig von einem Verwandtenbesuch im Februar 1815. Als er Anfang Juni 1816 wiederkam, geschah es auf unbestimmte Zeit und in der Erwartung, möglichst viel von der sich ihm öffnenden Welt zu sehen. Hamburg war mit 130.000 Einwohnern die drittgrößte deutsche Stadt nach Wien und Berlin, aber trotz großem Theater, Kaffeehäusern und wohlhabendem Publikum fehlte der gesellschaftliche Glanz der alten kaiserlichen und königlichen Residenzen. Es herrschten die strenge Schlichtheit einer senatorialen Republik und das vorsichtige Repräsentationsgebahren einer auf Kreditwürdigkeit achtenden Kaufmannschaft.

Im Sommer 1816 befand sich das in Wien neugeordnete europäische Staatengefüge, dessen Zentrum der Deutsche Bund unter österreichischer Leitung mit fünfunddreißig souveränen Fürsten und vier freien Städten bildete, noch im Stadium der Konsolidierung. Der durch die napoleonischen Eroberungskriege entflammte Patriotismus konnte sein Feuer gegen die Zensurmaßnahmen und Bespitzelungen, mit denen die Bundesbehörden ihren restaurativen Kurs durchzusetzen versuchten, vorerst bewahren. In der traditionellen Handelsstadt Hamburg, die ihren Lessing und Klopstock ad acta gelegt hatte, vernahm man von den in literarischen Salons und Universitäten geführten Diskussionen über politische und künstlerische Veränderungen nur ein gedämpftes Echo. Heine empfand diese Abseitslage im Windschatten der Aktualitäten anfangs kaum als Beeinträchtigung. Die biedere Wohlanständigkeit seiner neuen Umgebung verschaffte ihm vielmehr die notwendige Muße, sich für den risikoreichen Weg eines freien Literaten und Dichters vorzubereiten.

Drei Jahre vergingen, bis er sein Doppelleben als kaufmännischer und poetischer Lehrling aufgab. Bis dahin unterwarf er sich nicht nur geduldig seiner Ausbildung, er widerstand sogar dem Unwillen seines Onkels, der ihn nicht für einen Gewinn für sein Bankhaus ›Heckscher und Co‹ hielt und ihn bereits nach einem halben Jahr gern wieder losgeworden wäre. Heine wollte sich erst seines künstlerischen Talents und seiner Fähigkeiten vergewissern, ehe er den Sprung in die Selbständigkeit wagte. Wenn er gleich zu Beginn seines Hamburger Aufenthalts in einem Brief vom 6. Juli 1815 an den Düsseldorfer Jugendfreund Christian Sethe über seine Existenz klagte, so hatte das weniger mit den trockenen Aufgaben im Kontor als mit grundsätzlichen Nöten zu tun. »Es scheint als sey mir die Muse untreu geworden, und habe mich allein nach Norden ziehen lassen, und sey zurück geblieben. Ist auch ein Weib. Oder fürchtet sie sich vor die furchtbaren Handelsanstalten die ich mache?«[24]

Salomon Heine überwachte nicht nur die ›Handelsanstalten‹ seines Neffen Harry, er hielt auch ein prüfendes Auge auf dessen weiteren Werdegang und aufsteigende Karriere. Immer wieder vergewisserte er sich, ob es sich lohnte, auf ihn zu setzen, und immer wieder setzte er auf ihn, wider besseren kaufmännischen Wissens. Er war auf seinem Gebiet ein nicht weniger begabter Künstler, der virtuos mit Zahlen umging und eine besondere Intuition für die Bedürfnisse des Geldmarkts besaß. 1783 hatte er als Sechzehnjähriger seine Geburtsstadt Hannover verlassen, um sich in Hamburg als Bankkaufmann ausbilden zu lassen. 1793 heiratete er Betty Goldschmidt, deren ansehnliche Mitgift nicht ohne Folgen für seine ersten Geschäfte blieb. Auch an Kindersegen sollte es nicht fehlen: nach Friederike, die wie ihr Cousin Harry 1797 geboren wurde, folgten 1798 Fanny, 1799 Amalie, 1804 Hermann, 1807 Therese und 1810 Carl, von denen allerdings nur die beiden letzten ihren Vater überlebten. Als Heine nach Hamburg kam, gehörte sein Onkel zu den reichsten Männern der Stadt, seine Geschäftspraktiken galten als untadelig und in seinem prächtigen Haus in Ottensen an der Elbe fanden begehrte Abendgesellschaften statt.

Voraussetzung für diesen Aufstieg war die pragmatische Einstellung des Hamburger Senats gegenüber Juden. Bereits im 16. Jahrhundert hatte er reichen jüdischen Kaufleuten, die aus Portugal stammten, das Niederlassungsrecht gewährt. Einige von ihnen förderten das Wohl der Hansestadt nicht nur durch ihre beruflichen Erfahrungen und weitreichenden Verbindungen, sondern auch durch ihre engen Beziehungen zu den Königshäusern in Polen, Schweden und Portugal, denen sie in diplomatischen Missionen dienten. Als Königin Christine von Schweden anläßlich einer Durchreise bei ihrem Residenten Manuel Texeira Wohnung nahm, hatten die orthodoxen Lutheraner endlich einen Vorwand, sich öffentlich gegen die großzügige Judenpolitik des Senats zu empören. Eine spätere Chronik vermerkte zu diesem Ereignis: »Es war bei Christen ein großes Ärgernis, einen von Gott verworfenen Juden einem Christlichen Hoch-Edlen Magistrat einer so ansehnlichen Stadt vorzuziehen und der Ehre so hoher Einkehr und Bewirtung zu würdigen.«[25]

Nicht lange nach dem königlichen Besuch kam es infolge wirtschaftlicher Schwierigkeiten, die durch den Dreißigjährigen Krieg verursacht worden waren, zu antijüdischen Ausschreitungen. Vorbereitet hatte diese bereits 1644 der Senior an der Petrikirche, Johannes Müller, der in seiner Schrift ›Judaismus oder Judentum, d. i. ausführlicher Bericht von des jüdischen Volkes Unglauben, Blindheit und Verstockung‹ die völlige Unterdrückung der ›Feinde Christi‹ empfahl. Die Feindseligkeiten, die vor allem von der unter der Wirtschaftskrise stärker leidenden ärmeren Bevölkerung ausgingen, endeten mit der offiziellen Vertreibung der Juden, die jedoch Glück im Unglück hatten, denn das damals unter dänischer Herrschaft stehende benachbarte Altona nahm sie unverzüglich auf. Die vermögenden Hamburger Kaufleute, die ihre geschäftlichen Interessen nur widerwillig dem Bekehrungs- und Verfolgungseifer der Lutheraner und dem durch ihn geschürten Aufruhr geopfert hatten, fanden schon bald eine Lösung, die geschwächte Handelsstruktur wiederzubeleben. Gegen eine Gebühr wurde jedem Juden aus Altona, der Geschäfte betreiben wollte, ein Tagespaß für das Betreten der Stadt ausgestellt.

Die 1646 in Hamburg geborene und 1724 in Metz gestorbene deutsche Jüdin Glückel von Hameln schrieb in ihren ›Denkwürdigkeiten‹: »Des Morgens in aller Frühe, sobald sie [die Männer] aus dem Bethaus gekommen sind, sind sie in die Stadt gegangen, und gegen Abend, wenn man das Tor hat zumachen wollen, sind sie wieder nach Altona zurückgekehrt ... Oft sind sie ihres Lebens nicht sicher gewesen wegen des Judenhasses, der bei Bootsleuten, Soldaten und anderem geringen Volk herrschte, so daß eine jede Frau Gott gedankt hat, wenn sie ihren Mann glücklich wieder bei sich hatte.«[26]

Die aus nützlichen Erwägungen geübte Toleranz des Senats bewirkte schließlich die Rückkehr der Juden nach Hamburg, wo sie im 18. Jahrhundert neben Frankfurt am Main die größte Gemeinde in Deutschland bildeten. Erst nach dem Wiener Kongreß, der keine einheitliche Rechtslage für die deutschen Juden geschaffen hatte, kam es erneut zu einer Machtprobe zwischen Senat und Kleinbürgertum. Der Senat wollte die während der napoleonischen Besetzung verordnete Gleichstellung der Juden beibehalten, während die Mehrheit der Kleinhändler die Rückkehr zum beschränkten Rechtszustand des vergangenen Jahrhunderts forderte. Trotz der Erklärung des Senats, daß die Juden sich durch die ›willigste Anstrengung fürs allgemeine Wohl‹ des Bürgerrechts für würdig erwiesen hätten, setzte sich die Opposition durch, die den Hamburger Juden zwar die privatrechtliche Gleichstellung beließ, die bürgerlichen Rechte aber wieder nahm.[27]

Wenige Jahre später wiederholte sich die Situation aus der Nachkriegszeit von 1648. Durch die Aufhebung der von Napoleon erzwungenen Kontinentalsperre, die England wirtschaftlich schwächen sollte, verschob sich der Handel zugunsten des englischen Markts, der industriell gefertigte Waren zu konkurrenzlosen Billigpreisen anbot. Das industriell bereits ebenfalls starke Frankreich hielt diesem Druck stand, nicht aber die Mehrheit der deutschen Kleinstaaten, in denen noch die feudale Agrarwirtschaft vorherrschte. Zahllose Bank- und Handelshäuser machten Konkurs, und das wiederum besonders schwer getroffene Kleinbürgertum ließ sich bereitwillig von Demagogen aufwiegeln, die die wirtschaftliche Misere und die nationale Enttäuschung nach der Restauration auf den ›jüdischen Störenfried‹ ablenkten.

Im Sommer und Herbst 1819 breiteten sich gewalttätige antijüdische Unruhen aus, die manchmal nur durch Einsatz von Militär eingedämmt werden konnten. In Würzburg wurden mehrere Personen im Handgemenge getötet oder verwundet, in Frankfurt zogen Plünderer durch die Straßen, und in Hamburg waren einige der prominentesten Kaffeehäuser Ziel der zerstörerischen Volkswut. Überall ertönte dabei der mittelalterliche Ruf: »Hep-Hep, Jud' verreck'!« Ludwig Börne, dessen Vater Jakob Baruch sich in Wien für die Gleichstellung der Frankfurter Juden eingesetzt hatte, schrieb 1819 während der Krawalle in dem Aufsatz ›Für die Juden‹:

»Es wird mit der schamlosesten Heuchelei gegen die Juden zu Werke gegangen, es werden lügnerische Behauptungen mit solcher Keckheit geführt, daß selbst Gutgesinnte dadurch getäuscht werden, weil sie nicht glauben können, daß man sie so plump betrügen wolle.«[28]

Heine, der die Hamburger angelegentlich als ›Stockfische‹ bezeichnete[29], empfand dennoch Hochachtung vor ihrem seit langem bewährten Staatswesen, das sich hinsichtlich der Juden als verhältnismäßig modern erwies. In dem 1833 als ›Selbstbiographie‹ veröffentlichten Text ›Aus den Memoiren des Herren von Schnabelewopski‹ schrieb er: »Die Stadt Hamburg ist eine gute Stadt; lauter solide Häuser. Hier herrscht nicht der schändliche Macbeth, sondern hier herrscht Banko [Banko, die damalige Hamburger Währungseinheit; Banquo, eine Gegenfigur zu Macbeth]. Der Geist Bankos herrscht überall in diesem kleinen Freistaate, dessen sichtbares Oberhaupt ein hoch- und wohlweiser Senat. In der Tat, es ist ein Freistaat und hier findet man die größte politische Freiheit. Die Bürger können hier tun was sie wollen und der hoch- und wohlweise Senat kann hier ebenfalls tun was er will; jeder ist hier freier Herr seiner Handlungen. Es ist eine Republik ... Seine Sitten sind englisch und sein Essen ist himmlisch ... mögen die christlichen Theologen dort noch so sehr streiten über die Bedeutung des Abendmahls; über die Bedeutung des Mittagmahls sind sie ganz einig. Mag es unter den Juden dort eine Partei geben, die das Tischgebet auf deutsch spricht, während eine andere es auf hebräisch absingt; beide

Parteien essen und essen gut und wissen das Essen gleich richtig zu beurteilen.«[30]

Ob Heine erst in Hamburg zum Feinschmecker wurde oder bereits im Rheinland gute Küche schätzen gelernt hatte, blieb ebenso sein Geheimnis wie das erste Liebesabenteuer. Er erinnerte sich im ›Schnabelewopski‹ aber nachdrücklich an das Rauchfleisch als Hamburger Spezialität, und in seinem Brief an Christian Sethe vom 6. Juli 1816 verriet er sein jugendliches Schwanken zwischen Lebenslust, beruflicher Verpflichtung und Dichtereinsamkeit mit dem altväterischen Tadel: »Wahr ist es, es [Hamburg] ist ein verludertes Kaufmannsnest hier. Huren genug, aber keine Musen.«

Während Heine im ersten Ausbildungsjahr unter strenger Aufsicht arbeitete, verschafften ihm die veränderten geschäftlichen Verhältnisse seines Onkels für die nächsten zwei Jahre etwas mehr Freiheit. Nach der allgemeinen Wirtschaftskrise im Herbst 1817 hatte Salomon Heine ein neues Bankhaus eröffnet, um einem drohenden Bankrott zu entgehen. Fast gleichzeitig ließ er ein Manufakturenwarengeschäft für den Verkauf von englischen Tuchen auf den Namen seines Düsseldorfer Neffen als »Harry Heine & Comp.« eintragen. Eine Fehlinvestition, wie sich schon bald erwies, denn das Unternehmen mußte bereits im Februar 1819 wieder liquidiert werden. Die Ursache des Mißerfolgs lag allerdings nicht an dem mangelnden Interesse Heines, der seine fiktive Unternehmerrolle zu eigenem Zeitvertreib nutzte, sondern an der unglücklichen Verstrickung mit dem Geschäft seines Vaters in Düsseldorf.

Samson Heine, dessen schwache Gesundheit sich durch epileptische Anfälle zunehmend verschlechtert hatte, war der Konkurswelle nicht gewachsen und an den Rand des Ruins geraten. Um ihn nicht vollends in materielle Not stürzen zu sehen, vereinbarte sein Bruder Salomon mit ihm, daß er alle Tuche, die er in Düsseldorf nicht verkaufen könne, der Firma ›Harry Heine & Comp.‹ in Kommission geben solle. Als mit den unverkauften Tuchen auch hohe auszugleichende Wechsel in Hamburg eintrafen, die das Schlimmste befürchten ließen, verweigerte Salomon Heine die Zahlungen, wohl wissend, daß er damit indirekt die Liquidation beider Geschäfte einleitete.

So umsichtig er als Geschäftsmann handelte, so verantwortungsvoll kümmerte er sich anschließend um die verarmten

Düsseldorfer Verwandten. Er bestritt finanziell den gesamten Lebensunterhalt seines Bruders, der nach einer kurzfristigen Anstellung bei der Bergischen Landeslotterie 1820 als pflegebedürftiger Mann mit seiner Familie nach Hamburg umzog. Seinem Neffen Harry bezahlte er nicht nur ab 1819 ein Jurastudium, sondern er unterstützte ihn auch während der folgenden Jahrzehnte, obwohl er so gut wie kein Verständnis für die spezifischen Probleme einer Dichterexistenz aufbrachte.

Heine bekam in Hamburg bereits früh zu spüren, daß er in der hanseatischen Geldaristokratie nur wenig zählte. Man lud ihn ein und empfing ihn bereitwillig als Neffen des Millionärs Salomon Heine, sobald sich aber ein Flirt mit einer der heiratsfähigen Töchter anzubahnen schien, fiel die unsichtbare Schranke, die Besitzdenken von freiem Geist trennt. Die aufmerksamen Eltern erkannten schnell den schwärmerischen Sonderling, und der empfindsame Außenseiter begriff rasch, »daß in dieser Schacherstadt nicht das mindeste Gefühl für Poesie zu finden« war.[31]

In dieser Umgebung gab es nur wenig Hoffnung, sich als Dichter zu profilieren, denn nicht einmal auf den ersten Abendgesellschaften der Stadt sprach man über künstlerische Themen. In Salomon Heines Haus in Ottensen erschienen zwar mitunter Berühmtheiten, aber sie blieben flüchtige Gäste, die keinen Einfluß gewannen. »Dort geht es sehr geziert und geschwänzelt zu«, schrieb Heine an Christian Sethe, »und der freye unbefangene Sänger sündigt sehr oft gegen die Etiquette. Diplomatisches Federvieh, Millionäre, hochweise Senatoren &c.&c. sind keine Leut für mich. Der homerisch göttliche herrliche Blücher [kämpfte als preußischer Heerführer gegen Napoleon] aber war unlängst hier, und ich habe das Glück gehabt in seiner Gesellschaft zu speisen bey Onkel; so ein Kerl macht Freude.«[32]

Die Erkenntnis, daß er mit poetischen Veröffentlichungen, mit denen er insgeheim spekulierte, auch bei den Hamburger Juden auf taube Ohren stoßen würde, hinderte ihn zusätzlich, den Sprung aus der Anonymität heraus zu tun. Vor allem die getauften Juden würden sich nicht durch Parteinahme für einen ungetauften Künstler exponieren. Sorgen über Sorgen, die Heine nur seinem Freund in Düsseldorf anvertrauen konnte. »... so hat sich auch noch dazugesellt seit einiger Zeit eine schwüle Spannung zwischen den getauften und ungetauften

Juden … Bey so bewandten Umständen läßt sich leicht voraussehen daß Christliche Liebe die Liebeslieder eines Juden nicht ungehudelt [ungeschmäht] lassen wird. Da ist guter Rath theuer; auch ohnedies weiß ich nicht wie man eine Buchherausgabe bewerkstelligt …«[33]

Noch war Heine seiner poetischen Kraft nicht sicher genug, um sich über die öffentliche Meinung, noch dazu die eines durchweg unmusischen Publikums, hinwegzusetzen. Seine Liebesgedichte würden ihn vielleicht wegen zu deutlicher Anspielungen auf höhere Hamburger Töchter in Verruf bringen und es ihm von vornherein unmöglich machen, den auf Glaubwürdigkeit basierenden Kaufmannsberuf, womöglich sein letzter Notnagel, auszuüben. »Aber das ist die Schwerenothssache: da es dazu lauter Minnelieder sind würde es mir, als Kaufmann, ungeheuer schädlich seyn.«[34] Alle guten Vorsätze und klugen Überlegungen hinderten ihn jedoch nicht daran, seine Jugend und seine Poesie auszuleben.

Die briefliche Klage dem Freund gegenüber: »Niemand bleibt mir übrig als ich selbst«[35], entsprach eher der Aufbruchsstimmung des Neunzehnjährigen als der objektiven Beurteilung eines selbstbewußten Verstandesmenschen. Der junge Heine nahm die Welt, wie sie sich ihm in Hamburg bot, mit allen Sinnen auf, und mit dem intuitiven Gespür des poetischen Talents sammelte er alles ein, was ihm zur Gestaltung eines eigenen Werkes dienlich sein konnte. Die Jugendlichkeit, die während dieser Zeit sein Wesen durchdrang – die geistige Neugierde, die unbändige Lust zu leben und zu lieben, die Sehnsucht nach individueller Freiheit und das Vergnügen am Spiel mit Schein und Wirklichkeit –, bewahrte er sich unverändert bis zu seinem Tod: im heiteren Charme seiner persönlichen Ausstrahlung, in der Beweglichkeit seiner Argumentation und in der Leidenschaftlichkeit seiner Dichtung.

Heine zog es hin zu Menschen, zu Geselligkeiten und zu Plätzen, wo man beobachten, Bekanntschaften machen und Freunde treffen konnte. Hatte er genügend Anregungen erhalten, trieb es ihn ebenso zwingend in die Abgeschlossenheit seines Arbeitsraums zurück, wo er erste Entwürfe impulsiver Eingebungen niederschrieb oder mit zäher Ausdauer bereits vorhandene Textskizzen immer wieder durchkorrigierte. Dieser Wechsel zwischen Turbulenz und Stille, zwischen Menschenfülle und

Einsamkeit, der das Spannungsfeld für sein Werk bildete, blieb auch für sein äußeres Leben bestimmend.

In Hamburg prägte sich das Grundmuster seiner Gewohnheiten und Vorlieben aus, an dem er durch alle Altersstufen und an allen Orten festhielt. Neben den offiziellen Empfängen vornehmer Hanseaten, auf denen er seine heimliche Flamme, Salomon Heines Tochter Amalie, und andere reizvolle Erscheinungen für seine poetische Sammlung mit den Augen einfing, besuchte er regelmäßig die weniger offiziellen Gaststätten und Kaffeehäuser. Nicht nur, um seine täglichen Mahlzeiten einzunehmen, sondern um wieder die Augen schweifen zu lassen. Am billigsten war es im ›König von England‹, am ergiebigsten im ›Schweizer Pavillon‹ am Jungfernstieg.

»Besonders vor dem einem, dem sogenannten Schweizerpavillon, läßt es sich gut sitzen wenn es Sommer ist und die Nachmittagssonne nicht zu wild glüht, sondern nur heiter lächelt und mit ihrem Glanz die Linden, die Häuser, die Menschen, die Alster und die Schwäne, die sich darauf wiegen, fast märchenhaft lieblich übergießt. Da läßt sich gut sitzen, und da saß ich gut, gar manchen Sommernachmittag, und dachte, was ein junger Mensch zu denken pflegt, nämlich gar nichts, und betrachtete, was ein junger Mensch zu betrachten pflegt, nämlich die jungen Mädchen, die vorübergingen – und da flatterten sie vorüber jene holden Wesen mit ihren geflügelten Häubchen und ihren verdeckten Körbchen, worin nichts enthalten ist – da trippelten sie dahin, die bunten Vierlanderinnen, die ganz Hamburg mit Erdbeeren und eigener Milch versehen, und deren Röcke noch immer viel zu lang sind – da stolzieren die schönen Kaufmannstöchter, mit deren Liebe man auch so viel bares Geld bekömmt – da hüpft eine Amme, auf den Armen ein rosiges Knäbchen, das sie beständig küßt, während sie an ihren Geliebten denkt – da wandeln Priesterinnen der schaumentstiegenen Göttin, hanseatische Vestalen, Dianen die auf die Jagd gehn ... Prächtige Dirnen! riefen dann die tugendhaften Jünglinge, die neben mir saßen – Ich erinnere mich, ein großer Assekuradeur [Versicherungskaufmann], der immer wie ein Pfingstochs geputzt ging, sagte einst: die eine möchte ich mir mal als Frühstück und die andere als Abendbrot zu Gemüte führen, und ich würde an solchem Tage gar nicht zu Mittag speisen.«[36]

Heine schrieb diesen ausgefeilten Text wesentlich später, als manche ›Liebesgöttin‹, die ihm die unerwiderte Liebe zu Amalie hatte überstehen helfen, vom Jungfernstieg abgekommen war. Anläßlich einer Stippvisite in den zwanziger Jahren stellte er mit der inzwischen erworbenen stilistischen Geschmeidigkeit fest: »Heloise, das sanfte Wesen, das geschaffen schien nur auf weichbeblümte indische Teppiche zu wandeln und mit Pfauenfedern gefächelt zu werden, sie ging unter in Matrosenlärm, Punsch, Tabaksrauch und schlechter Musik.«[37]

Die reine Liebe, die er mit Amalie zu erleben hoffte, aber bereits ein halbes Jahr nach seiner Ankunft in Hamburg wieder begraben mußte – der entsagungsvolle Abschiedsgruß lautete: »Aber mein letzter Wunsch ist immer: Sie recht glücklich zu wissen«[38] –, blieb eine der stärksten Inspirationsquellen für seine Lyrik. Reine Liebe, das war die romantische Sehnsucht nach einem unantastbaren Ideal unvergänglicher und geschlechtsloser Schönheit. Heine nahm sie als literarisches Vermächtnis auf, wandte sich aber als Erbe der Französischen Revolution nicht weniger begeistert der freien Liebe zu, die ihn schließlich zum literarischen Realismus, zur Sympathie mit dem Frühsozialismus und zur Kompromißehe mit Mathilde führte. Die reine Liebe, die sein seelisches Gleichgewicht immer wieder herstellte, bewahrten ihm seine Schwester Charlotte und seine Mutter. Nur ihnen verschwieg er aus Achtung und Schonung die Schläge, die er im Kampf um die neuen Ideale empfing oder selber austeilte.

In seinen Erinnerungen an Hamburg verschmolzen die reine und die freie Liebe zu schönster poetischer Prosa: »[Und ich betrachtete] die stille blaue Alster, worauf die Schwäne so stolz und so lieblich und so sicher umherschwammen. Die Schwäne! Stundenlang konnte ich sie betrachten, diese holden Geschöpfe mit ihren sanften langen Hälsen, wie sie sich üppig auf den weichen Fluten wiegten, wie sie zuweilen selig untertauchten und wieder auftauchten und übermütig plätscherten, bis der Himmel dunkelte, und die goldenen Sterne hervortraten, verlangend, verheißend, wunderbar zärtlich, verklärt. Die Sterne! Sind es goldne Blumen am bräutlichen Busen des Himmels? Sind es verliebte Engelsaugen, die sich sehnsüchtig spiegeln in den blauen Gewässern der Erde und mit den Schwänen buhlen?«[39]

Das Gefühl der Einsamkeit, das zu so vielen Fluchten verführt und doch in jedem scheinbar erreichten Ziel, auch dem der Vereinigung in der Liebe, gegenwärtig bleibt – Heine erfuhr es mit großer Intensität. Unablässig auf der Suche nach Harmonie, kennzeichneten Unruhe, Hast und Nervosität jede seiner Lebensphasen. Dieses sehnsuchtsvolle Bestreben, das dem politischen Wechselklima zwischen revolutionärem Aufbruch und restaurativem Stillstand unterworfen war, mußte sich im Wandel der Verhältnisse in immer neuen Enttäuschungen und Euphorien äußern. Daß es Heine gelang, diese Realitäts- und Stimmungsschwankungen geistig zu überwinden und künstlerisch zu nutzen, gab ihm seinen hohen Rang als Schriftsteller und Dichter. Das Opfer, das er dafür bald freiwillig, bald unfreiwillig brachte, war die Einsamkeit des Beobachters, der notiert, wenn er leidet oder liebt, und in allem, was ihn umgibt, die Spuren von Leid und Liebe erkennt. Die Schwäne auf der Alster, die sich gerade noch ›auf den weichen Fluten wiegten‹ und die Freiheit genossen, wurden eine Saison und zwei Seiten im ›Schnabelewopski‹ später zum Sinnbild der Gefangenschaft und der Sehnsucht nach Lebensglück und Abenteuern. Es war der endgültige Abschied von der verlängerten Jugend in Hamburg, die zur Metapher gewordene Erkenntnis, daß die menschliche Natur zu ihrer Entfaltung der Fesseln des Geistes und der Moral bedarf.

»Aber noch unheimlicher und verwirrender … waren die Töne, die von einer anderen Seite an mein Ohr drangen. Es waren heisere, schnarrende, metallose Töne, ein unsinniges Kreischen, ein ängstliches Plätschern und verzweifeltes Schlürfen, ein Keuchen und Schollern, ein Stöhnen und Ächzen, ein unbeschreibbar eiskalter Schmerzlaut. Das Bassin der Alster war zugefroren, nur nahe am Ufer war ein großes breites Viereck in der Eisdecke ausgehauen, und die entsetzlichen Töne, die ich eben vernommen, kamen aus den Kehlen der armen weißen Geschöpfe, die darin herumschwammen und in entsetzlicher Todesangst schrien, und ach! es waren dieselben Schwäne, die einst so weich und heiter meine Seele bewegten. Ach! die schönen weißen Schwäne, man hatte ihnen die Flügel gebrochen, damit sie im Herbst nicht auswandern konnten, nach dem warmen Süden, und jetzt hielt der Norden sie festgebannt in seinen dunklen Eisgruben – und der Markeur [Kellner] des Pavillons meinte, sie befänden sich wohl darin und die

Kälte sei ihnen gesund. Das ist aber nicht wahr, es ist einem nicht wohl, wenn man ohnmächtig in einem kalten Pfuhl eingekerkert ist, fast eingefroren, und einem die Flügel gebrochen sind, und man nicht fortfliegen kann nach dem schönen Süden, wo die blauen Bergseen – ... und als es gar immer dunkler wurde, und die Sterne oben hell hervortraten, dieselben Sterne die einst, in schönen Sommernächten, so liebeheiß mit den Schwänen gebuhlt, jetzt aber so winterkalt, so frostig klar und fast verhöhnend auf sie herabblickten – wohl begriff ich jetzt, daß die Sterne keine liebende mitfühlende Wesen sind, sondern nur glänzende Täuschungen der Nacht, ewige Trugbilder in einem erträumten Himmel, goldne Lügen im dunkelblauen Nichts ...«[40]

Heine machte während seiner Hamburger Lehrjahre die Erfahrung, daß er nicht nur als Jude in Deutschland, sondern auch als Individuum innerhalb jeder genormten Gesellschaft ein Außenseiter sein würde. Die reichen Hanseaten hielten ihn von ihren privaten Kreisen fern, und sogar sein Onkel bewahrte die höchstmögliche Distanz zu ihm. Er hatte sich zwar verpflichtet, seinem Neffen eine berufliche Ausbildung zu finanzieren, aber er duldete keinen näheren familiären Umgang. Wahrscheinlich setzte er auch Amalie unter Druck, sich nicht mit dem mittellosen und geschäftsuntauglichen Cousin einzulassen. 1821 heiratete sie den preußischen Gutsbesitzer Jonathan Friedländer.

Erst über zehn Jahre später, als Heine ernüchtert die Worte von den ›goldnen Lügen im dunkelblauen Nichts‹ fand, drückte er seinen Haß gegen diese berechnende Wohlstandsgesellschaft aus, die er inzwischen auch in anderen Städten und Ländern kennengelernt hatte. Kompromisse, die er aus praktischen Gründen mit ihr schließen mußte, erhöhten noch seine Abneigung gegen eine soziale Schicht, die sich nur dem eigenen materiellen Interesse widmete. In der autobiographischen Novelle ›Florentinische Nächte‹, die er in den dreißiger Jahren in Paris beendete, beschrieb er die Repräsentanten der Hamburger Republik als »einen ganzen Olymp von Bankiers und sonstigen Millionären, die Götter des Kaffees und des Zuckers, nebst deren dicken Ehegöttinnen«.[41] Und in einem Augenblick böser Erinnerung an das opportunistische Verhalten dieser Besitzbürger, die sich nicht durch einen poetischen Träumer hatten kompromittieren lassen wollen, notierte er: »Die Hamburger beseelt von einer unüberwindlichen Feigheit, von der man sich kaum eine Vorstellung machen kann.«[42]

Die bösen und bitteren Erinnerungen blitzten jedoch nur gelegentlich und im Zusammenhang mit später gemachten politischen Erfahrungen auf. Die Jahre von 1816 bis 1819 waren für Heine vor allem eine Zeit der Sammlung und des Sichorientierens, in der er im Schutz praktischer Aufgaben zu einem perfekten Dichter heranreifte. Nirgends blieb er haften, niemand und nichts zog ihn nachhaltig an. Er studierte mit hellwachen Blicken die Allüren der Gesellschaft, er beobachtete versunken die Schwäne auf der Alster, er besuchte die Orte, an denen sich das einfache Volk herzhaft und naiv amüsierte, und er gewöhnte sich an, Landschaften und Städte zu durchwandern. Ein unermüdlicher Registrator der Umwelt, die ihm den Rohstoff für seine künstlerische Produktion lieferte, und von früh an ein strenger Kritiker dessen, was er aus diesem Rohstoff formte.

Nach einem Spaziergang zum Grab von Friedrich Gottlieb Klopstock, der 1803 auf dem Friedhof des Altonaer Vorstadtviertels Ottensen beigesetzt worden war, schickte Heine einige spontan geschriebene Verse an Christian Sethe und kommentierte sie mit den Worten: »Nun? Sieh! selbst auf Klopstocks Grab verstummt meine Muse. Nur erbärmlich mit miserable kann ich noch zusammenreimen.« Dieses im Sommer 1816 entstandene Gedicht erschien erst mit den ›Gedichten aus dem Nachlass‹. Es ist artistisch noch unvollkommen, enthält aber bereits das Bekenntnis zur Kunst als dem edleren Vermächtnis menschlichen Strebens.

»Als ich ging nach Ottensen hin
Auf Klopstocks Grab gewesen bin.
Viel schmucke und stattliche Menschen dort standen,
Und den Leichenstein mit Blumen umwanden,
Die lächelten sich einander an
Und glaubten Wunders was sie gethan. –
Ich aber stand beym heiligen Ort,
Und stand so still und sprach kein Wort,
Meine Seele war da unten tief
Wo der heilige deutsche Sänger schlief: – –«[43]

Zu den Geldmachern, das stand für den jungen Heine fest, wollte er niemals gehören. Sie liefen am Leben vorbei und verrechneten sich trotz ständigen Zählens am Ende doch. »Entsetzlich! rief ich, wenn einem von diesen Leuten, während er auf dem Contoirbock säße, plötzlich einfiele, daß zweimal zwei eigentlich fünf sei, und daß er also sein ganzes Leben verrechnet und sein ganzes Leben in einem schauderhaften Irrtum vergeudet habe!«[44] Aber es brauchte auch Zeit, für die eigenen Gedanken und Gefühle Worte, Rhythmus und Maß zu finden, damit ein Stück origineller Literatur daraus entstehen konnte.

Heine war sich der Gnadenfrist seiner Lehrlingsjahre durchaus bewußt. Wie schon in Düsseldorf, verschlang er die Dichtungen der Romantiker, Volkslieder- und Legendensammlungen und imitierte sie, bis er sie mit seiner eigenen Sprache durchdrungen hatte. Einige Liebeslieder und Romanzen, die dabei entstanden, brachten ihm die erste Veröffentlichung ein. Karl Trummer, der Herausgeber der Zeitschrift ›Hamburgs Wächter‹, scheinbar ein wagemutiger Opponent der hanseatischen Geldaristokratie, übernahm für die Ausgaben im Februar und März 1817 unter anderem das Gedicht ›Ein Traum, gar seltsam schauerlich‹ und die Romanze ›Don Ramiro‹. Heine nahm beide Texte zehn Jahre später auch in seinem ›Buch der Lieder‹ auf, denn sie waren die ersten gelungenen Beispiele seiner ureigenen Domäne: im Stil volkstümlicher Romantik vorgetragene persönliche Erlebnisse und Empfindungen. Da er diesem Rezept, das ihm höchste Popularität und Weltruhm einbringen sollte, 1817 noch nicht völlig traute und auf das Ansehen seines Onkels Rücksicht nehmen mußte, veröffentlichte er seine Erstlinge unter dem Pseudonym Sy Freudhold Riesenharf, einem Anagramm aus Harry Heine Düsseldorf.

In der Vorrede zur Neuausgabe des ›Buchs der Lieder‹ schrieb Heine 1837: »... ganz voran ziehen wieder Lieder, die in jenen früheren Jahren gedichtet worden, als die ersten Küsse der deutschen Muse in meiner Seele brannten.« Und er erinnerte sich des Unbehagens, als er seine ersten Gedichte gedruckt sah: »Erste Gedichte! Sie müssen auf nachlässigen, verblichenen Blättern geschrieben sein, dazwischen, hie und da, müssen welke Blumen liegen, oder eine blonde Locke, oder ein verfärbtes Stückchen Band, und an mancher Stelle muß noch die Spur einer Träne sichtbar sein ... Erste Gedichte aber, die gedruckt sind, grell schwarz gedruckt auf entsetzlich glattem Papier, diese haben ihren süßesten, jungfräulichsten Reiz verloren und erregen bei dem Verfasser einen schauerlichen Mißmut.«[45]

Als Heine seine Einsamkeit und Verletzlichkeit noch nicht hinter Ironie und Sarkasmus verbarg, sondern im sentimentaleren Ton seiner romantisch bewegten Jugend vortrug, vermischten sich in seinen Gedichten Volksdichtung und seine eigene, von den Umbrüchen der Zeit geprägte Sprache auf verführerische Weise. Die Romantik hatte ihren Höhepunkt überschritten, aber die Leser liebten weiterhin die gefühlsdurchtränkten Phantasiegebilde, die die politischen Umwälzungen des neuen Jahrhunderts vergessen ließen. Das Unbehagen am Verlust gemeinsamer gesellschaftlicher Vorbilder fand Trost in den mythischen Lebens- und Schicksalsmustern der Volkslieder und Balladen, die noch in oberflächlichsten Imitationen begehrt waren.

Heine traf mit seiner Lyrik diese Vorliebe für alten Stil, den er fast auf Anhieb wie ein Meisterfälscher beherrschte. Das, was seine Gedichte von den Originalen und ihren Imitationen abhob, waren unerwartete sprachliche Wendungen, durch die er seine Nachahmung zu erkennen gab und die Realitäten der eigenen Zeit bewußt machte. Diese Verfremdungstechnik, die sich in seiner Prosa fortentwickelte und den Realismus seines Spätwerks vorbereitete, brachte ihm in ihrer spielerischen Anwendung während seiner ersten Produktionsphase eine enorme Popularität ein. Seine Gedichte enthielten alle romantischen und volkstümlichen Elemente, die man sich wünschte, und verhinderten gleichzeitig durch ihre heiter-ironische Gegenwartserinnerung, daß man sich in der abgründigen Szenerie von Liebesleid und Schicksalswalten verlor. Heine bezeichnete sie als ›in Honig getauchten Schmerz‹, denn für ihn waren sie nicht nur gefilterte Romantik mit einem Tropfen Bitterkeit, sondern verkleidete Geständnisse sinnlich und geistig erfahrener Einsamkeit.

Seine Isolierung in der Hamburger Gesellschaft, die ihm durch das kühle Verhalten von Amalie und anderen jungen Damen besonders bewußt geworden war, bildete in den folgenden Jahren das zentrale Thema seiner lyrischen Texte. In der ersten Strophe des Gedichts ›Sehnsucht‹ aus dem Jahr 1816 heißt es unumwunden:

»Jedweder Geselle, sein Mädel am Arm,
Durchwandelt die Lindenreihn;
Ich aber, ich wandle, daß Gott erbarm,
Ganz mutterseelenallein.«

Schon kurz darauf verallgemeinert er seine konkrete Situation:

»Was treibt und tobt mein tolles Blut?
Was flammt mein Herz in wilder Glut?
Es kocht mein Blut und schäumt und gärt,
Und grimme Glut mein Herz verzehrt.«[46]

Und auf der dritten Verwandlungsstufe entweicht das lyrische Ich in die Vergangenheit, die den Liebesschmerz als Grundgefühl des Lebens bewahrt:

»Mir träumte einst von wildem Liebesglühn,
Von hübschen Locken, Myrten und Resede,
Von süßen Lippen und von bittrer Rede,
Von düstrer Lieder düstern Melodien.

Verblichen und verweht sind längst die Träume,
Verweht ist gar mein liebstes Traumgebild!
Geblieben ist mir nur, was glutenwild
Ich einst gegossen hab in weiche Reime.

Du bliebst, verwaistes Lied! Verweh jetzt auch,
Und such das Traumbild, das mir längst entschwunden,
Und grüß es mir, wenn du es aufgefunden –
Dem luftgen Schatten send ich luftgen Hauch.«[47]

Für die unter Pseudonym in ›Hamburgs Wächter‹ veröffentlichten Gedichte fand Heine 1820 bei dem Bonner Studienfreund Johann Baptist Rousseau erste Anerkennung: »... allmählig rückte Heine ... mit Manuskripten und der Zeitschrift ›Der Wächter‹ heraus, legte mir Gedichte von Freudhold Riesenharf vor, den er für einen seiner intimsten Hamburger Freunde ausgab, und bat mich um ein Urteil darüber; ihm schienen sie keinen Schuß Pulver werth. Als ich, in Heine durchaus nicht den Verfasser vermuthend, mein Entzücken darüber aussprach und trotz des bestimmtesten und wohl gar massiven Einsprechens Heine's jenen Riesenharf für ein Genie erster Größe halten zu müssen erklärte, fiel Heine mir plötzlich wie wahnsinnig um den Hals, weinte und jubelte durcheinander ...«[48]

Der einzige Freund, den Heine in Hamburg für sich und seine poetischen Träumereien gewann, war sein Cousin Hermann Schiff, dessen nähere Bekanntschaft er im Januar 1817 machte. Schiff, der seinen Geburtsnamen David Bär abgelegt hatte, blieb trotz unterschiedlicher Versuche als Schriftsteller, Musiker, Schauspieler und Fechtmeister der Öffentlichkeit weitgehend unbekannt. Von dem jungen Heine, mit dem er auch 1822 in Berlin noch freundschaftlich verkehrte, lieferte er eine der genauesten Beschreibungen.

»Heine's Figur war keine imposante. Er war bleich und schwächlich, und sein Blick war matt. Wie ein Kurzsichtiger kniff er gern die Augenlider ein ... Sein glattgestrichenes Haar war von bescheidener Farbe, und seine weißen, zierlichen Hände liebte er zu zeigen. Sein Wesen und Benehmen war ein still vornehmes, gleichsam ein persönliches Inkognito, in welchem er seine Geltung bei Andern verhüllte. Selten war er lebhaft. In Damengesellschaften habe ich ihn nie einer Frau oder einem jungen Mädchen Artigkeiten sagen hören. Er sprach mit leiser Stimme, eintönig und langsam, wie um auf jede Silbe Werth zu legen. Wenn er hie und da ein witziges oder geistreiches Wort hinwarf, so bildete sich um seine Lippen ein viereckiges Lächeln, das sich nicht beschreiben läßt.«[49]

Das Dandyhafte, das Heine während seiner Berliner Jahre annahm, war nur eine modische Allüre, die der Verehrung des englischen Romantikers Byron entsprang. Heine hatte bereits 1818 in Hamburg aus Byrons Werken übersetzt. In Berlin bezeichnete er sich aus tiefster verwandtschaftlicher Empfindung heraus als ›Vetter Byrons‹, und nach dessen Tod 1824 schrieb er: »Ja, dieser Mann war groß, er hat im Schmerze neue Welten entdeckt, er hat den miserabelen Menschen und ihren noch miserableren Göttern prometheisch getrotzt ...«[50] 1852 erinnerte er sich: »Ich war jung ... als meine Brust widerhallte von der wilden Melancholie Byrons.«[51]

Als Heine im Juni 1819 nach der Liquidation der Firma ›Harry Heine und Comp.‹ Hamburg verließ, um mit der finanziellen Unterstützung seines Onkels ein Jurastudium in Bonn zu beginnen, begleiteten ihn Byrons Lebewohl-Verse aus dem Ersten Gesang von ›Childe Harolds's Pilgrimage‹. Poetisch kraftvoller als seine bisherigen eigenen Verse, drückten sie seinen Abschied von der ideellen Heimat jugendlicher Geborgenheit und die Sehnsucht nach Weite und Ungebundenheit aus.

»Leb wohl! leb wohl! im blauen Meer
Verbleicht die Heimat dort.
Der Nachtwind seufzt, wir rudern schwer,
Scheu fliegt die Möwe fort.
Wir segeln jener Sonne zu,
Die untertaucht mit Pracht;
Leb wohl, du schöne Sonn und du,
Mein Vaterland, – gut Nacht!«[52]

## 3.
## *Student und Dichter: Bonn, Göttingen, Berlin*
(1819–1823)

Während Heine in Hamburg seine gesellschaftlichen Grunderfahrungen machte und um dichterische Ausdrucksmittel rang, hatten sich die politischen Verhältnisse innerhalb des Deutschen Bundes erheblich zugespitzt. Die von Österreich und Preußen beherrschte Deutsche Bundesversammlung ließ schon bald nach ihrer Einsetzung im Jahr 1815 keinen Zweifel daran, daß sie gewillt war, nationalen und liberalen Tendenzen entgegenzuwirken. Waren ursprünglich in der Bundesakte noch Presse- und Meinungsfreiheit und die Einführung von Verfassungen garantiert worden, so sah die Wirklichkeit bald anders aus. Publikationen, öffentliche Reden und Universitätsvorlesungen, die sich für die nationale Einheit der deutschen Länder oder für demokratische Staatsformen einsetzten, wurden als demagogische Aufwiegelungen geahndet, und auf Betreiben Metternichs kam es bis zur Pariser Julirevolution von 1830 nur in wenigen Einzelstaaten zur Ablösung der alten Ständeversammlung durch eine moderne Verfassung.

Der größte Widerstand gegen diese restriktive Entwicklung ging von der die Standesgrenzen überschreitenden neuen Gruppe der Intellektuellen – Hochschullehrern, Journalisten, Schriftstellern – und von den Burschenschaften aus, die seit 1811 im Geist nationaler Verteidigung gegen die französische Besetzung entstanden waren. Ihnen schlossen sich mit zunehmender Kontrolle der persönlichen Meinungsfreiheit immer weitere Kreise des Bildungsbürgertums an. Die spektakulärste Kundgebung der Burschenschaften, die in ganz Deutschland Aufmerksamkeit erregte und das Bewußtsein förderte, daß es eine gemeinsame deutsche Nation gab, fand anläßlich des dreihundertjährigen Jubiläums der Reformation und des vierten Jahrestags der Völkerschlacht bei Leipzig am 18. Oktober 1817 auf der Wartburg statt. Ein halbes Jahr später, am 29. März 1818, wurde in Jena die Allgemeine Deutsche Burschenschaft gegründet.

Da die Burschenschaften in ihrer politischen Ausrichtung zwar allgemein gesamtdeutsch, aber nicht einheitlich liberal waren, verloren sie allmählich ihre Vorreiterrolle und erregten nur noch in geringerem Maße die Mißbilligung der Bundesversammlung. Studenten, die der Restauration kritisch gegenüberstanden, scharten sich wieder häufiger um einzelne Akademiker und Publizisten, die ihre Gesinnung vertraten. Bei den Burschenschaftlern stießen sie auf konfessionelle Einseitigkeit – es gab unter ihnen fast nur Protestanten und einen gegen die Glaubensjuden gerichteten Antisemitismus –, auf ständische Traditionen, Abkapselung von der übrigen Bevölkerung und eine erhebliche Tendenz zu Ignoranz und Verachtung fremder Kulturen und Anschauungen.

Als Heine bis zum Semesterbeginn drei Monate bei seinen Eltern in Düsseldorf wohnte und Privatstunden nahm, um die Bedingungen der Aufnahmeprüfung an der Universität erfüllen zu können – er hatte das Gymnasium ohne Abschlußexamen verlassen –, bereitete Metternich seinen Schachzug gegen das Wartburgfest und die Gründung der Allgemeinen Deutschen Burschenschaft vor. Trotz des klugen Einwands von Großherzog Karl August, dem Hausherrn der Wartburg, daß Gewaltmaßnahmen und mißtrauische Überwachung die Verwirrung und Erregung der Studenten nur steigern würde, hielt er an seinem Plan fest.

Zwei äußerst gelegen kommende Attentate beseitigten die letzten Schwierigkeiten, die deutschen Regierungen zu wirksamen Maßnahmen gegen die Verbreitung des gesamtdeutschen Patriotismus zu bewegen. Am 23. März 1819 ermordete der Theologiestudent Karl Ludwig Sand den deutschen Schriftsteller und russischen Staatsrat August von Kotzebue, weil er sich durch einen für die russische Regierung bestimmten Bericht über die Zustände an den deutschen Universitäten angeblich der Spionage schuldig gemacht habe, und am 1. Juli 1819 folgte ein mißglückter Anschlag auf das Leben des nassauischen Staatsrats Karl von Ibell, dessen Landesfürst bereits 1814 einer einzelstaatlichen Konstitution zugestimmt hatte.

Nach einer geheimen Absprache mit dem Vertreter Preußens, Karl August von Hardenberg, am 1. August 1819 in Teplitz, gelang es Metternich, die Vertreter acht weiterer deutscher Staaten während einer informellen Zusammenkunft in Karlsbad zu gemeinsamen Beschlüssen hinzudrängen, die er schließlich unter Verletzung des Rechts der übrigen Mitgliedstaaten in einer fast staatsstreichartigen Aktion am 20. September 1819 durch den Bundestag brachte. Diese sogenannten ›Karlsbader Beschlüsse‹, die 1820 auch in der Wiener Schlußakte aufgenommen wurden, machten die bisher willkürlich geübte Unterdrückung nationaler Regungen zu einem Teil der Bundesverfassung.

Für das geistige und politische Leben in Deutschland waren die Karlsbader Beschlüsse von tiefgreifender Wirkung. Sie beinhalteten nicht nur die Überwachung der Universitäten durch Beauftragte der Landesherren, um die Verbreitung staatsfeindlicher Lehren – gemeint waren gesamtdeutsche Gesinnung und republikanische Ideen – rechtzeitig und notfalls durch Entfernung der verantwortlichen Professoren unterbinden zu können, sondern auch die Kontrolle des gesamten Publikationsbereichs. Für alle Druckerzeugnisse von weniger als zwanzig Bogen (dreihundertzwanzig Seiten) Umfang wurde eine Vorzensur angeordnet. Aber auch Bücher, die dieser ersten Überprüfung entgingen, konnten bei nachträglicher Beanstandung verboten werden. Eine zentrale Kommission in Mainz untersuchte zusätzlich alle revolutionären Umtriebe, die in den Einzelstaaten entdeckt wurden, um sie der dortigen Justiz zur Aburteilung anzuzeigen. Damit möglichst kein Land diese Bestimmungen zu nachlässig handhabte oder unterlief, wurde die Bundesversammlung durch den Erlaß einer Exekutionsordnung ermächtigt, gegen säumige Mitgliedstaaten vorzugehen und bei umstürzlerischen Bewegungen direkt zu intervenieren.

Die Zensur, die die Kontrolle politischer Inhalte bezweckte, ließ manchen Schriftsteller und Publizisten, der die Auseinandersetzung mit den Verlegern und Behörden scheute, in die Allgemeinverbindlichkeit menschlicher Thematik ausweichen. Individuelle Befindlichkeit wurde nicht in ihrer Abhängigkeit von den realen gesellschaftlichen Verhältnissen, sondern als Teil einer idealistischen, phantastischen oder schicksalhaften Welt dargestellt. Die unpolitische Idylle begann sich in der deutschen Literatur auszubreiten und die Klassik auszuhöhlen, deren übernommene Formen Qualität vortäuschten, ohne inhaltlich den historisch bedingten Ausgleich zwischen Rationalität und Irrationalität weiter vermitteln zu können. Autoren, die gegenwartsbezogene politische Themen behandeln wollten, mußten sich sprachlicher und formaler Schleichwege bedienen, um die Verleger für eine Veröffentlichung zu gewinnen und die Zensoren zu täuschen. Aus dieser Situation kleinstaatlicher und kleingeistiger Enge heraus konnte sich kein Romanwerk entwickeln, das dem eines Balzac, Dickens, Zola oder Tolstoi gleichgekommen wäre.

Heine geriet erst im Lauf der an den Universitäten verbrachten Jahre und mit Beginn seiner Prosa an die von der Zensur errichteten Grenzen. Als junger Lyriker, der seit den ersten poetischen Versuchen in Hamburg von dem Erfolgsrezept ironischer und trivialer Brechung romantischer Empfindungen überzeugt war, wollte er sich keine Möglichkeit verderben, sein Talent öffentlich unter Beweis zu stellen. Bewußt mied er in seinen Gedichten politische Themen und Anspielungen, was ihm in dieser frühen Phase kaum schwerfiel, da ihn vor allem die Liebe und ihre vielfältigen Variationen beschäftigten. Auf der Suche nach einem Verleger für einen einzelnen Gedichtband schrieb er am 7. November 1820 – vergeblich – an Friedrich Arnold Brockhaus in Leipzig:

»Beyliegend erhalten Sie ein Manuskript, betitelt: ›Traum und Lied‹ welches ich Ihnen zum Verlag anbiete ... Ich wünsche recht sehr, daß Sie selbst mein Manuskript durchlesen möchten, und bey Ihrem bekannten richtigen Sinn für Poesie bin ich überzeugt, daß Sie wenigstens der ersten Hälfte dieser Gedichte die strengste Originalität nicht absprechen werden ... Da mich leidige Verhältnisse [die mit den Karlsbader Beschlüssen einsetzende Zensur] zwingen, jedes Gedicht, dem man irgend eine politische Deutung unterlegen könnte, zu unterdrücken und meist nur erotische Sachen in dieser Sammlung aufzunehmen, so mußte solche freylich ziemlich mager ausfallen. Doch außer sechs Gedichten, welche ich vor ca. vier Jahren in einer Hamburger Zeitschrift ›Der Wächter‹ abdrucken ließ, sind alle Gedichte des Manuskripts noch ungedruckt, und sie mögen schon hinreichen als Belege zu meinen Ansichten über neuere Poesie.«[53]

Heine wußte bereits, was er wollte und konnte, und er war geschickt genug, sein politisches Interesse zu bekunden, ohne Politisches anzubieten. Immerhin befand sich unter seinen Manuskripten das Gedicht ›Deutschland. Ein Fragment‹, mit dem er während seines ersten Bonner Semesters 1819/20 auf die Zementierung deutscher Kleinstaaterei und die Unterdrückung geistiger Freiheit reagiert hatte. So verhalten die Kritik sich heute auch ausnimmt, damals genügte sie, die Zensur zum Eingreifen zu veranlassen. Für den Erstdruck dieses fünfundzwanzig Strophen umfassenden Gedichts, das 1822 in der Zeitschrift ›Zuschauer‹ erschien, strich Heine daher die Strophen sechs bis acht, so daß fast nur noch der gut imitierte bardische Tonfall, den die Romantiker ihrerseits von den Barden, den keltischen Berufssängern des Mittelalters, übernommen hatten, zu bewundern blieb. Nach Heines Handschrift lauteten die ersten acht Strophen in ihrer ursprünglichen Reihenfolge:

»Sohn der Torheit! träume immer,
Wenn dirs Herz im Busen schwillt;
Doch im Leben suche nimmer
Deines Traumes Ebenbild!

Einst stand ich in schönern Tagen
Auf dem höchsten Berg am Rhein;
Deutschlands Gauen vor mir lagen,
Blühend hell im Sonnenschein.

Unten murmelten die Wogen
Wilde Zaubermelodein;
Süße Ahndungsschauer zogen
Schmeichelnd in mein Herz hinein.

Lausch ich jetzt im Sang der Wogen,
Klingt viel andre Melodei;
Schöner Traum ist längst verflogen,
Schöner Wahn brach längst entzwei.

Schau ich jetzt von meinem Berge
In das deutsche Land hinab:
Sah ich nur ein Völklein Zwerge,
Kriechend auf der Riesen Grab.

Such ich jetzt den goldnen Frieden,
Den das deutsche Blut ersiegt,
Seh ich nur die Kette schmieden,
Die den deutschen Nacken biegt.

Narren hör ich jene schelten,
Die dem Feind in wilder Schlacht
Kühn die Brust entgegenstellten,
Opfernd selbst sich dargebracht.

O der Schande! jene darben,
Die das Vaterland befreit;
Ihrer Wunden heilge Narben
Deckt ein grobes Bettlerkleid!«[54]

Von Düsseldorf, wo Heine während seines dreimonatigen Aufenthalts Konzerte und einen Liederabend der Sängerin Karoline Stern besucht und in Erinnerung an Napoleons Auftritt im Hofgarten eines seiner frühen Meisterwerke, das Gedicht ›Die Grenadiere‹, geschrieben hatte, reiste er im September 1819 nach Bonn. Ende des Jahres kehrte er noch einmal in seine Geburtsstadt zurück, um seine Eltern über den Verlust des Tuchgeschäfts hinwegzutrösten. Als sie Anfang März 1820 mit der Tochter Charlotte und den Söhnen Gustav und Maximilian nach Hamburg übersiedelten, schickte er seiner Schwester den fürsorglichen Brief:

»Liebes Lottchen! Du sollst mir schreiben, wie es Euch dort geht, und wie es bei Eurer Abreise herging. Der Saal des Musikvereins ist gewiß mit schwarzem Flor behangen worden, 14 Tage lang ist dort gewiß kein Allegro gehört worden, nur Adagio. Und die Straßen, wie müssen die jetzt todt seyn! – Hast Du auch geweint, wie Du fortfuhrst? Wie ist es Euch auf der Reise gegangen? Ich habe manche Nacht auf meinem Holzstuhl gesessen und in meinen großen, gelehrten Büchern mechanisch fortgelesen, während meine Gedanken sich auf der Lüneburger Haide herumtrieben und ängstlich zusahen: ob auch Euer Kutscher nicht schläft, ob Euer Wagen auf der rechten Spur, ob Euch kein Rad bricht – Bist Du auch werth, daß ich Dich so lieb habe? Harry Heine. Stud. Juris.«[55]

Als Heine im Herbst 1819 nach Bonn kam, traf er im Universitätsmilieu zum erstenmal auf junge Männer, die leidenschaftlich über die Zukunft Deutschlands debattierten. Noch bevor er die Aufnahmeprüfung abgelegt hatte, nahm er an studentischen Veranstaltungen wie dem Aachener Studentenkongreß im Oktober und dem Fackelzug zum Bonner Kreuzberg am 18. November zur Feier des fünften Jahrestags der Völkerschlacht bei Leipzig teil. Da die Universitätsgerichte durch die Karlsbader Beschlüsse angehalten waren, alle Kundgebungen, die sich patriotischer Demagogie verdächtig machten, zu untersuchen, wurde auch Heine, allein wegen seiner Anwesenheit in Aachen, von einer Kommission verhört. Er antwortete auf alle Fragen so ausweichend und unbestimmt, daß man ihm keine direkte Verbindung zu patriotischen Rädelsführern nachweisen konnte und ihn ungestraft entließ.

Zu den Burschenschaften, die Heine zunächst noch als Sammelbecken für liberale und geistig aufgeschlossene Patrioten verstand, nahm er ebenfalls schon zu Beginn seines Bonner Aufenthalts Kontakt auf. Nach bestandener Aufnahmeprüfung und Immatrikulation im Dezember 1819 trat er der Burschenschaft ›Allgemeinheit‹ bei, aber bereits ein Jahr später schrieb er an seinen Studienfreund Friedrich von Beughem: »Patente Pomadehengste, Prachtausgaben wässrichter Prosaiker, plastisch ennuyante Gesichter – da hast Du das hiesige Burschenpersonal.« Und im Zusammenhang mit einer schlecht besuchten Vorlesungsreihe über altdeutsche Sprache beklagte er das allgemeine Desinteresse an den Quellen deutscher Kultur: »Denk Dir Fritz, nur 9 (sage neun) Studios hören dieses Collegium. Unter 1300 Studenten, worunter doch gewiß 1000 Deutsche, sind nur 9, die für die Sprache, für das innere Leben und für die geistigen Reliquien ihrer Väter Interesse haben! O Deutschland! Land der Eichen und des Stumpfsinns.«[56]

Zu der Enttäuschung über das geistige Niveau bei der Mehrheit der Burschenschaftler und ungebundenen Studenten kam noch hinzu, daß Heine im Bemühen um künstlerische Perfektion und Anerkennung besonders heftig auf alles reagierte, was ihn und sein Lebenskonzept aus sinnlicher Freiheit und geistiger Disziplin betraf. Er schützte sich zwar durch betonte Unnahbarkeit, wurde der Ausbrüche seiner leicht verletzten Empfindsamkeit aber niemals ganz Herr. In freimütiger Selbsterkenntnis schrieb er in einem Brief: »Die Menschen sind die eitelsten unter den Creaturen, und die Poeten sind die eitelsten unter allen Menschen. Wer die Eitelkeit eines Poeten beleidigt, begeht daher ein doppeltes Majestätsverbrechen.«[57]

Joseph Neunziger, Heines Jugendfreund aus der jüdischen Gemeinde in Düsseldorf, charakterisierte den Bonner Studenten: »Heine hörte aufmerksam zu, er sagte nichts, aber ein sarkastisches Lächeln umspielte seine Lippen. Ueberhaupt sprach er wenig; er war mehr Beobachter und Denker, als redseliger Teilnehmer an der allgemeinen Konversation; wenn er sich in letztere einmischte, geschah es meist durch kurze, schlagartig treffende Bemerkungen oder drollige Witze. Selten nur gewährte er selbst den vertrautesten Freunden einen offenen Einblick in das Reich seiner tiefern Empfindungen; er liebte es nicht, die Gefühle seines Herzens zur Schau zu tragen; gutmüthig und weich bis zum Uebermaß, schämte er sich fast der ihm angeborenen Empfindsamkeit, und suchte dieselbe mit trotzigem Stolz unter einer schroffen, abstoßenden Umgangsform zu verstecken.«[58]

Heine mußte sich daher den geistig und politisch unausgewogenen Burschenschaften, die nach einer kurzen Phase gemeinsamen ideellen Widerstands gegen die französische Herrschaft und die Restaurationspolitik in Vereinsdenken und ritualisierten Zusammenkünften versanken, bald innerlich entfremden. Zwei Vorfälle führten schließlich auch die äußere Trennung herbei. Im April 1820 fühlte Heine sich genötigt, wegen einer antisemitischen Beleidigung – der Ausschluß von Juden wurde später von den meisten Burschenschaften durch den ›Judenparagraphen‹ geregelt – ein Duell mit dem Degen auszufechten, obwohl er wußte, daß Duelle seit den Karlsbader Beschlüssen streng verboten waren.

Ein halbes Jahr später, als Heine sich bereits von Bonn an die Göttinger Universität und in die dortige Burschenschaft zurückgezogen hatte, forderte er erneut einen Kontrahenten zum Duell heraus, diesmal mit Pistolen und wegen des grundsätzlichen Streits, ob eine Burschenschaft die andere kritisieren dürfe. Heine, der sich seine Meinungsfreiheit nicht nehmen lassen wollte, beharrte auf dem Waffengang, denn nichts war ihm mehr zuwider als Uniformität und Nivellierung von Unterschieden.

Bevor die Angelegenheit statt durch Argumente durch Kugeln beendet werden konnte, schaltete sich das aufmerksam gewordene akademische Gericht ein. Es verurteilte Heine zu einem halbjährigen Ausschluß von allen Vorlesungen und seinen Gegner zum Verlassen der Universität. Fast gleichzeitig strich die Burschenschaft Heine von ihrer Mitgliederliste, angeblich wegen ›unmoralischen Verhaltens‹, da man ihn in einem Gasthaus mit leichter Damenbekanntschaft gesehen habe. Der Grund für die Zerwürfnisse und die gegenseitige Abneigung lag jedoch in der zutiefst unterschiedlichen geistigen Ausrichtung. Die Burschenschaftler reduzierten den Patriotismus auf Deutschtümelei und Abwehr alles Fremden, Heine relativierte ihn als eine unter vielen nationalen Farben auf der europäischen Palette. Bei seinen gleichgesinnten Kommilitonen ging er noch einen Schritt weiter. Einer von ihnen erinnerte sich später an die ›in Heine versammelte Gemeinde‹, die sich zur ›Lehre von einer allgemeinen jede Nationalität vernichtenden Menschheit‹ bekannte.[59]

Unter den Bonner Professoren kam es während Heines Studienzeit zu einer Reglementierung, die ein empörtes Echo in ganz Deutschland hervorrief. Ernst Moritz Arndt, einem der populärsten Dichter der Befreiungskriege und glühendem Patrioten, wurde mit der Absicht, ein nachhaltiges Exempel zu statuieren, im Februar 1820 die Lehrtätigkeit untersagt. Seine letzte Vorlesung, die auch Heine hörte, hielt er über die ›Geschichte des deutschen Volkes und Reichs‹. Die Anschuldigung, an der Burschenschaftsbewegung teilgenommen zu haben, konnte nur ein Vorwand sein, um Ansehen und Wirkung des Mannes herabzusetzen, der 1805 wegen seiner politischen Schrift ›Geist der Zeit‹ vor Napoleon nach Schweden flüchten mußte und 1812 Privatsekretär des Freiherrn vom Stein in Petersburg war. Erst 1840 wurde er, wie der ebenfalls 1819 verurteilte Vorkämpfer der Burschenschaften, Friedrich Ludwig Jahn, auf Anordnung von König Friedrich Wilhelm IV. von Preußen rehabilitiert und 1848, wieder gleichzeitig mit Jahn, in die Deutsche Nationalversammlung in der Frankfurter Paulskirche gewählt.

Die politische Luft, die Heine seit dem Wintersemester 1819/20 in Bonn atmete, wurde für ihn in zweifacher Hinsicht zum Lebenselixier. Es bewahrte seine Lyrik vor dem Umkippen in Belanglosigkeit und brachte eine kraftvolle Prosa aus ihm hervor, und es half ihm, seine gesellschaftliche Isolierung als Jude, als Intellektueller und als freier Künstler zu ertragen. Ebenso nachhaltig wie er die politischen Strömungen registrierte, erweiterte er auch seine allgemeinen Kenntnisse, ohne sich vorerst um die Jurisprudenz, sein eigentliches Studienfach, zu kümmern. Außer Ernst Moritz Arndts ›Geschichte des deutschen Volkes und Reichs‹ hörte er Vorlesungen über die Urgeschichte der Deutschen, über die Geschichte des Altertums und, bei August Wilhelm Schlegel, über die Geschichte der deutschen Sprache und Poesie.

Wie sein Bruder Friedrich gehörte August Wilhelm Schlegel zu den maßgeblichen Autoritäten der deutschen Literaturszene. Als er 1818 an der Bonner Universität seine Lehrtätigkeit als Professor für indische Philologie aufnahm, war er bereits ein berühmter Mann. Seit 1796 hatte er in Jena an Schillers ›Horen‹ mitgearbeitet und seit 1801 an der Berliner Universität Vorlesungen ›Über schöne Literatur und Kunst‹ gehalten. Als literarischer Berater und Reisebegleiter der französischen Schriftstellerin Frau von Staël, die 1810 ihr Buch über Deutschland ›De l'Allemagne‹ veröffentlichte, war er seit 1804 auch in Frankreich und seit 1808 in Wien bekannt, wo er unter großer öffentlicher Anteilnahme ›Über dramatische Kunst und Literatur‹ gelesen hatte.

Anfang 1820 machte Heine die persönliche Bekanntschaft Schlegels, der sich, wie damals üblich, als Professor auch privat seiner Studenten annahm. Er überreichte ihm einige seiner Gedichte und Übersetzungsproben aus Byrons ›Manfred‹ und Coleridges ›Christabel‹, die ihm allgemeines Lob und wertvolle Korrekturvorschläge einbrachten. Erleichtert über diese erste fachmännische Bestätigung, berichtete er Friedrich von Beughem: »Über mein Verhältnis mit Schlegel könnte ich Dir viel Erfreuliches schreiben. Mit meinen Poesien war er sehr zufrieden, und über die Originalität derselben fast freudig erstaunt. Ich bin zu eitel, um mich hierüber zu wundern. Ich habe mich sehr gedocken [wohl] gefühlt, als ich neulich von Schlegel förmlich eingeladen wurde, und bey der rauchenden Kaffeetasse stundenlang mit ihm plauderte. Je öfter ich zu ihm komme, desto mehr finde ich, welch ein großer Kopf er ist ... Seine erste Frage ist immer: wie es mit der Herausgabe meiner Gedichte stehe? und scheint solche sehr zu wünschen. Auch Du, lieber Fritz, scheinst mich hierüber ebenfalls zu fragen. Leider habe ich, wegen der vielen Veränderungen, die ich auf Schlegels Rath gemacht habe, noch viele Gedichte wieder abzuschreiben und viele ganz neue Gedichte und metrische Übersetzungen der Engländer noch hinzuzuschreiben. Letztere gelingen mir besonders gut und werden meine poetische Gewandtheit bewähren.«[60]

Heine bedankte sich bei seinem Lehrer mit den Sonetten ›An A. W. v. Schlegel‹ und verfaßte den dreiseitigen Aufsatz ›Die Romantik‹, der am 18. August 1820 im ›Rheinisch-Westfälischen Anzeiger‹ erschien. In diesem kurzen Text entfernte er sich bereits von Schlegel, dessen Gleichsetzung von romantisch und modern er ablehnte. Für ihn, so erklärte er, sei das Romantische keine das reale Leben umfassende Ideologie, sondern eine künstlerische Formel für alles Phantastische. Dem ›Dunsttum‹ der Romantik stellte er eine sinnlich-plastische Darstellung gegenüber, die er sein Leben lang vertrat und im Werk von Heinrich von Kleist am reinsten ausgeprägt fand. In einem Brief an Friedrich Merckel schrieb er am 15. August 1826: »Daß Du Kleist jetzt zu lesen beginnst, freut mich. Er hat in höherem Grade, was Dir bey mir gefällt. Er ist ganz Romantiker, will nur das Romantische geben und giebt dieses durch lauter plastische Gestalten, so daß er wieder äußerlich ganz Plastiker ist.«[61]

Durch die Begegnung mit dem angesehenen Theoretiker der Romantik und noch heute bewunderten Shakespeare-Übersetzer gelang es Heine, seinen eigenen Standpunkt in der Dichtkunst zu erkennen und sich noch einmal bewußt zu machen, daß geistige und formale Disziplin die Grundlagen für Kreativität waren. In der in Paris entstandenen ›Romantischen Schule‹ kritisierte er Schlegels historisierende Auffassung der Romantik, die sich inzwischen auch in politischem Konservativismus ausdrückte, hörte jedoch nicht auf, seinen ›kritischen Scharfsinn‹ zu bewundern. Schlegel, der sich wegen seines pedantischen und hochmütigen Wesens viele Gegner geschaffen hatte, reagierte auf die Kritik mit der gekränkten Eitelkeit des wissenschaftlich und gesellschaftlich Überlegenen. Am 3. Juni 1833 schrieb er aus Bonn an Jakob Grimm, daß er von dem wildgewordenen Juden Heine in Paris angegriffen worden sei.[62]

Seit dem Winter 1819/20 sprudelten die Gedichte aus Heine heraus, aber er nahm das Spontane immer nur als Rohstoff, der durch den kritischen Verstand bearbeitet werden mußte. In Briefen und Gesprächen äußerte er sich ausführlich über seine künstlerischen Bemühungen, die er, trotz eingestandener Eitelkeit, immer wieder im Detail bemängelte oder im Ganzen verwarf. Sein Jugendfreund und Bonner Kommilitone Friedrich Steinmann erinnerte sich: »Stundenlang brütete er über die Aenderung eines Verses, und fühlte sich belohnt genug, wenn ihm die Korrektur gelungen, und Freunde ihm ihren Beifall zollten.«[63]

Dieser Tätigkeit des minutiösen Verbesserns und Ausprobierens von Versmaßen und Wortwendungen gab sich Heine bei jeder Gelegenheit hin. Wieder Steinmann: »Bemerkt zu werden verdient, daß die Uebersetzungen aus Byron auf dem Rheine zu Tage gefördert wurden, indem Heine im Sommer des Jahres 1820 häufig sich den Strom hinauf in einem Kahne am Ufer bis nach Godesberg, dem eine Stunde von Bonn gelegenen Dorfe, fahren ließ, wo er dann, ein Bändchen von Byrons Schriften in der Zwickauer Ausgabe in der Hand, im Kahne ausgestreckt zu ruhen pflegte.«[64]

Im ersten Bonner Wintersemester entstanden unter anderem die herrliche Ballade ›Belsazar‹ und das Gedicht ›Wasserfahrt‹, das von den Kahnfahrten auf dem Rhein, von Liebessehnsucht und vom Kummer über das deutsche politische Elend inspiriert wurde.

»Ich stand gelehnet an den Mast,
Und zählte jede Welle.
Ade! mein schönes Vaterland!
Mein Schiff, das segelt schnelle!

Ich kam schön Liebchens Haus vorbei,
Die Fensterscheiben blinken;
Ich guck mir fast die Augen aus,
Doch will mir niemand winken.

Ihr Tränen, bleibt mir aus dem Aug,
Daß ich nicht dunkel sehe.
Mein krankes Herze, brich mir nicht
Vor allzugroßem Wehe.«[65]

Im Sommer 1820 entschloß sich Heine, an die Göttinger Universität überzuwechseln. Von Schlegel konnte er nach der Festigung seiner eigenen Literaturvorstellungen nichts mehr erwarten, und das wegen antisemitischer Beleidigung geforderte Duell hatte sein Verhältnis zur Bonner Burschenschaft getrübt. In Göttingen, wo er im September 1820 eintraf, änderte sich jedoch wenig. Die Lehrveranstaltungen befriedigten Heine nicht, es kam zu erneuten Zusammenstößen mit Burschenschaftlern, und ihm fehlten echte Freunde. Heine kränkelte und klagte über

Kopfschmerzen. Es mangelte ihm einerseits an Anregungen, um seinen Produktionsfluß in Bewegung zu halten, und andererseits an vertrauten Gesprächen, um sein erregtes Gemüt zu dämpfen. Am 9. November schrieb er an Friedrich von Beughem, den er während der Sommerferien in Hamm besucht hatte:

»Lieber Fritz! Soeben bin ich aufgestanden, die Kaffeekanne steht dampfend auf dem Feuerbecken, und Zucker und Brot und Butter und Milch und Alles steht in schönster Ordnung drum herum. Und doch vermisse ich etwas. Ich meine immer, nun müsse auch ein alter gelber Flausch [Decke] kommen und sich freundlich plaudernd neben mir hinsetzen. Das ist der alte gelbe Flausch, worauf ich mehrere Nächte so behaglich geschlafen, und worin mein guter Fritz beym Frühstück wieder so hübsch paradierte. Die schönen Tage in Aranjuez sind aber vorüber... Du guter Fritz, Du gehörst wahrlich zu jenen seltnern Menschen, durch deren Freundschaft das Gemüth nicht gewaltsam aufgeregt und im tollen Tanz der Gefühle mit sich herumgeschleudert, sondern still erquickt, von alten Wunden geheilt, ich möchte fast sagen veredelt wird. Und mein tolles, zerrissenes und verwildertes Gemüth, wie sehr bedarf dieses einer solchen Besänftigung, Heilung und Veredlung!«[66]

Einen Teil dieser Aufgeregtheit lenkte Heine in ein Projekt, das seine jüdische Außenseiterrolle behandelte – übertragen auf die verfolgten muslimischen Gläubigen im Spanien des 16. Jahrhunderts. Angeregt durch die Dramen Shakespeares, Racines und Voltaires, wollte er sich selbst in dieser literarischen Gattung versuchen. Der Versuch schlug nicht nur diesmal beim ›Almansor‹ fehl. Auch die in späteren Jahren fortgesetzten Bemühungen brachten nur die dramaturgisch genauso schwache Tragödie ›William Ratcliff‹ und die Ansätze zu einer ›venetianischen Tragödie‹ und zu einem ›Faust‹ hervor.

Dennoch findet man im ›Almansor‹ und im ›Ratcliff‹ viele Spuren von Heines Lebensgefühl und poetischer Kraft. In einem an die beiden in Bonn zurückgelassenen Freunde Friedrich Steinmann und Johann Baptist Rousseau adressierten Brief schrieb er am 29. Oktober 1820: »In dieses Stück [Almansor] habe ich mein eigenes Selbst hineingeworfen, mitsamt meinen Paradoxen, meiner Weisheit, meiner Liebe, meinem Hass und meiner ganzen Verrücktheit.«[67] Während der Arbeit, die mit

Vorstudien deutscher, englischer und französischer Ouellen über die Mauren im Spanien der Inquisition begonnen hatte, erkannte er das Mißlingen des Stücks. Die polemisch behandelten Themen Glaubenstreue und Assimilation durch Taufe, die ihm durch den hartnäckigen Antisemitismus in Deutschland selber zu Problemen geworden waren, behinderten die zentrale Liebesgeschichte, mit der Heine seine plastische Romantikauffassung demonstrieren wollte, an der Entfaltung.

Am 4. Februar 1821, als der ›Almensor‹ fast beendet war, nahm Heine die späteren Theaterkritiken in einem Brief an Steinmann vorweg. »Ja, entzückend schöne Stellen und Szenen sind drin; Originalität schaut überall draus hervor, überall funkeln überraschend poetische Bilder und Gedanken, so daß das ganze gleichsam in einem zauberhaften Diamantschleier blitzt und leuchtet. So spricht der eitle Autor, der Enthousiast für Poesie. Aber der strenge Kritiker, der unerbittliche Dramaturg trägt eine ganz anders geschliffene Brille, schüttelt den Kopf und erklärt das Ganze für – eine schöne Drahtfigur. Eine Tragödie muß drastisch seyn – murmelt er, und das ist das Todesurteil der meinigen. – Hab ich kein dramatisches Talent? Leicht möglich ... Du wunderst Dich? Das Räthsel ist leicht gelöst: ich habe versucht, auch im Drama romantischen Geist mit streng plastischer Form zu verbinden. Deshalb wird meine Tragödie ein gleiches Schicksal haben mit [August Wilhelm] Schlegels ›Jon‹. Nämlich weil letzterer ebenfalls in polemischer Absicht geschrieben ist.«[68]

Vom 9. bis 21. November 1821 veröffentlichte der Berliner ›Gesellschafter‹ in acht Fortsetzungen Fragmente des ›Almansor‹, denen im April 1823 eine Buchausgabe und am 20. August desselben Jahres eine Aufführung in Braunschweig folgte. Freunde und Bekannte, die den Lyriker Heine schätzten, ließen sich wohlwollend über das Stück aus, indem sie die Phantasie und Sprachkraft des Autors hervorhoben. Der völlige Mißerfolg der Braunschweiger Inszenierung machte jedoch deutlich, daß poetische Polemik allein kein Bühnendrama ergibt. Nach seiner Taufe schrieb Heine 1825 die Romanze ›Almansor‹, in der er, voller Zweifel über seine Konversion, das Christentum wesentlich kritischer als in dem früheren Stück behandelte. In der meisterlich knappen und klaren Exposition trägt er seinen Standpunkt unmißverständlich vor.

»In dem Dome zu Corduva
Stehen Säulen, dreizehnhundert,
Dreizehnhundert Riesensäulen
Tragen die gewaltge Kuppel.

Und auf Säulen, Kuppel, Wänden
Ziehn von oben sich bis unten
Des Korans arabsche Sprüche,
Klug und blumenhaft verschlungen.

Mohrenkönge bauten weiland
Dieses Haus zu Allahs Ruhme,
Doch hat vieles sich verwandelt
In der Zeiten dunklem Strudel.

Auf dem Turme, wo der Türmer
Zum Gebete aufgerufen,
Tönet jetzt der Christenglocken
Melancholisches Gesumme.

Auf den Stufen, wo die Gläubgen
Das Prophetenwort gesungen,
Zeigen jetzt die Glatzenpfäfflein
Ihrer Messe fade Wunder.

Und das ist ein Drehn und Winden
Vor den buntbemalten Puppen,
Und das blökt und dampft und klingelt,
Und die dummen Kerzen funkeln.
...«[69]

In der ›Almansor‹-Tragödie steht ein Satz, der durch die jüngere deutsche Geschichte eine prophetische Dimension erhielt, von der selbst die fanatischsten Antisemiten im 19. Jahrhundert keine Vorstellung haben konnten. Auf die beklommene Frage Almansors, ob es denn stimme, daß der spanische Großinquisitor Ximenez de Cisneros »inmitten auf dem Markte, zu Grenada – mir starrt die Zung im Mund – den Koran in eines Scheiterhaufens Flamme warf«, antwortete sein Freund Hassan: »Das war ein Vorspiel nur, dort wo man Bücher verbrennt, verbrennt man auch am Ende Menschen.«[70] Auch Heines Bücher wurden eines Tages verbrannt und verboten und mit ihnen die Legende von den Deutschen als einem Volk der Dichter und Denker.

Nach der anfänglichen Enttäuschung, auch in Göttingen niemanden gefunden zu haben, der ihn dann und wann aus seiner Selbstbefangenheit erlöste, lernte Heine den drei Jahre älteren Jurastudenten Heinrich Straube kennen, für den er die gleiche Sympathie empfand wie für Christian Sethe und Friedrich von Beughem. Er besuchte ihn auch später noch in Kassel, wo Straube bis zum Oberappellationsgerichtsrat aufstieg. Freunde wie Straube, die nicht unbedingt vom literarischen Fach, aber gebildet und kunstinteressiert sein mußten, brachten Heine die Bewunderung entgegen, die er für sein persönliches Wohlbefinden brauchte. Ihnen konnte er sich in seiner Empfindsamkeit zeigen, ohne als Ausnahmeerscheinung zu verlieren. Die Liebenswürdigkeit und Zuneigung, die er ihnen dafür entgegenbrachte, erzeugte mitunter Eifersucht oder Abneigung – etwa bei der Familie Straubes, die sich jedesmal, wenn Heine in Kassel war, zurückgesetzt fühlte. Straube selber habe, wie seine Tochter berichtete, nie mit seiner Familie über die frühere Beziehung zu Heine in Göttingen gesprochen.[71] Man fürchtete den aufrührerischen Geist für die eigene Ruhe und Sicherheit.

Der wegen des geplanten Pistolenduells im Januar 1821 verfügte halbjährige Ausschluß vom Lehrbetrieb kam Heine mehr als gelegen. Nicht nur die unerfreulichen Erfahrungen mit den Burschenschaftlern und der Mangel an freundschaftlichen und geistig befriedigenden Kontakten ließen ihm einen neuerlichen Ortswechsel wünschenswert erscheinen. Er wollte jetzt, nachdem er sich als Lyriker freigeschrieben und das politische Klima sondiert hatte, sein Talent und seine Gesinnung öffentlich unter Beweis stellen. Dafür waren weder Bonn noch Göttingen, wo das akademische Leben vorherrschte, geeignet. Zunächst mußte er sich allerdings der weiteren finanziellen Unterstützung seines Onkels versichern. Kurz vor seiner Abreise aus Göttingen schrieb er am 5. Februar 1821 an Straube: »Wenn Du mal in meinem großen Naturepos lesen wirst von den unzähligen Goldäderchen, die den Weltkörper durchweben, so wisse nur, daß ich darunter Ducaten, Louisd'ore und Friedrichsd'ore verstehe.«[72]

Das Wiedersehen mit Hamburg mußte ernüchternd ausfallen. Noch hatte Heine keinen Gedichtband veröffentlicht – die Ablehnung von Brockhaus war ihm am Abend vor seiner Abreise zugegangen –, er stand wieder als armer Verwandter vor der Tür seines Onkels, ohne Nachweis seines dichterischen Talents, noch dazu als verbummelter Student, der vom akademischen Gericht gemaßregelt worden war. Salomon Heine schien die ersten Semester jedoch als Tribut an die Jugend eingeplant zu haben, denn er bewilligte anstandslos die Mittel zur Fortsetzung des Jurastudiums und empfahl, den Einflüsterungen seines Neffen folgend, Berlin als nächste Ausbildungsstation.

Bei so günstigen Zukunftsaussichten nahm Heine es nicht mehr so schwer, daß Amalie, der er gleich nach seiner Ankunft in Hamburg nach Art der Troubadoure seine Aufwartung gemacht hatte, ihn wie gewohnt ignorierte. Straube durfte über den mißglückten Auftritt mitlachen. »Es ging schon gegen Mitternacht, da begab ich mich nach dem Hause meiner Dulcinea de Tobosa [aus Don Quixote], um unter ihren Fenstern die Rolle meines Almansors in der Wirklichkeit zu spielen. Aber ich hatte leider keinen Mantel wie mein Almansor, und mußte frieren wie ein Schneider. Auch hatte ich statt einer hellgestirnten andalousischen Sommernacht nur einen aschgrauen Himmel, feuchten Hamburger Nazionalwind und durchfröstelndes Regengeträufel ... Doch doppelt schneidender Schmerz zerriß mein innerstes Gemüth, als ich bemerkte, daß meine Fantasie mich wieder in den April geschickt hatte. Das schaurigsüße Lockenköpfchen, das mir so huldreich herabgenickt, war nur die alte Gouvernante, die ihre Jalousien zugemacht, der wundersame Duft, der meine Sinne umnebelte, war nur der Geruch aus einem nahen Käseladen.«[73]

Weniger leicht verschmerzte er den Besuch bei seinen Eltern in Oldesloe, wo sich sein Vater einer längeren Kur unterzog. Seiner Mutter und Charlotte ging es gesundheitlich ebenfalls nicht gut, und seine beiden Brüder sorgten sich um ihr Studium. Maximilian wollte Arzt, Gustav Landwirt werden. In der trotz allem anheimelnden Atmosphäre dieser Tage durchflutete Heine das tröstliche Gefühl, daß Mutterliebe die einzig verläßliche Liebe sei. Wie aus der Erinnerung eines erfahrenen Weltreisenden schrieb er in Oldesloe das Sonett ›An meine Mutter B. Heine, geborne v. Geldern‹:

»Im tollen Wahn hatt ich dich einst verlassen,
Ich wollte gehn die ganze Welt zu Ende,
Und wollte sehn, ob ich die Liebe fände,
Um liebevoll die Liebe zu umfassen.

Die Liebe suchte ich auf allen Gassen,
Vor jeder Türe streckt ich aus die Hände,
Und bettelte um geringe Liebesspende –
Doch lachend gab man mir nur kaltes Hassen.

Und immer irrte ich nach Liebe, immer
Nach Liebe, doch die Liebe fand ich nimmer,
Und kehrte um nach Hause, krank und trübe.

Doch da bist du entgegen mir gekommen,
Und ach! was da in deinem Aug geschwommen,
Das war die süße, langgesuchte Liebe.«[74]

Am 20. März 1821 traf Heine in Berlin ein, wo er in der Behrenstraße 71 wohnte, eine seiner vielen wechselnden Adressen während seines zweijährigen Aufenthalts. Die Hauptstadt Preußens hatte sich seit der deutsch-patriotischen Bewegung gegen Napoleon zu einem Zentrum für Künstler und Wissenschaftler entwickelt, aber bereits 1823, als Heine die Stadt wieder verließ, endete die Phase liberaler Hoffnungen. Die nach dem Wiener Kongreß von Friedrich Wilhelm III. versprochene Verfassung wurde ebenso wie das von Hardenberg vorbereitete Reformwerk vertagt. Das ›Judenedikt‹ von 1812 wurde in wesentlichen Punkten – etwa der Zulassung ungetaufter Juden zu Staatsämtern – rückgängig gemacht, und die Zensur verschärfte sich ständig. Das ›neue Athen‹, das Heine betrat, wandelte sich zum ›großen Krähwinkel‹, das vom Soldatendrill widerhallte. Bitter enttäuscht faßte er seinen Eindruck in den beiden Versen zusammen: »Berlin! Berlin! du großes Jammertal, / Bei dir ist nichts zu finden als lauter Angst und Qual.«[75]

Doch Berlin war für Heine nicht nur eine Schule der Politik. Hier, zwischen dem Königlichen Schauspielhaus und der Universität, den literarischen Salons und den Kaffeehäusern, erlebte er den stürmischsten Abschnitt seiner künstlerischen und geistigen Entwicklung. Seine Aufnahmefähigkeit schien grenzenlos zu sein. Er hörte rechts- und geisteswissenschaftliche Vorlesungen, unter anderem bei Friedrich Karl von Savigny, Friedrich von Raumer und Georg Wilhelm Friedrich Hegel, er lernte auf Abendgesellschaften und in Dichterkreisen einige der berühmtesten Männer und Frauen Deutschlands wie Ludwig Tieck, Adelbert von Chamisso, E.T.A. Hoffmann, Rahel Varnhagen und Elise von Hohenhausen kennen, er wurde aktives Mitglied im ›Verein für Cultur und Wissenschaft der Juden‹, besuchte Theater- und Opernaufführungen, reiste zwischendurch nach Polen und schrieb über alles Beobachtete, Erlebte und Empfundene Gedichte, Rezensionen und Korrespondentenberichte.

Die menschlich glücklichste und für seine künstlerische Arbeit fruchtbarste Beziehung ergab sich aus der Bekanntschaft mit Rahel und Karl August Varnhagen von Ense. Die Varnhagens bildeten mit ihrem Salon, den sie von 1819 bis 1827 in der Französischen Straße 20 – später wohnten sie in der Mauerstraße 36 – unterhielten, den intellektuellen Mittelpunkt der Berliner Gesellschaft. Sie waren weder besonders wohlhabend noch gehörten sie zu den öffentlichen Berühmtheiten. Das Geheimnis ihrer Anziehungskraft lag in ihrer Vermittlerrolle, für die sie die idealen Voraussetzungen mitbrachten. Beide vertraten das gebildete Bürgertum, das sich seiner politischen Kraft zunehmend bewußt wurde, und beide vertraten Randgruppen, die die politischen und gesellschaftlichen Grenzen des damaligen Deutschland markierten: Rahel Varnhagen, geborene Levin, die um die bürgerliche Gleichberechtigung kämpfenden Juden, Karl August Varnhagen, gebürtiger Protestant, die eine demokratische Verfassung fordernden Liberalen.

Ihre eheliche Verbindung, die 1814 nach Rahels Taufe zustande kam, verursachte viel Gerede. Man konnte nicht verstehen, warum eine intelligente und durch das Erbe ihres Vaters unabhängige Frau, deren persönliche Beziehungen bis in den höchsten Adel und bis in den literarischen Olymp zu Goethe reichten, einen unbedeutenden und wenig vermögenden Diplomaten heiratete, der ihrer geistigen Persönlichkeit weit unterlegen und außerdem vierzehn Jahre jünger war. Entgegen allen Vermutungen wurde aus dem ungleichen Paar eine harmonische Einheit, in die Rahel Vitalität, Phantasie und Emotionalität, und Varnhagen Selbstlosigkeit, analytischen Verstand und ein ruhiges Temperament einbrachte. Rahel, die den Überfluß ihrer Eingebungen nicht literarisch zähmen konnte, schrieb 1808 an ihren zukünftigen Mann, dessen schriftstellerische Fähigkeit sie ebenso bewunderte wie seine unbestechliche liberale Gesinnung: »Nennen kann ich es noch nicht: aber Du hast ein einziges Talent. Warum verstehst Du, die unverständlichsten Zustände und Regungen in Dir, die wetterartigsten, mir, in farbenreichen, hellen, hervorspringenden, immer schön- und kunstreichen Worten, darzustellen.«[76]

Heine fand bereits im Mai 1821, zwei Monate nach seiner Ankunft in Berlin, Zutritt zu dem begehrten Kreis der Varnhagens. Aus der gegenseitigen Sympathie, die sich gleich bei der ersten Begegnung zwischen ihnen einstellte, wurde eine dauerhafte Freundschaft. Rahel spürte nicht nur sofort das ungewöhnliche Talent in dem ›feinen und absonderlichen‹[77] jungen Besucher. Sie erkannte in ihm auch den jüdischen Leidensgefährten – »nur die Galeerensklaven kennen sich«, schrieb sie in einem Brief an ihn[78] –, der nicht bereit war, sich seinem Außenseiterschicksal demütig zu fügen. Sie half ihm auf dem Weg zum Erfolg, indem sie ihn zu Selbstzucht und künstlerischer Disziplin ermahnte und seine Texte, wenn er sie ihr gelegentlich vor dem Druck vorlegte, streng beurteilte und auch ›scharf tadelte‹.[79] Heine dankte es ihr in seiner Vorrede zur Neuausgabe des ›Buchs der Lieder‹, die er 1837, vier Jahre nach Rahels Tod, in Paris schrieb: »Ich kann ihrer nicht ohne Wehmut gedenken, der liebreichen Freundin, die mir immer die unermüdlichste Teilnahme widmete, und sich oft nicht wenig für mich ängstigte, in jener Zeit meines jugendlichen Übermuts, in jener Zeit als die Flamme der Wahrheit mich mehr erhitzte als erleuchtete.«[80]

Mehr noch als Rahel, die erzieherische Muse, nahm Karl August Varnhagen am Leben und Werk Heines teil. Seit seiner Abberufung 1819 als preußischer Geschäftsträger in Baden, einem der wenigen Bundesstaaten, die bereits eine moderne Verfassung besaßen, wurde er zwar weiterhin auf der Gehalts- und Pensionsliste für Diplomaten geführt, aber wegen seiner allzu liberalen Gesinnung nicht wieder mit einer Mission betraut. Um so mehr Zeit fand er, sich als Schriftsteller und Publizist zu betätigen und sein Tagebuch fortzuführen, das nach seinem Tod in einer fünfzehnbändigen Ausgabe erschien und seitdem zu den kenntnisreichsten Zeitzeugnissen der ersten Hälfte des 19. Jahrhunderts gehört. Neben analytischen Betrachtungen der gesellschaftlichen und politischen Verhältnisse widmete er sich mit großem Einfühlungsvermögen dem Theater und der Literatur. Seine ›ausschließlich rezeptive Natur‹ und seine Neigung, ›kritisch zu beobachten, aber nicht tätig einzugreifen‹,[81] ließen ihn für Heine, dessen überragendes Talent er wie Rahel intuitiv erkannt hatte, zu einem hingebungsvollen und unbestechlichen Ratgeber werden.

Nach der Veröffentlichung von Heines erstem Gedichtband im Dezember 1821 schrieb er in der angesehenen Berliner Zeitschrift ›Gesellschafter‹ die erste ausführliche Kritik über den noch unbekannten Lyriker. Behutsam unterschied er zwischen Originalität und Imitation, zwischen besonderer Begabung und der ›Masse‹ an zwingenden Vorbildern. »Der hier auftretende Dichter – denn so müssen wir ihn doch wohl nennen – hat ausgezeichnete Anlagen. Seine Lieder kommen aus einer echten Quelle, es ist Anschauung und Gefühl darin. Nachahmung, bewußte und absichtliche, ist auch dem gereiften Dichter noch erlaubt, die unwillkürliche aber dem anfangenden, bei der Masse von Gebildetem, fast unvermeidlich; in ihr selber jedoch kann sich das Selbständige zeigen. So möchte hier allerdings einiges an Uhland, anderes an Rückert erinnern; aber dies gilt mehr von der Tonart, als von dem Gehalt und muß vielleicht auf eine höhere, gemeinschaftliche Quelle, die allen deutschen Dichtern gehört, nämlich die Quelle unseres deutschen Volksliedes überhaupt, zurückgeführt werden. Das Eigentümliche arbeitet sich aus diesem Überlieferten hier überall mit Kraft empor.«[82]

Varnhagen blieb mit Heine bis zu dessen Tod in Verbindung. Sie schrieben sich Briefe, in denen es auch um alltägliche und private Dinge ging, sie trafen sich in Hamburg bei Varnhagens Verwandten, die Heine mit gleicher Sympathie aufgenommen hatten, und immer war es Varnhagen, der nachgab und entschuldigte, wenn Heine bei Meinungsverschiedenheiten überempfindlich reagierte, und der ihn gegen alle öffentlichen Anfeindungen verteidigte und zu ihm hielt.

Varnhagens Kritik über den Band ›Gedichte‹ befriedigte Heine nicht nur, weil er erstmals öffentlich besprochen worden war, sondern auch, weil sie sein eigenes Urteil bestätigte, daß es vielen seiner Gedichte noch an Durchgestaltung fehlte. Dennoch schickte er stolz und als sein eigener Promotor Exemplare seines Bucherstlings an alle Personen, von denen er sich eine werbewirksame Rezension oder verlegerische Förderung erhoffte.

Daß er in den Begleitbriefen seine eigene Kritik nicht verschwieg, konnte die Adressaten nur mehr für ihn einnehmen. An einen ehemaligen Professor in Bonn, den Privatdozenten für altdeutsche Baukunst Helfrich Bernhard Hundeshagen, schrieb er: »Ich weiß, die Gedichte dieser Sammlung haben wenig Werth, der größte Teil ist Ballast. Aber ich weiß auch, daß Kenner wie ein Hundeshagen in meinen Gedichten Studium des Volksliedes, Kampf gegen Convenienzpoesie und Streben nach Originalität nicht verkennen werden. Wenn es Ew. Wohlgeb. gefallen möchte, durch dero literar. Verbindungen für das Bekanntwerden meiner Gedichte etwas zu thun, so würde dieses mir sehr viele Freude machen und mich Ew. Wohlgeb. noch mehr verpflichten.«[83]

Auch Goethe erhielt ein Exemplar der ›Gedichte‹. Noch sah Heine in ihm das alle literarischen Gattungen beherrschende Vorbild und nicht, wie zehn Jahre später, ein Monument der zu Ende gegangenen klassischen Periode. Durch August Wilhelm Schlegel hatte er einen tieferen Einblick in Goethes Werk gewonnen, und im Salon von Rahel Varnhagen war er einer Kultgemeinde begegnet, die den Weimarer Dichterfürsten abgöttisch verehrte. Warum also nicht dem Alten mit einigen jugendlichen Versen die Aufwartung machen? Immerhin waren sie im frischen Wind des Aufbruchs entstanden, wenn man ihnen das auch nicht genügend anmerkte.

Goethe antwortete nicht auf den Jünglingsbrief mit der unverfänglichen Liebeserklärung und der fast spöttisch übertriebenen Schlußwendung. Vielleicht spürte er den Aufbruch, den er, wie Heine später ebenfalls, als Zerfall des geistig-materiellen Gleichgewichts voraussah und fürchtete. Heine schrieb am 29. Dezember 1821: »Ich hätte hundert Gründe, Ew. Exzellenz meine Gedichte zu schicken. Ich will nur einen erwähnen: Ich liebe Sie. Ich glaube, das ist ein hinreichender Grund. – Meine Poetereyen, ich weiß es, haben noch wenig Werth; nur hier und da wär manches zu finden, woraus man sehen könnte, was ich mahl zu geben im stande bin. Ich war lange nicht mit mir einig über das Wesen der Poesie. Die Leute sagten mir: frage Schlegel. Der sagte mir: lese Goethe. Das habe ich ehrlich gethan, und wenn mahl etwas Rechts aus mir wird, so weiß ich, wem ich es verdanke. Ich küsse die heilige Hand, die mir und dem ganzen deutschen Volke den Weg zum Himmelreich gezeigt hat.«[84]

Ganz verrechnet hatte sich Heine nicht. Seit der Veröffentlichung der ›Gedichte‹ begann man mehr Interesse für ihn zu zeigen. Bereits geknüpfte Verbindungen wie die zu den Herausgebern des ›Rheinisch-Westfälischen Anzeigers‹ und des ›Gesellschafters‹ belebten sich durch Aufträge, andere Zeitungen und Zeitschriften kamen neu hinzu, und viele Personen, denen er in Rahels Salon begegnet war, wurden neugierig, baten ihn in ihre eigenen Cercles und reichten ihn weiter. Die finanzielle Abhängigkeit von seinem Onkel blieb zwar unverändert bestehen, denn von Zeitungsbeiträgen konnte niemand leben, aber sein Name begann sich auszubreiten und irgendwann würde sich das auch in hohen Buchauflagen mit entsprechenden Honoraren niederschlagen. Heines Selbstbewußtsein, das von seiner Lebensverbundenheit und Leidensfähigkeit herrührte, bekam jetzt durch die größere Beachtung seiner Person auch Nahrung von außen. Sein Problem, dem unruhigen Innenleben gehaltvolle Dichtung abzutrotzen, die sich von den Inhalten und Regeln der ›Convenienzpoetereyen‹ unterschied, ohne dabei an Sprach- und Formästhetik zu verlieren, ließ sich genauso gut, vielleicht sogar noch besser in der Konfrontation mit der realen Welt lösen.

Heine wurde zum Dandy im Stil Byrons. Er litt an der Seele und an unerfüllbarer Liebessehnsucht bis zu physischem Unwohlsein und verbarg seine Verletzlichkeit hinter der auffälligsten Mode und der provozierenden Schärfe seiner Urteile und Formulierungen. Als ständig wirksame Ursache seiner Distanzierung kam der ›Judenschmerz‹ hinzu, das durch seine Umgebung wachgehaltene Bewußtsein, ein Bürger zweiter Klasse zu sein. Selbst seine Kommilitonen erinnerten sich später immer auch an den Juden und waren nicht frei von Vorurteilen und Klischees.

Über die modische Erscheinung Heines berichtete ein Carl Wilhelm Wesermann, der es bis zum Bauinspektor gebracht hatte: »Als ich Heine Anfang 1822 zuerst in Berlin traf, machte seine äußere Erscheinung im Alter von 25 bis 26 Jahre einen angenehmen Eindruck; er war nur 5 Fuß 3 Zoll groß (etwas unter Mittelgröße), dabei aber schlank und sehr proportioniert gewachsen; seine Gesichtszüge waren regelmäßig, und zeugten fast gar nicht von seiner israelitischen Abkunft; er hatte etwas bleichen Teint, keinen Bart, und war ganz nach der Mode gekleidet, nämlich mit schwarzem Frack, schwarzen Pantalons, spitzen Stiefeln, schwarzer Weste, hoher weißer Kravatte, welche das Kinn etwas bedeckte und hohem Filzhut mit breiten Krämpen (Bolevar genannt).«[85]

An Heines Wirkung und Verhalten auf Gesellschaften erinnerte sich der Sohn des Philosophen Johann Gottlieb Fichte, Immanuel Hermann von Fichte, mit der moralischen Überlegenheit des national-patriotischen Protestanten preußischer Herkunft: »Heine war in unserm Kreis einer der Jüngsten, jedoch ohne jugendliche Heiterkeit und Frische. Ein körperlich frühverwelkter, geistig blasirter Jüngling, galt von ihm, daß er weniger durch eigenen Witz, als vielmehr Anderen zur Zielscheibe des ihrigen dienend zur Erheiterung beitrug ... Sein Benehmen in Gesellschaft war meist stumm zurückgezogen und ironisch beobachtend, um sodann plötzlich eine gewisse Aufregung in der Gesellschaft zu verursachen; die Versuchung hierzu übte einen unwiderstehlichen Kitzel auf ihn aus und er erlag ihr ohne Scheu und Rücksicht. Seine hohe dichterische Begabung wurde schon damals (1821–1822) in unserm Kreise anerkannt, obgleich es nicht an Stimmen fehlte, welche über den Werth der Früchte seines Genius bei einem gewissen Mangel an sittlicher Haltung und Würde Bedenken äußerten.«[86]

Der wichtigste Auftrag, den Heine bereits einen Monat nach Erscheinen der ›Gedichte‹ erhielt, kam vom ›Rheinisch-Westfälischen Anzeiger‹. Unter dem Serientitel ›Briefe aus Berlin‹ sollte er über alles Bemerkenswerte, das sich in der preußischen Hauptstadt gesellschaftlich und kulturell abspielte, berichten. Mit welcher Hingabe und mit welchem Vergnügen Heine diesem Auftrag nachkam, läßt sich an jeder Zeile und jedem Abschnitt erkennen. Unter der Hand entwickelte er einen Prosastil, der Informationen durch Witz und Satire den Geschmack des Nüchternen nahm und Klatsch und Gerüchten durch scheinbare Objektivität einen Anstrich von Seriosität gab. Heine schöpfte im Lauf seines Lebens alle Möglichkeiten dieser Mischprosa, die er stellenweise schon in seinen frühen Briefen spielerisch probiert hatte, bis in den literaturkritischen Essay und das Pamphlet aus. Immer trafen dabei Bericht, Analyse und Beurteilung zusammen, was ihm nicht selten den Vorwurf des leichtfertigen Umgangs mit der Wahrheit einbrachte, weil das Vorgegebene und das Verarbeitete nicht sauber genug voneinander geschieden seien. Heine kümmerte sich wenig um diese Bezichtigungen. Für ihn war die Wahrheit kein abstrakter Begriff, sondern ein Komplex aus Realitäten und Täuschungen. Wenn er eine solche Wahrheit in funkelnder und blitzender Prosa anbot, entlarvte er sie gleichzeitig als Trugbild, das die menschliche Natur schützt und verbirgt.

Heine besaß als deutscher Jude zwangsläufig einen besonders ausgeprägten Sinn für Recht und Unrecht, denn für ihn ging es bei politischen Entscheidungen nicht nur, wie für den um Mitspracherecht kämpfenden Bürgerlichen, um gesellschaftliche Umgruppierung, sondern um rechtliche Gleichstellung überhaupt. Aber auch als Künstler, der sich mit der Gegenwart auseinandersetzte, war er äußerst hellhörig für falsche politische Töne, die Versprechungen in ihr Gegenteil verkehrten. Einen solchen Fall stellten die Karlsbader Beschlüsse dar, die das mit der Bundesakte verabschiedete Recht auf Meinungsfreiheit unter dem Vorwand zurücknahmen, revolutionären Umtrieben vorbeugen zu müssen. Die Absicht, die hinter dieser Sicherheitsmaßnahme steckte, war jedoch einzig und allein die Unterdrückung jeder Kritik an der Restaurationspolitik, also die Einführung einer auch das geistige Leben kontrollierenden Zensur.

Heine bemühte sich in den ›Briefen aus Berlin‹, so oft und so deutlich wie möglich auf die negativen Folgen der Zensur und auf die Nutznießer dieser lähmenden Eingriffe hinzuweisen. Viel kam nicht dabei heraus, denn die Zensoren wachten argwöhnisch über jeden Satz, und die Abonnenten des ›Rheinisch-Westfälischen Anzeigers‹, von denen so gut wie kein Echo nach Berlin drang, schienen sich mehr an den gesellschaftlichen und kulturellen Neuigkeiten zu delektieren, als zwischen den Zeilen zu lesen. Dem heutigen Leser der Berliner Briefe sind die Anspielungen auf unerwünschte Themen noch weniger zugänglich. So streifte Heine unter anderem äußerst vorsichtig die Polizeiaktionen gegen patriotische polnische Studenten und politisch verdächtige Lesebibliotheken, die Zensurmaßnahmen gegen E.T.A. Hoffmanns ›Meister Floh‹ und, durch bloße Nennung verbotener Autoren und Buchtitel, die ausufernden Eingriffe in die Verlagsprogramme. Geblieben ist bis heute das Vergnügen an einem brillanten Journalismus, dem das Bekenntnis zu einer weder national noch geistig begrenzten Freiheit zugrunde liegt.

Das bedeutendste Ereignis, über das die Berliner Briefe berichteten, war Carl Maria von Webers romantische Oper ›Der Freischütz‹. Heine nahm am 18. Juni 1821 an der Uraufführung im Schauspielhaus am Gendarmenmarkt teil, da er aber erst ein Jahr später über das bereits in ganz Deutschland populär gewordene musikalische Meisterwerk schrieb, beschränkte er sich auf die Auswirkungen, die das Lied ›Wir winden dir den Jungfernkranz‹ auf ihn und die Berliner hatte. Sich an einen fiktiven Briefempfänger wendend, gab er seine Beobachtungen zum besten.

»Haben Sie noch nicht Maria von Webers ›Freischütz‹ gehört? Nein? Unglücklicher Mann! Aber haben Sie nicht wenigstens aus dieser Oper ›das Lied der Brautjungfern‹ oder ›den Jungfernkranz‹ gehört? Nein? Glücklicher Mann! Wenn Sie vom Hallischen nach dem Königs-Tore, ja selbst, wenn Sie vom Unterbaum nach dem Köpnicker Tore gehen, hören Sie jetzt immer und ewig dieselbe Melodie, das Lied aller Lieder – ›den Jungfernkranz‹ ... Bin ich mit noch so guter Laune des Morgens aufgestanden, so wird doch gleich alle meine Heiterkeit fortgeärgert, wenn schon früh die Schuljugend, den ›Jungfernkranz‹ zwitschernd, an meinem Fenster vorbeizieht. Es dauert keine Stunde, und die Tochter meiner Wirtin steht auf mit ihrem ›Jungfernkranz‹. Ich höre meinen Barbier den ›Jungfernkranz‹ die Treppe heraufsingen. Die kleine Wäscherin kommt ›mit Lavendel, Myrt und Thymian‹. So gehts fort. Mein Kopf dröhnt. Ich kanns nicht aushalten, eile aus dem Hause und werfe mich mit meinem Ärger in eine Droschke. Gut, daß ich durch das Rädergerassel nicht singen höre. Bei $^{xxx}$li steig ich ab. ›Ists Fräulein zu sprechen?‹ Der Diener läuft. ›Ja.‹ Die Türe fliegt auf. Die Holde sitzt am Pianoforte, und empfängt mich mit einem süßen:

›Wo bleibt der schmucke Freiersmann,
Ich kann ihn kaum erwarten.‹

›Sie singen wie ein Engel!‹ ruf ich mit krampfhafter Freundlichkeit. ›Ich will noch einmal von vorne anfangen‹, lispelt die Gütige, und sie windet wieder ihren Jungfernkranz, und windet, und windet, bis ich selbst vor unsäglichen Qualen wie ein Wurm mich winde, bis ich vor Seelenangst ausrufe: ›Hilf Samiel!‹«[87]

Nach dem dritten Brief – jeder erschien in mehreren Fortsetzungen – stockte Heine. Die Zensur hatte ihn zermürbt. Die gelegentlichen Streichungen aus seinen Texten konnte er noch als negatives Kompliment hinnehmen, aber der Zwang, ständig auf Belanglosigkeiten ausweichen zu müssen, ohne ein einziges Mal bei einem brisanten Thema die Krallen zeigen zu dürfen, degradierte ihn zu einem Hofberichterstatter. Sein Publikum waren die aus dem Bildungsbürgertum und dem niederen Adel stammenden Liberalen, nicht die den Hof umlagernden Ultras, mit denen er nicht in einem Atemzug genannt werden wollte. Eine Genugtuung blieb ihm allerdings. Ein Baron von Schilling, dessen dichterische Erzeugnisse er angeblich nicht genug gelobt hatte, forderte ihn zum Duell. Heine fühlte sich geschmeichelt, eine so starke Wirkung hervorgerufen zu haben, aber der Anlaß erschien ihm zu lächerlich, um sich wie in Bonn und Göttingen der Gefahr einer Verwundung auszusetzen. Er verschaffte dem Gekränkten auf konventionellere Weise Genugtuung, indem er am 29. Mai 1822 im ›Gesellschafter‹ eine Entschuldigung abdrucken ließ. Dennoch gab der gereizte Baron erst Ruhe, als er einen Monat später wegen Überschuldung in die Stadtvogtei gesperrt wurde.

Trotz seines Widerwillens hätte Heine vielleicht aus finanziellen Gründen noch einen vierten ›Brief aus Berlin‹ geschrieben, wenn er nicht an einem anderen Projekt interessiert gewesen wäre, das er ebenfalls einer Zeitung anbieten konnte und das seinem Herzen näherlag. Einer seiner polnischen Universitätsfreunde, Eugen Graf von Breza, der 1830/31 an der polnischen Revolution teilnahm und nach deren Scheitern gleichzeitig mit Heine nach Paris ging, hatte ihn für die Semesterferien im Sommer 1822 auf das Gut seines Vaters eingeladen. Gerade rechtzeitig, um den Berliner Briefen auszuweichen und eine neue Quelle der Berichterstattung aufzutun. Heine freute sich auf das Wiedersehen mit Breza, dem es im März 1822 gelungen war, während der Polizeiaktionen gegen polnische Studenten aus Berlin zu fliehen. »Mein köstlichster Freund, der Liebenswürdigste der Sterblichen, Eugen von B., ist vorgestern abgereist!« lautete im ersten Berliner Brief die Nachricht an die Eingeweihten.[88]

Heines Interesse an Polen galt vor allem den sozialen und politischen Verhältnissen und erst an zweiter Stelle dem kulturellen Leben. Seinem Bericht – es ist Heines erste Reisereportage –, der im Januar 1823 im ›Gesellschafter‹, wie üblich in mehreren Folgen, erschien, gab er den provozierenden Titel ›Über Polen‹. Provozierend, weil es seit dem unseligen Wiener Kongreß keinen eigenständigen polnischen Staat mehr gab und Heine durch die Hervorhebung des Namens das Streben nach nationaler Vereinigung über den Fortbestand regierender Dynastien stellte. Polen, das im 16. Jahrhundert vom erblichen zum Wahlkönigtum übergegangen war – 1572 fiel die Entscheidung zugunsten Heinrichs von Valois – und seitdem, als natürliche Folge, fremden Einflüssen offenstand, wurde am Ende des unvermeidbaren Schwächungsprozesses von seinen Nachbarn, Rußland, Österreich und Preußen, 1772, 1793 und 1795 schrittweise vollständig aufgeteilt. Der von denselben Nachbarstaaten beherrschte Wiener Kongreß besiegelte diesen Zustand schließlich als endgültig. Trotz mehrfacher nationaler Aufstände, die vom Adel, Intellektuellen und Studenten gestützt und angeführt wurden, kam es erst 1918 zur Gründung der Polnischen Republik.

Als Heine 1822 nach Polen reiste, blieb er nach damaliger Grenzziehung innerhalb Preußens, denn das Gut der Grafen von Breza lag im Großherzogtum Posen, das seit 1815 durch Personalunion mit den Hohenzollern verbunden war. Sein Bericht über dieses erst vor sieben Jahren annektierte Gebiet mußte die Zensur in Berlin auf eine harte Probe stellen, denn einerseits war gegen eine Popularisierung der Neuerwerbung nichts einzuwenden, doch andererseits bot das Thema viele Möglichkeiten für antipreußische Kritik. Heine, der sich nach dem 1831 in Warschau aufflammenden nationalen Widerstand als einen Mann bezeichnete, »dessen Herz am frühesten für Polen schlug und der lange schon vor der Polnischen Revolution für dieses heldenmütige Volk sprach und litt«[89], machte bei aller gebotenen Vorsicht gleich zu Beginn seines Polenberichts deutlich, daß seine besondere Aufmerksamkeit der einheimischen Bevölkerung galt, mit anderen Worten: einem der Freiheit beraubten Volk.

»Seit einigen Monaten habe ich den preußischen Teil Polens die Kreuz und die Quer durchstreift; in dem russischen Teil bin ich nicht weit gekommen, nach dem österreichischen gar nicht. Von den Menschen hab ich sehr viele, und aus allen Teilen Polens, kennen gelernt. Diese waren freilich meistens nur Edelleute, und zwar die vornehmsten. Aber wenn auch mein Leib sich bloß in den Kreisen der höheren Gesellschaft, in dem Schloßbann der polnischen Großen, bewegte, so schweifte der Geist doch oft auch in den Hütten des niederen Volks.«[90]

Die Skizzen, die folgten, erwiesen sich letztlich als totaler Reinfall. Heine selber war nicht zufrieden. Die politische Prosa widerstrebte noch zu sehr dem Lyriker in ihm, und seine ideale Vorstellung von einer ›allgemeinen Menschenverbrüderung‹[91] ließ sich nur schwer mit den Gegenwartsproblemen des Adels und der Bauern in Polen verbinden. Außerdem litt Heine während der Ausarbeitung des Manuskripts an starken Kopfschmerzen, die er mit Sturzbädern zu kurieren versuchte. Der Herausgeber des ›Gesellschafters‹, der Schriftsteller und Theaterkritiker Friedrich Wilhelm Gubitz, der ihm sonst mit Verständnis entgegenkam, wollte den Polenbericht nicht drucken lassen, ohne ihn vorher selber geprüft zu haben, und was Gubitz noch stehenließ, strichen die Zensoren.

Nach der Veröffentlichung im Januar 1823 meldeten sich empörte polnische und deutsche Adlige, die sich in der Wahrnehmung ihrer Pflichten gegenüber den Bauern falsch beurteilt fühlten, und das preußische Kultusministerium fragte drohend an, wer der Autor der anonym erschienenen Artikel sei, ohne jedoch weiter nachzuforschen. Die heftigsten Reaktionen kamen von deutscher Seite aus dem Posener Gebiet. Der ›Herr‹ aus Berlin habe keinen Kunstverstand, weder für den Gnesener Dom noch für das Posener Stadttheater, und dazu erdreiste er sich, die Juden in den dritten Stand zu erheben – eine besondere Provokation für die Konservativen, da das ›Judenedikt‹ von 1812 kurz zuvor, am 18. August 1822, wieder aufgehoben worden war. In einem Brief schrieb Heine: »Dieser Aufsatz [über Polen] hat das ganze Großherzogtum Posen in Bewegung gesetzt, in den Posener Blättern ist schon 3 mahl so viel als der Aufsatz beträgt darüber geschrieben, d. h. geschimpft worden, und zwar von den dortigen Deutschen, die es mir nicht verzeihen wollen, daß ich sie so treu geschildert und die Juden zum tiers état [dritten Stand] erhoben.«[92] Für Heine endete damit das Kapitel ›Über Polen‹, nicht aber seine Anteilnahme an den polnischen Freiheitskämpfen.

Über die Annullierung des für die Juden in Preußen so vorteilhaften Edikts waren vor allem diejenigen zutiefst enttäuscht, die dem Reformjudentum anhingen. Trotz Ihrer Anstrengungen, sich den Verhältnissen anzupassen, gingen sie ebenso wesentlicher Rechte verlustig wie die Orthodoxen, die nicht gewillt waren, zur Erlangung von Rechtsgleichheit ihr historisch verankertes Glaubensverständnis zu ändern. Heine hatte noch vor seiner Reise in den preußisch besetzten Teil Polens erste Kontakte zu dem ›Verein für Cultur und Wissenschaft der Juden‹ aufgenommen. Dieser Verein war nach Ausbruch der antisemitischen Bewegung im Spätsommer 1819 von Eduard Gans, einem Staatsrechtler und Hegelianer, Leopold Zunz, einem Privatgelehrten und Schriftsteller, und Moses Moser, einem Kaufmann mit geisteswissenschaftlicher Bildung, gegründet worden, um durch wissenschaftliche und praktische Reformarbeit der ›inneren Zerfahrenheit des jüdischen Lebens‹ und der Wiederholung antijüdischer Exzesse entgegenzuwirken.[93] Zu den Aktivitäten des Vereins gehörten die Einführung bildungswilliger Talmudschüler in die moderne Kultur und die darauf aufbauende Vorbereitung für Berufe, die nicht nur, wie erzwungenermaßen üblich, den Handel betrafen. Die Rücknahme des ›Judenedikts‹ veranlaßte indirekt zwar schon 1824 die Auflösung des Vereins, aber seine Ideen und Bestrebungen wurden später von anderen Institutionen als vorbildlich übernommen und weitergeführt.

Der eigentliche reformerische Kern, den die vereinseigene ›Zeitschrift für die Wissenschaft des Judentums‹ veranschaulichte, bestand darin, daß das Judentum nicht wie bei den Orthodoxen als Religion definiert wurde, sondern, mit den Worten des Vereinsmitglieds Immanuel Wohlwill (Joel Wolf), als »Inbegriff der gesamten Verhältnisse, Eigentümlichkeiten und Leistungen der Juden, in Beziehung auf Religion, Philosophie, Geschichte, Rechtswesen, Literatur überhaupt, Bürgerleben und alle menschlichen Angelegenheiten.«[94] Heine, der den Reformern des Judentums ebenso skeptisch gegenüberstand wie den das Urchristentum einengenden Dogmatikern, schrieb an Wohlwill: »Wir haben nicht mehr die Kraft einen Bart zu tragen, zu fasten, zu hassen und aus Haß zu dulden; das ist das Motiv unserer Reformazion. Die Einen … wollen dem Judenthum neue Dekorazionen und Coulissen geben … Andere wollen ein evangelisches Christenthümchen unter jüdischer Firma; auch ich habe nicht die Kraft einen Bart zu tragen, und mir Judenmauschel nachrufen zu lassen.«[95]

Eine langandauernde und intensive Freundschaft verband Heine mit Moses Moser, einem der aktivsten Vereinsmitglieder, der Vorträge über das Prinzip der jüdischen Geschichte, über den Einfluß des Christentums auf die Juden und über die Geschichte der Juden in den westlichen Ländern hielt. Besondere Vorliebe hegte er für Hegels Philosophie und für das Studium indischer und ägyptischer Altertümer. 1844, sechs Jahre nach Mosers Tod, schrieb Heine in Erinnerung an den längst aus der Öffentlichkeit verschwundenen ›Verein für Cultur und Wissenschaft der Juden‹: »Das tätigste Mitglied des Vereins, die eigentliche Seele desselben, war M. Moser, der vor einigen Jahren starb, aber schon im jugendlichen Alter als einer der größten Gelehrten Deutschlands betrachtet werden konnte und nicht bloß die gründlichsten Kenntnisse in allen Wissenschaften besaß, sondern auch durchglüht war von dem großen Mitleid für die Menschheit, von der Sehnsucht, das Wissen zu verwirklichen in heilsamer Tat. Er war unermüdlich in philantropischen Bestrebungen, er war sehr praktisch und hat in scheinloser Stille an allen Liebeswerken gearbeitet. Das große Publikum hat von seinem Tun und Schaffen nichts erfahren, er focht und blutete inkognito, sein Name ist ganz unbekannt geblieben und steht nicht eingeschrieben im Martyrologium, in dem Adreßkalender der Tagesopfer.«[96]

Heine selber nahm an mehreren Sitzungen des Vereins teil, und er gab Geschichts- und Sprachunterricht. Ein Mitarbeiter des ›Gesellschafters‹ berichtete später nach der Schilderung eines Schülers über die etwas ungewöhnlichen Verhältnisse, die in der Wohnung des ›Lehrers‹ geherrscht hätten. »Heine wohnte damals drei Treppen hoch in der Roßstraße und ließ, als junger Scribent im ›Gesellschafter‹, seine Gedichte und einige prosaische Aufsätze abdrucken, die erst viel später bedeutendes Aufsehen machten. Sein Schüler erzählte mir viel von dem kleinen blassen jungen Mann, dem er gar nichts Besonderes hätte ansehen können, der bei seinem Unterricht nicht einmal witzig war: wie er sich in den Nachmittagsstunden allein den Kaffee braute, während des Unterrichts immer am Fenster lag und dann und wann von lustigen jungen Freunden besucht ward, die phantasierend in die Stube eintraten, die lernende Jugend nicht selten zur Thüre hinaus expedirten, und mit Heine Reden führten, aus denen die Schüler schließen konnten, daß er eigentlich auch so eine Art von schreibendem Menschen, die man Dichter nennt, seyn müsse.«[97]

Dem Dichten galten in der Tat Heines Energien bis in die letzten Reserven seines Geistes und seiner Empfindungen. Die Berichte über ihn enthalten immer wieder das blasse Gesicht, die zierliche, fast zerbrechliche Gestalt und die diskrete Erscheinung. Häufige Erwähnung finden seine Kopfschmerzen, seine leichte Erregbarkeit und sein Temperamentswechsel zwischen stillem Ernst und konzentrierten verbalen Ausbrüchen. Er schrieb ein Gedicht nach dem anderen. Zart schwebende Wortgebilde, die nicht aufhörten zu atmen, lebensbunte Verskunstwerke, in denen Vergangenheit und Gegenwart zu einer magischen Zeiteinheit verschmolzen. Eine kräftezehrende Produktion zwischen individuellem Erleiden und bewußtem Erleben, zwischen Bekenntnisnot und Ringen um formalen Ausdruck. Das physisch-psychische Gleichgewicht war dabei nicht leicht zu halten, der Körper rebellierte oft, und das innere Wohlbefinden stellte sich nur bei wenigen Freunden ein. Mit dem auffälligen Kostüm des Dandy täuschte Heine geistige Lässigkeit und überschäumenden Lebensgenuß vor. Gerüchte, die durch diese Maskerade entstanden, wurden von ehrlichen Zeugen dementiert. »Heine, der damals fast beständig leidend war und gewöhnlich bei unsern Versammlungen über Kopfschmerzen klagend in einer Sofaecke saß, wird hier als Theilnehmer an den dem Kreis vorgeworfenen Ausschweifungen ganz mit Unrecht genannt.«[98]

Die geistig und menschlich befriedigendste Freundschaft seines ganzen Lebens erfuhr Heine durch den ein Jahr älteren Karl Lebrecht Immermann, der seit 1819 Auditeur – Rechtsgelehrter bei einem Militärgericht – im westfälischen Münster war und ebenfalls bereits einen Gedichtband veröffentlicht hatte. Durch eine Anzeige der Maurerschen Verlagsbuchhandlung im ›Rheinisch-Westfälischen Anzeiger‹ geriet er an Heines ›Gedichte‹, die er in derselben Zeitung am 31. Mai 1822 aus spontaner Begeisterung heraus besprach. Nach der Varnhagenschen war es die zweite öffentliche Rezension, diesmal von einem Dichterkollegen. Unter der Überschrift ›Ein Brief statt einer Rezension‹ benannte Immermann als erster das Geheimnis von Heines Lyrik, die Verhüllung persönlichen Schmerzes durch poetisch imitiertes Liebesleid.

»In den meisten seiner Erzeugnisse schlägt eine heiße Lebensader; er hat das, was das Erste und Letzte beim Dichter ist: Herz und Seele, und das, was daraus entspringt: eine innere Geschichte. Deshalb merkt man den Gedichten an, daß sie nur Konfessionen seiner Brust sind, daß er ihren Inhalt selbst einmal stark durchempfunden und durchgelebt hat. Er ist ein wahrer Jüngling, und das will viel sagen zu einer Zeit, worin die Menschen schon als Greise auf die Welt kommen. Mit kecker, fast dramatischer Anschaulichkeit zeichnet er die Zustände seines Innern, mit jugendlicher Unbefangenheit gibt er sich bloß, und hat den kräftigen Seelen eigentümlichen Abscheu vor weichlicher Sentimentalität in solchem Grade, daß er sich lieber hin und wieder ins Gemeine und Possenhafte verirrt. Er sagt selbst irgendwo:

> Gib her die Larv; ich will mich jetzt maskieren
> In einen Lumpenkerl, damit Halunken,
> Die in Charaktermasken prächtig prunken,
> Nicht wähnen, ich sei einer von den Ihren.

Diese Verse geben mir zugleich Gelegenheit, etwas näher die Individualität unseres Dichters zu berühren ... Bleibt man bei den Worten stehn, so ist diese trübe Stimmung durch ein gestörtes Liebesverhältnis erzeugt. Dringen wir etwas tiefer, so scheint es mir, daß ein Herberes als jener Liebesverdruß die Brust des Dichters bewegt habe und daß das arme Mädchen, welches so bitter gescholten wird, für die Unbillen anderer büßen müsse.«[99]

Heine zeigte sich hocherfreut. »Die Recension von Immermann hat mich fast zu Tränen gerührt. Ich stutze wirklich, daß man mich in Münster am tiefsten begriffen.«[100] Die Neugier auf den Seelenverwandten, dem es gelungen war, sein lyrisches Spiel zu durchschauen, mußte er wegen der Polenreise allerdings noch eine Weile bezwingen. Im Dezember 1822 kam er endlich dazu, auf den ›Zeitungsbrief‹ zu antworten. Er öffnete sich vorbehaltlos ›in seiner kindlich zutraulichen, drolligen Weise‹, wie Immermann später einmal Heines Briefe charakterisierte,[101] und bekannte: »Ich gesteh es, Sie sind bis jetzt der Einzige, der die Quelle meiner dunkelen Schmerzen geahndet.«

Und in der Kenntnis von Immermanns politisch liberaler Gesinnung schloß er mit den Worten: »Wollen Sie mich zum Waffenbruder in diesem heiligen Kampfe, so reiche ich Ihnen freudig die Hand. Die Poesie ist am Ende doch nur eine schöne Nebensache.«[102]

Die Freundschaft war geschlossen und hielt bis zu Immermanns Tod im Jahr 1840. In einem privaten Nachruf aus Paris an Heinrich Laube blickte Heine auf die gemeinsamen schweren Jahre in Deutschland zurück: »Gestern Abend erfuhr ich durch das Journal des Débats ganz zufällig den Tod von Immermann. Ich habe die ganze Nacht durchgeweint. Welch ein Unglück. Sie wissen welche Bedeutung Immermann für mich hatte, dieser alte Waffenbruder, mit welchem ich zu gleicher Zeit in der Literatur aufgetreten, gleichsam Arm in Arm! Welch einen großen Dichter haben wir Deutschen verloren ohne ihn jemals recht gekannt zu haben! Wir, ich meine Deutschland, die alte Rabenmutter! Und nicht bloß ein großer Dichter war Immermann, sondern auch brav und ehrlich, und deßhalb liebte ich ihn. Ich liege ganz darnieder vor Kummer. Vor etwa zwölf Tagen stand ich des Abends auf einem einsamen Felsen am Meere an der französischen Atlantikküste und sah den schönsten Sonnenuntergang und dachte an Immermann! Sonderbar!«[103]

Daß Heine und Immermann immer entfernt voneinander wohnten, daß sie sich nur selten besuchten, und daß Immermann seit 1827 in Heines Geburtsstadt lebte, wo er als Dramatiker und Leiter des Düsseldorfer Schauspielhauses wirkte, mag zur Beständigkeit der Freundschaft beigetragen haben. Entscheidend für ihre wechselseitige Sympathie war die gleiche Hoffnung auf ein geeintes Deutschland mit demokratischer Verfassung. Günstig wirkte sich zudem aus, daß ihre dichterische Begabung auf verschiedenen Gebieten lag. Heine war Lyriker und Meister der epischen Kleinform und des Essays. Immermann beherrschte vor allem die Regeln des Dramas, ohne sie gleich erfolgreich anzuwenden, und führte mit seinen Romanen den zeit- und gesellschaftskritischen Realismus in die deutsche Literatur ein. Daß Heine öffentlich als radikalerer Kritiker bewertet wurde, während Immermann trotz seiner Darstellung der frühen Industriegesellschaft als vermittelnder Konservativer galt, bestätigte nur den Glücksfall ihrer Freundschaft.

Heine gestand Immermann bereits in seinem ersten Brief

ohne Umschweife, daß er von dessen Gedichten gar nichts halte. Dafür lobte er um so mehr die dramatischen Erstlinge, die er in Manuskriptform bekommen und nach seiner Polenreise an Varnhagen weitergeleitet hatte. Im nachhinein erscheint diese Beurteilung amüsant. Einerseits konnte es Heine nicht schwerfallen, die epigonenhaften Gedichte zu verurteilen, und andererseits mußte er die gleich schwachen Dramen rühmen, weil sie seinen eigenen Versuchen in dieser Gattung noch immer weit überlegen waren.

Nachdem Heine im Januar 1822 seine zweite Tragödie, den romantisch verworrenen ›William Ratcliff‹, beendet hatte, suchte er für seine beiden Dramen – das Anfang 1823 verfaßte Opernlibretto ›Die Batavier‹ ist leider nicht überliefert – und für seine in Berlin entstandenen Gedichte einen neuen Verleger. Er kämpfte zeit seines Lebens für die Rechte der Autoren, und Maurer war der erste, mit dem er sich aus guten Gründen überwarf. Am 14. Januar 1823 berichtete er Immermann: »Durch Professor Gubitz hatte sich die Maurer'sche Buchhandlung zu dem Verlage meiner ›Gedichte‹ bequemt, und außer vierzig Freyexemplaren, wovon mir bis auf diese Stunde noch zehn Exemplare aus filziger Knickrigkeit vorenthalten werden, habe ich keinen Pfennig erhalten ... Durch ihre häßlichen Winkelzüge und schmutzigen verletzenden Kniffe ist mir aber die Maurer'sche Buchhandlung jetzt so verleidet, daß ich ihr diese Tage meinen Unwillen auf die empfindlichste Weise zu erkennen gab, und mein zweytes Buch gewiß nicht bey Maurer erscheinen wird, und ich schon diese Woche einen andern Verleger dazu suchen will.«[104]

Der Verleger Ferdinand Dümmler, mit dem Heine schließlich vertragseinig wurde, war zwar wenig bekannt, aber er versprach, in kürzester Zeit mit dem Druck zu beginnen. Er hielt Wort, denn bereits drei Monate später, am 9. April 1823, erschien das Buch mit dem Titel ›William Ratcliff, Lyrisches Intermezzo, Almansor‹. Heine verschickte wieder ›Werbeexemplare‹, diesmal in sehr viel höherer Zahl, denn der Kreis seiner Freunde und Bekannten hatte sich seit der Veröffentlichung der ›Gedichte‹ erheblich erweitert. Auch das Echo in den Zeitungen fiel etwas lautstärker aus, allerdings mit dissonanten Tönen. Aus Unverständnis für die neuartige Lyrik, die das romantische Volkslied als Folie für persönlich erfahrene Schmerzen benutzte, so daß der gewohnte poetische Schmelz durch ungewohnte

Realismen und Vergleiche falsch erglänzte oder grob zersprang, erhob man die moralischen Vorwürfe der Unaufrichtigkeit und Frivolität. Vor allem aus Berlin kam die biedermeierliche Heuchelei, die sich im restaurativen Klima von ›Ruhe und Ordnung‹ auszubreiten begann und das Heine-Bild in konservativen und antisemitischen Kreisen bis ins 20. Jahrhundert entstellte. Unverändert in ihrer Grundeinstellung zu Heines Originalität blieben Freunde wie Immermann, Moser und Varnhagen, die allenfalls zu noch mehr formaler Strenge rieten.

Im ›Lyrischen Intermezzo‹ heißt es:

»Vergiftet sind meine Lieder; –
Wie könnt es anders sein?
Du hast mir ja Gift gegossen
Ins blühende Leben hinein.

Vergiftet sind meine Lieder; –
Wie könnt es anders sein?
Ich trage im Herzen viel Schlangen,
Und dich, Geliebte mein.«[105]

Ersetzt man die real nicht vorhandene Geliebte durch die schmerzenden Herausforderungen Welt, Gesellschaft und Zeit, so werden auch die Schlangen im Herzen als Zwiespalt im Bewußtsein des leidend liebenden Poeten und Menschen verständlich.

Heine hatte die zunehmende Feindseligkeit in Berlin schon seit einiger Zeit wahrgenommen. Der Antisemitismus war wieder staatlich sanktioniert oder verletzte zumindest nicht die öffentliche Meinung, und nachdem in Zeitschriften einzelne Gedichte von Heine erschienen waren, wurden Stimmen laut, die aus Neid auf den Begabteren die romantische Folie als Plagiat und kunstvoll abweichende Verse als ›unzüchtig‹ und ›ruchlos‹ bezeichneten. Einen Tag vor der Herausgabe der Tragödien und des Lyrischen Intermezzos schrieb Heine an Immermann: »Die hiesigen Kröten- und Ungeziefer-Coterien haben mir jetzt schon ihre schmutzigen Zeichen der Aufmerksamkeit geschenkt, man hat sich schon mein Buch zu verschaffen gewußt, ehe es ganz aus der Presse war ... Dieses mag, mir selbst unbewußt, manches dazu beygetragen haben, daß ich in vierzehn Tagen von hier abreise.«[106]

Der Entschluß, Berlin zu verlassen, war gefaßt. Heine reiste am 19. Mai 1823 ohne großes Bedauern ab. Er besuchte noch einmal den Salon von Elise von Hohenhausen, nahm Abschied vom ›Verein für Cultur und Wissenschaft der Juden‹, sandte Hegel, den er persönlich kennengelernt und dessen Geschichtsphilosophie ihn tief beeindruckt hatte, ein Exemplar seiner ›Tragödien‹ und schrieb an Rahel Varnhagen die Zeilen:

»Ich reise nun bald ab, und ich bitte Sie, werfen Sie mein Bild nicht ganz und gar in die Polterkammer der Vergessenheit. Ich könnte wahrhaftig keine Repressalien anwenden, und wenn ich mir auch hundertmal des Tages vorsagte: ›Du willst Frau von Varnhagen vergessen!‹ es ginge doch nicht. Vergessen Sie mich nicht! Sie dürfen sich nicht mit einem schlechten Gedächtnisse entschuldigen, Ihr Geist hat einen Contrakt geschlossen mit der Zeit; und wenn ich vielleicht nach einigen Jahrhunderten das Vergnügen habe Sie als die schönste und herrlichste aller Blumen, im schönsten und herrlichsten aller Himmelsthäler, wiederzusehen, so haben Sie wieder die Güte mich arme Stechpalme (oder werde ich noch etwas Schlimmeres seyn?) mit Ihrem freundlichen Glanze und lieblichen Hauche, wie einen alten Bekannten, zu begrüßen. Sie thuen es gewiß; haben Sie ja schon Anno 1822 und 1823 ähnliches gethan, als Sie mich kranken, bittern, mürrischen, poetischen und unausstehlichen Menschen mit einer Artigkeit und Güte behandelt, die ich gewiß in diesem Leben nicht verdient, und nur wohlwollenden Erinnerungen einer früheren Connaissanze verdanken muß.«[107]

## 4.
## *Reisebilder – zwischen Harz und Nordsee*
(1823–1826)

Heine schrieb seine Gedichte, er mußte es tun, alles drängte ihn dazu. Und er schrieb sich nach und nach in die Prosa ein. Sie faszinierte ihn immer stärker, je mehr er das Bedürfnis verspürte, seine Empfindungen und Sehnsüchte nicht nur lyrisch umzusetzen, sondern sie auch in ihren Abhängigkeiten und Ursprüngen zu betrachten und in einen realen und wirkungsvolleren Zusammenhang mit der Gegenwart und einer in bestimmter Weise erhofften Zukunft zu bringen. Noch quollen Verse an die eine wahre Liebe und Liebste hervor und wollten kein Ende nehmen. Aber in Berlin war er sich seines ihn überwältigenden Talents bewußt geworden. Er durfte es nicht durch Wiederholung gleicher Themen und gleicher Formen erschöpfen, nicht an die Leichtigkeit spielerischer Imitationen vergeuden.

Als er am 21. Mai 1823 nach zwei Reisetagen in Lüneburg, wo seine Eltern inzwischen hingezogen waren, eintraf, erlebte er eine Phase produktiver Besinnung, die ihn frei machte für einen neuen herberen lyrischen Ton und eine geschmeidige assoziativ gebundene Prosa. Alle Kräfte, die durch die turbulenten Berliner Jahre aufgerührt worden waren, konzentrierten sich in der Ruhe der Provinzstadt und in der Nähe der geliebten Mutter nur noch auf ihn selbst, seine innere Unruhe, seine Lebensgier, seinen persönlichen Schmerz.

Unter dem später für das ›Buch der Lieder‹ gewählten Untertitel ›Die Heimkehr‹ entstand ein Zyklus von Gedichten, die seinen Wandel vom sentimentalen zum spirituellen und politisch erweckten Dichter deutlich erkennen ließen. Neben die wie eine alte Sage wirkende romantische Phantasie ›Ich weiß nicht was soll es bedeuten‹, die später als ›Lore-Ley‹ in aller Welt als Urlied der deutschen Seele so berühmt wurde, daß man ihren Autor vergaß, rückten die skeptisch trockenen Verse:

»Das Herz ist mir bedrückt, und sehnlich
Gedenke ich der alten Zeit;
Die Welt war damals noch so wöhnlich,
Und ruhig lebten hin die Leut.

Doch jetzt ist alles wie verschoben,
Das ist ein Drängen! eine Not!
Gestorben ist der Herrgott oben,
Und unten ist der Teufel tot.

Und alles schaut so grämlich trübe,
So krausverwirrt und morsch und kalt,
Und wäre nicht das bißchen Liebe,
So gäb es nirgends einen Halt.«[108]

Welch ein Gegensatz zwischen dem unmerklich solide gefügten, wie ein Schmetterling durch die blaue Sommerluft schwebenden Poem

»Du bist wie eine Blume,
So hold und schön und rein;
Ich schau dich an, und Wehmut
Schleicht mir ins Herz hinein.

Mir ist, als ob ich die Hände
Aufs Haupt dir legen sollt,
Betend, daß Gott dich erhalte
So rein und schön und hold«

und der burschikosen Wirtshausreimerei, die sich hinter der raffiniert einfachen Verkleidung einer orientalischen Parabel verbirgt:

»Den König Wiswamitra,
Den treibts ohne Rast und Ruh,
Er will durch Kampf und Büßung
Erwerben Wasischtas Kuh.

O, König Wiswamitra,
O, welch ein Ochs bist du,
Daß du so viel kämpfest und büßest,
Und alles für eine Kuh!«[109]

Die realen Hindernisse für Heines Dichterexistenz türmten sich plötzlich auf. Das Studium mußte abgeschlossen, ein Broterwerb gefunden, aus diesem Grunde die Taufe erwogen, ein Verleger und eine möglichst große Leserschaft für die neuen Gedichte und geplanten Prosatexte gewonnen werden. Seinem noch überwiegend aus Freunden und Bekannten bestehendem Publikum versprach er Wandlung und eine zweite lyrische Blüte.

»Werdet nur nicht ungeduldig,
Wenn von alten Leidensklängen
Manche noch vernehmlich tönen
In den neuesten Gesängen.

Wartet nur, es wird verhallen
Dieses Echo meiner Schmerzen,
Und ein neuer Liederfrühling
Sprießt aus dem geheilten Herzen.«[110]

Heine war sich bewußt, daß er weder der ausklingenden Romantik noch der sich ausbreitenden unpolitischen Idyllemalerei folgen durfte, wenn er seine schöpferische Kraft nicht verlieren wollte. Er brauchte den unverstellten klaren Blick auf die lebendige Wirklichkeit, um den ›Tod in der eigenen Brust‹ als Inspirationsquelle ertragen zu können und seine Dichtung durch den Atem der Gegenwart wahrhaftiger werden zu lassen. Diese aus dem weiteren Umfeld der auf Vernunft und Wirklichkeit aufgebauten Philosophie Hegels gewonnene Erkenntnis, die ihn seit dem Abschied von Berlin mächtig vorwärtstrieb, setzte er als vierundvierzigstes Gedicht (XLIV) genau in die Mitte der achtundachtzig (LXXXVIII) durchnumerierten Gedichte der ›Heimkehr‹:

»Nun ist es Zeit, daß ich mit
Verstand mich aller Torheit entledge;
Ich hab so lang als ein Komödiant
Mit dir gespielt Komödie.

Die prächtigen Kulissen, sie waren bemalt
Im hochromantischen Stile,
mein Rittermantel hat goldig gestrahlt,
Ich fühlte die feinsten Gefühle.

Und nun ich mich gar säuberlich
Des tollen Tands entledge,
Noch immer elend fühl ich mich,
Als spielt ich noch immer Komödie.

Ach Gott! im Schmerz und unbewußt
Sprach ich was ich gefühlet;
Ich hab mit dem Tod in der eigenen Brust
Den sterbenden Feind gespielet.«[111]

Nur Immermann gegenüber machte Heine in einem Brief vom 10. Juni 1823 Äußerungen, die den Kern seines Wandlungsprozesses betrafen. Er fürchte, so bekannte er, daß seine neue Dichtung »vor der echten Kritik nicht Stich halten« werde, denn sie sei nicht wie »bisher nur die Historie von Amor und Psyche in allerley Gruppirungen«, sondern enthalte mehr denn je »das traurige Geheimnis« seiner poetischen Kraft. Dieses Geheimnis bezeichnete er als »Unwohlseyn«, das seinen »letzten Dichtungen auch etwas Krankhaftes mitgetheilt« habe. Und in leidenschaftlichem Aufbegehren wandte er sich gegen die Gewohnheit der Kritiker, Dichtung allein als Konzentrat äußerer Einflüsse zu erklären. Heine, dessen Lyrik bis in die jüngste Gegenwart immer wieder als Spiegelung eines amourösen Lebens interpretiert wurde, hatte bereits nach der Veröffentlichung der ›Gedichte‹ und des ›Lyrischen Intermezzos‹ selber erkannt, daß die Gefühle und literarischen Formen der Romantik nicht nur das Geheimnis seiner Kreativität, seinen persönlichen Schmerz, sein ›Unwohlseyn‹, zu ersticken drohten, sondern auch zu fatalen Mißverständnissen führen konnten. Welche Mißverständnisse und Fehlurteile er für möglich hielt, schilderte er Immermann mit dem Engagement des jungen Dichters, der noch um die Anerkennung seiner Originalität bangt.

»Es kränkte mich tief und bitter, als ich gestern im Briefe eines Bekannten ersah, wie er sich mein ganzes poetisches Wesen aus zusammengerafften Histörchen construiren wollte und unerquickliche Äußerungen fallen ließ über Lebenseindrücke, politische Stellung, Religion u.s.w. Ähnliches, öffentlich ausgesprochen, würde mich ganz empört haben, und ich bin herzlich froh, daß nie dergleichen geschehn. Wie leicht auch die Geschichte eines Dichters Aufschluß geben könnte über sein Gedicht, wie leicht sich wirklich nachweisen ließe, daß oft politische Stellung, Religion, Privathaß, Vorurtheil und Rücksichten auf sein Gedicht eingewirkt, so muß man dieses dennoch nie erwähnen, besonders nicht bey Lebzeiten des Dichters. Man entjungfert gleichsam das Gedicht, man zerreißt den geheimnißvollen Schleier desselben, wenn jener Einfluß der Geschichte, den man nachweist, wirklich vorhanden ist; man verunstaltet das Gedicht, wenn man ihn fälschlich hineingegrübelt hat. Und wie wenig ist oft das äußere Gerüste unserer Geschichte mit unserer wirklichen, inneren Geschichte zusammenpassend! Bey mir wenigstens paßte es nie.«[112]

Das äußerlich stille Lüneburg bezeichnete Heine zwar als ›Residenz der Langeweile‹, aber er war während der acht Monate, die er dort, unterbrochen von Abstechern nach Hamburg und Cuxhaven, bei seinen Eltern Am Markt Nr. 1 verbrachte, unverändert produktiv. Er schrieb Gedichte, literarische Aufsätze für Zeitschriften, Briefe an Moses Moser, Immermann und Varnhagen, und er versuchte sich in einer ›italienischen‹ Tragödie. In dem liberalen Advokaten und Politiker Rudolf Christiani, der mit Charlotte, einer Cousine von Heine, verheiratet war, fand er einen weiteren verständnisvollen Freund. Er nahm regen Anteil an den Reformbestrebungen der jüdischen Gemeinde und erlebte als wichtiges familiäres Ereignis die Hochzeit seiner Schwester Charlotte mit dem Kaufmann Moritz Embden.

Daß er sich nicht beeilte, Lüneburg wieder zu verlassen, hing jedoch ausschließlich mit seiner Unentschiedenheit hinsichtlich der Zukunft zusammen. Vor der Fortsetzung des Jurastudiums, für das nach Berlin nur Göttingen als gleichrangige Universitätsstadt in Frage kam, graute ihm ebenso wie vor den Berufen, die daraus folgen würden. Zeitweilig hatte er damit spekuliert, an der Berliner Universität eine Professur für Literatur zu übernehmen, aber Voraussetzung dafür war die Taufe, ebenso wie für ein juristisches Staatsamt.

Auch die Karriere eines Diplomaten, für die man geistige Vielseitigkeit, aber kein Staatspatent brauchte, spukte durch seine Gedanken, möglichst in Paris oder Berlin, wo man, wie Varnhagen, nebenbei der Schriftstellerei frönen konnte. Als Varnhagen im Juli 1823 anläßlich eines Besuchs bei seiner verheirateten Schwester Rosa Maria Assing in Hamburg mit Heine, den er dem literarisch interessierten Kreis der Assings empfohlen hatte, zusammentraf, schrieb er über den noch immer ungestümen und mit tausend Plänen jonglierenden Jüngling an Rahel: »Den Sonntag hatte meine Schwester Gesellschaft geladen, liebe gute Leute, zum Theil mir schon bekannt; unser kleiner Heine mit darunter, den ich gern wieder sah, aber öfters etwas scharf werden mußte, damit er sich nicht bis zu schwindelnder Höhe verkletterte und dann allzugefährlich niederfalle. Das Nähere von ihm mündlich; er reist heute mit dem Packetboot nach Cuxhaven in's Seebad, wo er zwei Monate bleiben will, dann nach Berlin zurückkehren, dort eine diplomatische Anstellung haben, in Hamburg leben, seine venetianische Tragödie dichten, ein Buch über Goethe schreiben u.s.w. Jugend! ... Er grüßt Dich vielmals und ergebenst; nicht ohne Ertrag hegt er Dein Andenken und meines. Es gehe ihm wohl!«[113]

Heine schob die ganze lästige Zukunftsplanerei vorerst beiseite. Um das juristische Staatsexamen würde er nicht herumkommen, aber man konnte noch ein oder zwei Semester überspringen. In allen möglichen Zeitungen erschienen Rezensionen über seine in Berlin herausgegebenen ›Tragödien nebst Lyrischem Intermezzo‹, das tat gut und verhieß den baldigen Aufstieg vom ›kleinen Heine‹ für die wohlwollenden Freunde zum ›großen Heine‹ für die strenge Öffentlichkeit. Ein bißchen noch träumen, als wäre man bereits ein deutscher Byron, berühmt, reich und schön.

Von Lüneburg, wo ihn die Realität in Form von Judenfeindlichkeit in der Bevölkerung schon bald wieder eingeholt und aus den Träumen gerissen hatte, reiste Heine im Juli 1823 nach Hamburg, um die Stimmung und Absichten seines Onkels zu erforschen. Salomon Heine litt aber gar nicht unter schwankenden Stimmungen und Absichten. Für ihn blieb es selbstverständlich dabei, daß sein Neffe das teure Studium auch beendete, und da er die zwei Jahre in Berlin, wo er gelegentlich nach dem Rechten gesehen hatte, für erfolgreich hielt, schenkte er ihm zur Wiederherstellung der Kräfte das Geld für eine Erholungsreise. Der einzige Wermutstropfen für Heine war, daß er sich zu intensiv an seine schwärmerische Liebe zu Amalie erinnert fühlte. Dieses Gefühl war um so verwirrender, als er nicht mehr ganz genau wußte, ob er nur Amalie oder auch deren Schwester Therese in sein poetisches Herz geschlossen hatte.

Zwei Wochen später, unmittelbar nach der Wiederbegegnung

mit Varnhagen im Assingschen Hause, fuhr Heine am 22. Juli 1823 mit einem Postschiff die Elbe abwärts bis Cuxhaven. Etwas abseits der zentralen Kuranlagen mietete er sich in Ritzebüttel in der Pension ›Harmonie‹ nahe dem Gutsherrenschloß ein. Die Meeresluft und die Wechselbäder, die er regelmäßig nahm, taten ihm gut. Die ihn in letzter Zeit besonders quälenden Kopfschmerzen wurden wieder erträglicher, und seine aufgeregten Nerven begannen sich zu entspannen. Den Abschluß der sechswöchigen Kur sollte eine Seereise nach Helgoland bilden, aber wegen eines verfrüht einsetzenden und ungewöhnlich heftigen Herbststurms mußte sein Schiff kurz vor dem Ziel nach Cuxhaven umkehren. Scheinbar gefeit gegen Seekrankheit, erschöpft, aber glücklich zurück in seiner Pension in Ritzebüttel, schilderte Heine in einem Brief an Moser das Naturereignis und dessen Auswirkungen wie ein vom Logenplatz betrachtetes Schauspiel:

»Ich bin in diesem Augenblick wie zerschlagen, die ganze Nacht habe ich auf der Nordsee herumgeschwommen, ich wollte nach Helgoland reisen, doch in der Nähe dieser Insel mußte der Capitän wieder umkehren, weil der Sturm gar zu entsetzlich war. Es hat ganz seine Richtigkeit mit dem, was man von der Wildheit des Meeres sagt. Es soll einer der wildesten Stürme gewesen seyn, die See war eine bewegliche Berggegend, die Wasserberge zerschellten gegen einander, die Wellen schlagen über das Schiff zusammen und schleudern es herauf und herab, Musik der Kotzenden in der Kajüte, Schreyen der Matrosen, dumpfes Heulen der Winde, Brausen, Summen, Pfeifen, Mordsspektakel, der Regen gießt herab, als wenn die Himmlischen Heerscharen ihre Nachttöpfe ausgössen, – und Ich lag auf dem Vordecke und hatte nichts weniger als fromme Gedanken in der Seele.«

Die unfrommen Gedanken galten der Stadt Hamburg, der Heine in alter Haßliebe anhing, denn dort gab es noch immer die Alster mit den Schwänen, den Jungfernstieg und das Theater, die Amalien und Theresen und vor allem die erfolgreichen getauften Juden und die erfolgreichen ungetauften Juden, mit denen er schicksalhaft und voller Hader und Zärtlichkeit verbunden war. »Ich sage Dir«, so beendete er sein Helgoländer Seestück, »obschon ich im Winde die Posaunen des jüngsten Gerichts hören konnte und in den Wellen Abrahams Schooß weit geöffnet sah, so befand ich mich doch weit besser als in der

Societät mauschelnder Hamburger und Hamburgerinnen. Hamburg!!! mein Elisium und Tartarus zu gleicher Zeit! Ort, den ich detestire und am meisten liebe, wo mich die abscheulichsten Gefühle martern, und wo ich mich dennoch hinwünsche, und wo ich mich gewiß in der Folge oft befinden werde.«[114]

Einen Tag später schrieb er ein Gedicht, das die Schilderung der verunglückten Seereise im Brief an Moser zusammenfaßte und durch den sehnsuchtsvollen Ruf ›wär ich zu Haus‹ zu einer poetischen Metapher für das zwischen Chaos und Ordnung schwankende Menschenleben werden ließ.

»Der Sturm spielt auf zum Tanze,
Es pfeift und saust und brüllt;
Heisa! wie springt das Schifflein!
Die Nacht ist lustig und wild.

Ein lebendes Wassergebirge
Bildet die tosende See;
Hier gähnt ein schwarzer Abgrund,
Dort türmt es sich weiß in die Höh.

Ein Fluchen, Erbrechen und Beten
Schallt aus der Kajüte heraus;
Ich halte mich fest am Mastbaum
Und wünsche: wär ich zu Haus.«[115]

›Zu Haus‹ in Hamburg, wo er sich im Kreis der jüdischen Kaufleute fast ebenso geschützt fühlte wie in Düsseldorf zur Zeit der Napoleonischen Gesetze. Den durch die wiedereingeführten Sonderregeln für Juden in Preußen neu angefachten Antisemitismus hatte er bereits in Berlin zu spüren bekommen, nicht zuletzt durch tendenziöse Besprechungen seiner für religiöse Toleranz plädierenden Tragödie ›Almansor‹. Die judenfeindliche Stimmung in Lüneburg war ihm vollends zum mahnenden Zeichen dafür geworden, daß er sich auch in Zukunft als Jude in Deutschland nur bedingt als ein ebenbürtiger Deutscher betrachten durfte. Über Moser, Gans und Zunz hielt er Kontakt zum ›Kulturverein‹, dessen offenes Eintreten für die Emanzipation der deutschen Juden er als ermutigende Alternative zum passiven Erdulden empfand.

In dem Brief an Moser, in dem Heine erregt über die das Individuum bedrohenden Naturgewalten schrieb, brachen auch Empörung und Widerwille gegen den deutschen Irrationalismus aus ihm hervor, der hinter den Scheintugenden des Gemütvollen und des Tiefsinnigen brodelte und dem er selber durch Nachahmung einen großen Teil Sentimentalität in seiner bisherigen Lyrik verdankte. Das ›Unwohlseyn‹, das in ihm steckte, wie er Immermann erklärt hatte, durfte er nicht länger hinter allgemeinverbindlichen schönen Sprachwendungen verschleiern. Er mußte sein Unbehagen am Leben im allgemeinen und an seiner Zeit im besonderen so deutlich wie möglich formulieren, um seine Dichtung vor der Erstarrung im Floskelhaften zu retten. »Ein ganz neues Princip« tauche in seiner Seele auf, schrieb er aus der Erkenntnis heraus, daß sein persönlicher Schmerz sich genauer und intensiver durch reale Bezüge als durch Gefühlsmalerei ausdrücken ließe. »Dieses Gemüthsprinzip«, fuhr er fort, »wird mich wohl eine Reihe Jahre lang leiten und mein Thun und Lassen bestimmen. Wär ich ein Deutscher – und ich bin kein Deutscher – so würde ich Dir über dieses Thema lange Briefe, große Gemüthsrelazionen schreiben; aber doch sehne ich mich danach, Dir in vertrauter Stunde meinen Herzensvorhang aufzudecken und Dir zu zeigen, wie die neue Thorheit auf der alten gepfropft ist.«

Und im Hinblick auf das Ende seines einsamen Träumens am Nordseestrand und den Wiederbeginn des ungleichen Kampfes als Jude um gesellschaftliche Anerkennung und berufliche Sicherheit, entfuhr es ihm in selten strengem Zorn: »Daß ich für die Rechte der Juden und ihre bürgerliche Gleichstellung enthousiastisch sein werde, das gestehe ich, und in schlimmen Zeiten, die unausbleiblich sind, wird der germanische Pöbel meine Stimme hören, daß es in deutschen Bierstuben und Palästen wiederschallt.«[116]

Während der sechswöchigen Kur war eine finanzielle Unstimmigkeit behoben worden, die sich in ähnlicher Weise noch oft wiederholen und das schwierige Verhältnis zwischen dem prosaischen Geschäftsmann Salomon Heine und seinem der Poesie verschworenen Neffen auf manche harte Probe stellen sollte. Heine hatte den für ihn eingerichteten Dauerwechsel von jährlich vierhundert Talern in seinem letzten Berliner Jahr um hundert Taler überzogen. Er hielt dies in Anbetracht der kostspieligeren Verhältnisse in einer Landeshauptstadt und des

Reichtums seines Onkels für eine Kleinigkeit, der Onkel aber nicht. Heine wollte sich nicht durch – seiner Ansicht nach – unnötige Erklärungen und Entschuldigungen demütigen und wurde spitz, der Onkel wollte keinen Unterschied zwischen einem Bankkunden und einem Verwandten machen und drohte mit Abbruch der Zuwendungen wegen nicht abgesprochener Kreditüberziehung. Die Angelegenheit zog sich fast ein Jahr, von Oktober 1822 bis September 1823, hin und erledigte sich erst durch Vermittlung von dritter Seite.

Da Heine auf die Unterstützung angewiesen blieb, denn selbst mit seinen erfolgreichsten Büchern kam er nicht auf das Verdienstminimum eines Handel treibenden Kleinbürgers oder eines unteren Beamten, reagierte er im Lauf der Jahre immer gereizter auf diesen Zustand der Abhängigkeit. Ihn verließ zwar nie das Gefühl der Dankbarkeit dafür, daß sein Onkel für ihn und seine Eltern Jahr für Jahr finanziell sorgte, aber er konnte sich auch nie damit abfinden, daß er ihm nicht mehr wert war als ein Almosen.

Als er Moser im August aus Ritzebüttel schrieb, wußte er noch nichts von dem positiven Ausgang der Berliner Wechselaffäre, und ebensowenig ahnte er, daß seine Bemühungen um materielle Unabhängigkeit niemals Erfolg haben würden. Nach ausführlicher Darlegung des Getöses um die hundert Taler fuhr er fort: »... auch weiß ich, daß mein Oheim, der sich hier so gemein zeigt, zu anderen Zeiten die Generosität selbst ist; aber es ist doch in mir der Vorsatz aufgekommen, alles anzuwenden, um mich so bald als möglich von der Güte meines Oheims loszureißen. Jetzt hab ich ihn freylich noch nöthig, und wie knickerig auch die Unterstützung ist, die er mir zufließen läßt, so kann ich dieselbe nicht entbehren ... Gegen jeden andern wirst Du hoffentlich über die ganze Geschichte schweigen. Sie ist zu jämmerlich.«[117]

Wenige Tage später wurde Heine von seinem Onkel mit offenen Armen in Ottensen empfangen. Keine Rede mehr von den hundert Talern. Man sprach über Tante Betty, die Frau Salomon Heines, und über die Schwägerin Betty, die Mutter Heines, über Charlotte Christiani, geborene Heine, und Charlotte Embden, geborene Heine. Mit Moritz Embden und seinen Freunden geriet Heine wegen unterschiedlicher Meinungen zum Reformjudentum heftig aneinander, so daß er, noch immer aufgebracht über die Anfeindung aus den eigenen Reihen, aus Lüneburg an Moser schrieb: »Mich, mich muß man erbittern! Just zu einer Zeit, wo ich mich ruhig hingestellt habe, die Woge des Judenhasses gegen mich anbranden zu lassen... Von allen Seiten empfinde ich die Wirkungen dieses Hasses, der doch kaum emporgekeimt ist. Freunde, mit denen ich den größten Theil meines Lebens verbracht, wenden sich von mir. Bewunderer werden Verächter, die ich am meisten liebe, hassen mich am meisten, alle suchen zu schaden.«[118]

Die kurze Zwischenphase der Rebellion war nach der Gesinnungspause in Cuxhaven beendet. Heine hatte sich entschlossen, keinen Widerstand mehr gegen die Realitäten zu leisten, nicht beim Dichten und nicht bei der Bewältigung des äußeren Lebens. Er wollte jetzt so schnell wie möglich seinen juristischen Doktor machen, der ihm »in der Folge Brod schaffen soll«. Seufzend gestand er Moser: »Es ist fatal, daß bey mir der ganze Mensch durch das Budget regirt wird. Auf meine Grundsätze hat Geldmangel oder Überfluß nicht den mindesten Einfluß, aber desto mehr auf meine Handlungen. Ja, großer Moser, der H. Heine ist sehr klein.«[119]

Nur mit der Taufe, die ihm durch Zulassung zu Staatsämtern den Broterwerb erleichtern würde, zögerte er noch. Niemand sollte denken, daß er sich mit diesem Akt den Preußen an den Hals warf, aber wie sollte er sich ohne die Vorteile einer Taufe von seinem Onkel befreien? Es war zum Verzweifeln, denn im Grunde ging es ihm nur um genügend Zeit und Muße für seine Dichtung, und die würde er als Beamter haben. Moser, von dem er wußte, daß er ihn liebte »um der wunderlichen Sorte Gefühls willen, die sich bey mir ausspricht in Thorheit und Weisheit, in Güte und Schlechtigkeit«, durfte er seine heimlichen Gedanken anvertrauen.

»Aus meiner Denkungsart kannst Du es Dir wohl abstrahiren, daß mir die Taufe ein gleichgültiger Akt ist, daß ich ihn auch symbolisch nicht wichtig achte, und daß er in den Verhältnissen und auf der Weise, wie er bey mir vollzogen werden würde, auch für Andere keine Bedeutung hätte. Für mich hätte er vielleicht die Bedeutung, daß ich mich der Verfechtung der Rechte meiner unglücklichen Stammesgenossen mehr weihen würde. Aber dennoch halte ich es unter meiner Würde und meine Ehre befleckend, wenn ich, um ein Amt in Preußen anzunehmen, mich taufen ließe. Im lieben Preußen!!! Ich weiß wirklich nicht, wie ich mich in meiner schlechten Lage helfen soll. Ich werde noch aus Aerger katholisch und hänge mich auf ... Wir leben in einer traurigen Zeit, Schurken werden zu den Besten, und die Besten müssen Schurken werden. Ich verstehe sehr gut die Worte des Psalmisten: Herr Gott, gieb mir mein täglich Brod, daß ich Deinen Namen nicht lästre!«[120]

Obwohl er immer neue Gedichte schrieb – »eine Menge kleiner Lieder liegen fertig« –, klagte Heine, daß Kopfschmerzen und juristische Studien, durch die er sich auf die Rückkehr an die Göttinger Universität vorbereitete, seine literarische Produktion behindern würden. Je näher das Semester kam – die Immatrikulation war für Januar 1824 vorgesehen –, desto enger kreisten seine Gedanken um das zeitraubende Studium und den anwachsenden Widerwillen, einer möglicherweise leichten Berufskarriere sein Judentum zu opfern. Joseph Lehmann, einem in Berlin lebenden Lyriker, der einige seiner Gedichte aus Bewunderung parodiert hatte, vertraute er seine Notlage an: »Was mich selbst betrifft, so arbeite ich jetzt viel, freylich bloß ernsthafte Sachen und Brodstudien. Das Versemachen hab ich auf bessere Zeiten verspart; und wozu soll ich sie auch machen? Nur das Gemeine und Schlechte herrscht, und ich will diese Herrschaft nicht anerkennen. Noch viel weniger aber gelüstet mich's nach Martyrkronen.«[121]

Die Unzufriedenheit Heines mit seiner Produktion hatte jedoch weniger mit den äußeren Verhältnissen als mit dem inneren Wandel zu tun, den er seit seiner Abreise aus Berlin durchlebte. Seine Empfänglichkeit für den geistig-sinnlichen Strom, der die Menschen vorwärtstreibt und seit Urzeiten den Ablauf ihrer Geschichte mitbestimmt, war eine herausfordernde Begabung, die ihn unablässig nach Ausdrucksmitteln suchen ließ, und das um so zwingender, je weiter sich seine geistigen und sinnlichen Kräfte entwickelten. Durch die vielfältigen Berliner Erfahrungen, die sich ihm durch den radikalen Ortswechsel nach Lüneburg schlagartig als grell beleuchtetes Panorama darstellten, hatte er den entscheidenden Punkt erreicht, an dem sich Gefühl und Geist und Wirklichkeit voneinander trennten. Das neue ›Gemüthsprinzip‹, von dem er Moser aus Ritzebüttel schrieb, meinte die verstärkte Hinwendung zur Realität. Daraus ergab sich für ihn das Problem, eine neue gestalterische Einheit zu finden, in der das Gefühl der Unruhe, das ›Unwohlseyn‹, der persönliche Schmerz, die besondere Empfänglichkeit, die Begabung Form und Inhalt bestimmten und durch die Auswahl des Stoffes ein möglichst getreues Bild von der Außenwelt vermittelt wurde.

Das dramatische Stück, das nach der Mode der Zeit antike und historische Stoffe für gegenwartsbezogene Parabeln nutzte, lag Heine nicht, denn sein alles dominierender Individualismus vertrug sich nicht mit der Masse erstarrten Materials. Da er begonnen hatte, der Lyrik zu mißtrauen, blieb schließlich die Prosa als Versuchsgelände, um die ihn durchdringenden Empfindungen der Liebe und des persönlichen Schmerzes mit Vernunft und Wirklichkeit literarisch zu verschmelzen. In dieser Zeit des Übergangs tauchte in ihm erstmals der Plan auf, seine Memoiren – als Sechsundzwanzigjähriger! – zu schreiben. Sie blieben zwar auch nach Jahrzehnten, in denen er sie seinen wechselnden Feinden gegenüber immer wieder drohend erwähnte und zu einem seiner bedeutendsten Werke aufbauschte, ein schmales Fragment, aber für den ersten Schritt zu einer ideenreichen und gesellschaftskritischen Prosa mußten ihm bei seinem subjektiven Temperament persönliche Bekenntnisse und Betrachtungen als der nächstliegende Weg erscheinen.

An Ludwig Robert, einen Bruder Rahel Varnhagens, schrieb er am 27. November 1823 nach Berlin: »Vielleicht erleben Sie es noch, meine Bekenntnisse zu lesen und zu sehen, wie ich meine Zeit und Zeitgenossen betrachtet, und wie mein ganzes trübes, drangvolles Leben in das Uneigennützigste, in die Idee übergeht.«[122] Kurz vor seiner Abreise nach Göttingen, am 9. Januar 1824, gestand er seiner Schwester: »Es ist jetzt überhaupt noch immer die Zeit der Saat bey mir; ich hoffe aber auf eine gute Erndte. Ich suche die verschiedenartigsten Kenntnisse in mir aufzunehmen und werde mich in Folge desto vielseitiger und ausgebildeter als Schriftsteller zeigen. Der Poet ist bloß ein kleiner Theil von mir.«[123]

Zwei Jahre später, als Heine ›Die Harzreise‹ für den ersten Band der ›Reisebilder‹ und den autobiographischen novellistischen Text ›Florentinische Nächte‹ niedergeschrieben und den ebenfalls autobiographischen Text ›Ideen. Das Buch Le Grand‹, in Angriff genommen hatte, teilte er dem Lyriker Wilhelm Müller, dessen populärer Zyklus ›Die schöne Müllerin‹ nicht ohne

Einfluß auf seine früheren Gedichte geblieben war, seine Abwendung von den Liedern und seine Hinwendung zu einer neuen Poesie mit – die beiden Zyklen ›Die Nordsee‹ begann er im August 1825: »Ich hege viele freudige Hoffnungen für die Zukunft. ›Die Nordsee‹ gehört zu meinen letzten Gedichten, und Sie erkennen daraus, welche neue Töne ich anschlage und in welchen neuen Weisen ich mich ergehe ... Mit mir selbst hat es als Liederdichter wohl ein Ende, und das mögen Sie selbst fühlen. Die Prosa nimmt mich auf in ihre weiten Arme, und Sie werden in den nächsten Bänden der ›Reisebilder‹ viel prosaisch Tolles, Herbes, Verletzendes und Zürnendes lesen; absonderlich Polemisches. Es ist eine gar zu schlechte Zeit, und wer die Kraft und den freyen Muth besitzt, hat auch zugleich die Verpflichtung, ernsthaft in den Kampf zu gehen gegen das Schlechte, das sich so aufbläht, und gegen das Mittelmäßige, das sich so breit macht, so unerträglich breit.«[124]

Der neue Kurs war angepeilt, aber es dauerte noch eine Weile, bis die alte Fahrrinne aufgegeben werden konnte. Auf jeden Fall hatte Heine den Schwung gewonnen, sich in das ernüchternd kalte Wasser der Jurisprudenz in Göttingen zu werfen. Ab Januar 1824 hörte er Vorlesungen über die Enzyklopädie des gesamten Rechts, über Kriminalrecht nebst Kriminalprozeß und über bürgerliche Prozesse. An Charlotte schrieb er: »Meine Muse trägt einen Maulkorb, damit sie mich beym juristischen Strohdreschen mit ihren Melodien nicht störe.«[125] In Briefen an Moser und Christiani klagte er über sein stilles Leben, das er durch abendliche Bierrunden mit Kommilitonen aufzulockern versuche. Kurzweilige Damenbekanntschaften sollten zusätzlich die Liebesqualen dämpfen helfen, aber sie förderten nur seine wechselnd depressiv-hypochondrischen Stimmungen und infizierten ihn womöglich bereits zu diesem Zeitpunkt mit einer Geschlechtskrankheit, die wegen ihres unspezifischen jahrzehntelangen Verlaufs eine stattliche Zahl von Ärzten, in Göttingen einen Doktor Marx, beschäftigten.

Während der Semesterferien, die Ende März begannen, fuhr Heine noch einmal nach Berlin – auf der Hinreise traf er in Magdeburg erstmals persönlich mit Immermann zusammen –, um seine Bekannten aus dem Kreis der Varnhagens, der Hohenhausens und des ›Kulturvereins‹ zu besuchen. Wichtiger als die sentimentale Befriedigung war ihm jedoch die Erkundung beruflicher Chancen an der Universität und im Justizwesen – immer den Taufschein vorausgesetzt – und die Kontaktpflege zu Gubitz, in dessen ›Gesellschafter‹ er gern die Gedichte aus dem Zyklus ›Die Heimkehr‹ abgedruckt gesehen hätte. Charlotte erfuhr von ihrem Bruder:

»Ich habe in Berlin manche schöne Stunde verlebt, und viele geistige Anregung und Erfrischung in mich aufgenommen und diese Reise war mir gewiß in jeder Hinsicht nützlich.« Wie nützlich die Reise wirklich war, teilte Heine seiner Schwester nur verschlüsselt mit. In der scheinbaren Absicht, ihr ein Erlebnis schildern zu wollen, entwarf er eine literarische Skizze, die den üblichen Rahmen familiärer Korrespondenz bei weitem sprengte. Schon einmal hatte er in Briefen einen Stil ausprobiert, den er dann in seinen Berichten ›Briefe aus Berlin‹ und ›Über Polen‹ anwandte. Diesmal nahm er die Erzählweise seiner ›Harzreise‹ vorweg, ein Prosatext, mit dem er sich von der Lyrik freischrieb. Als er Anfang Mai durch den Harz zurückgereist war und wieder in seiner Göttinger Studierstube saß, wurde ihm bewußt, daß er endlich den geeigneten Stoff für einen neuen Prosastil gefunden hatte: den sagenumwobenen Harz und die altdeutschen Städte aus dem Kerngebiet der Reformation. Damit besaß er ein romantisches Dekor, in das sich Kritik an den deutschen Zuständen unauffällig einfügen ließ. Als Auftakt zu dem Werk, das ihn zwei Jahre später berühmt machte, entwarf er in dem Brief an seine Schwester eine erste Probeszene, über die Charlotte geschmeichelt und überrascht zugleich gewesen sein mag.

»Die Herreise ging viel besser, in schönem Wetter, und in 48 Stunden, – so schnell geht es mit der Schnellpost! Es war recht überraschend, daß ich das Harzgebirge, das ich mit Schnee bedeckt verlassen hatte, im freudigsten Frühlingsgrün wiedersah. Eben im Harzgebirge war es, wo ich bey meiner Hinreise eine Dame sah, die Dir ähnlich war, in Gesichtszügen und im ganzen Wesen. Ich fuhr nemlich von Stollberg nach Harzgerode, über einen hohen schneebedeckten Berg, wo der Wagen jeden Augenblick umzufallen drohte, eine lebensgefährliche, traurige Tour. Als wir nun um Mitternacht nach dem Harzgeroder Posthause gelangten, fanden wir die helle Stube mit Passagieren gefüllt, die theils mit anderen Postwagen, theils mit Extra gekommen waren, und dort Caffe tranken, ihre Pelze an und auszogen, mit dem Postmeister laut zankten, über das Wetter fluchten und Katzenjammergesichter schnitten. Am Ofen, der nicht besonders warm war, saß eine wunderschöne Frau, die sehr vornehm, aber auch höchst verdrießlich schien, und präzise so aussah wie Du wenn Du ärgerlicher Stimmung bist. Nein, sie sah wie die Verdrießlichkeit selbst aus, als sie von unserm Postillon erfuhr: daß der Weg nach Stollberg so schlecht sey; und ein feiner Herr mit prächtigem Pelzrock, welcher sich, ängstlich beschwichtigend und auf ihren leisesten Wink lauschend, um sie herumbewegte, mußte den ganzen Strom ihres Unmuths aushalten, und halbweinend, halbscheltend sagte sie zu diesem: warum haben Sie mich nicht früher umgebracht? wußten Sie denn nicht, daß ich krank bin? u.s.w. Ich suchte die mißmüthige Dame so gut als möglich zu trösten und trillerte aus Jean de Paris: welch Vergnügen gewährt das Reisen! Wie sie das hörte, zog sich ein allerliebst wehmüthiges Lächeln über ihr schönes Verdrießlichkeitsgesicht, sie tobte nicht mehr so laut gegen den armen, feinen Pelzrockherren, und als dieser ihr bald darauf den Arm both, und sie zierlich nach ihrem Wagen geleitete, wandte sie sich noch oft grüßend nach mir um, und seufzte und trillerte: welch Vergnügen gewährt das Reisen!«[126]

Das Sommersemester 1824 verging weniger eintönig als das vorherige Wintersemester. Heine hatte sich wieder an den Universitätsbetrieb gewöhnt, er verkehrte freundschaftlich mit anderen Studenten, und er konnte in mehreren Zeitschriften ältere und neueste Gedichte unterbringen. Durch Vermittlung Rahel Varnhagens stand ihm auch der viel gelesene Almanach ›Rheinblüten‹ offen, den Ludwig Robert, ein Bruder Rahels, leitete. In seinen Briefen berichtete er über Pläne und Vorstudien zu der Novelle ›Der Rabbi von Bacherach‹ und einer ›Faust‹-Dichtung. Er bekam Besuch von seinem Bruder Maximilian, den Moses Moser später in Berlin bei seinem Medizinstudium betreute, am 9. August gratulierte er Moritz und Charlotte zur Geburt ihres ersten Kindes, der Tochter Maria, und Mitte August unternahm er einen Ausflug nach Kassel zu seinem alten Freund Straube, über den er Christiani nach Lüneburg berichtete: »Er war just bettlägerig, an einer Augenentzündung leidend; so daß ich ihn wenig genießen konnte. Trotz seiner verbundenen Augen erkannte er mich am Tritt und bey meinem ersten Worte: Guten Morgen, Lausangel.«[127] Die einzige Nachricht, die ihn traurig stimmte, kam aus Griechenland, wo Byron am 19. April gestorben war, »der einzige Mensch, mit dem ich mich verwandt fühlte«.

Von Mitte September bis Mitte Oktober machte Heine seine seit Mai geplante Fußwanderung durch den Harz und anschließend über Halle und Jena nach Weimar. Von dort ging es, teilweise mit der Postkutsche, über Erfurt und Gotha nach Eisenach, wo er die Wartburg besichtigte, und über Kassel, wo er nochmals Straube besuchte, nach Göttingen zurück. Als Höhepunkt hatte er sich ein Gespräch mit Goethe vorgestellt, dem er, bereits in Weimar angekommen, am 1. Oktober 1824, demutsvoll schrieb: »Ew. Exzellenz bitte ich, mir das Glück zu gewähren, einige Minuten vor Ihnen zu stehen. Ich will gar nicht beschwerlich fallen, will nur Ihre Hand küssen und wieder fortgehen. Ich heiße H. Heine, bin Rheinländer, verweile seit kurzem in Göttingen und lebte vorher einige Jahre in Berlin, wo ich mit mehreren Ihrer alten Bekannten und Verehrer (dem sel. Wolf, Varnhagens &c.) umging und Sie täglich mehr lieben lernte. Ich bin auch ein Poet und war so frey, Ihnen meine ›Tragödien‹ nebst einem lyrischen Intermezzo (Ratcliff und Almansor) zuzusenden. Außerdem bin ich auch krank, machte deßhalb auch vor drey Wochen eine Gesundheitsreise nach dem Harze, und auf dem Brocken ergriff mich das Verlangen, zur Verehrung Göthes nach Weimar zu pilgern. Im wahren Sinne des Wortes bin ich nun hergepilgert, nemlich zu Fuße und in verwitterten Kleidern, und erwarte die Gewährung meiner Bitte, und verharre mit Begeisterung und Ergebenheit H. Heine.«[128]

Goethe gewährte eine Audienz gleich für den nächsten Tag, brach sie aber nach wenigen Minuten frostig ab, angeblich, weil der ihm völlig unbekannte Gast es gewagt hatte, von einer eigenen ›Faust‹-Dichtung zu sprechen, wie Maximilian Heine in seinen ›Erinnerungen‹ berichtet. Goethe notierte unter dem 2. Oktober 1824 in sein Tagebuch: »Heine von Göttingen«. Erst Monate später entlud sich Heines Groll gegen den Alten aus Weimar, der wie ein Alp auf den jungen Dichtern lag, denn alles schien von ihm vollendet zu sein und nichts mehr neben ihm zu gelten. Das neue Jahrhundert hatte jedoch vieles aufgewirbelt, das nach neuen Lösungen verlangte. Noch in der Erinnerung an den Besuch am Frauenplan erregte sich Heine leidenschaftlich. Seine Dichterlosung lautete: Sinnlichkeit und Spiritualität. Und diese Losung wollte er verteidigen, gegen den sinnenfeindlichen Gott der Juden und Christen, gegen den abgeklärten Olympier und gegen die prüden und geistlosen Deutschtümler, die den Leib einschnürten und dem Verstand Scheuklappen anlegten. Am 1. Juli 1825 schrieb er an Moser:

»Daß ich Dir von Göthe Nichts geschrieben, und wie ich ihn in Weimar gesprochen, und wie er mir recht viel Freundliches und Herablassendes Gesagt, daran hast Du Nichts verloren. Er ist nur noch das Gebäude, worin einst Herrliches geblüht, und nur das war's, was mich an ihm interessierte. Er hat ein wehmütiges Gefühl in mir erregt, und er ist mir lieber geworden, seit ich ihn bemitleide. Im Grunde aber sind Ich und Göthe zwey Naturen, die sich in ihrer Heterogenität abstoßen müssen. Er ist von Haus aus ein leichter Lebemensch, dem der Lebensgenuß das Höchste, und der das Leben für und in der Idee wohl zuweilen fühlt und ahnt und in Gedichten ausspricht, aber nie tief begriffen und noch weniger gelebt hat. Ich hingegen bin von Haus aus ein Schwärmer, d. h. bis zur Aufopferung begeistert für die Idee und immer gedrängt, in dieselbe mich zu versenken, dagegen aber habe ich den Lebensgenuß begriffen und Gefallen daran gefunden, und nun ist in mir der große Kampf zwischen meiner klaren Vernünftigkeit, die den Lebensgenuß billigt, und zwischen meiner schwärmerischen Neigung, die oft unversehens aufschießt und mich gewaltsam ergreift und mich vielleicht einst wieder in ihr uraltes Reich hinabzieht, wenn es nicht besser ist zu sagen, hinaufzieht; denn es ist noch die große Frage, ob der Schwärmer, der selbst sein Leben für die Idee hingiebt, nicht in einem Momente mehr und glücklicher lebt als Herr von Göthe während seines ganzen 76jährigen egoistisch behaglichen Lebens.«[129]

Außer diesem und späteren Berichten über seinen Besuch bei Goethe teilte Heine brieflich kaum etwas über seine ausgedehnte Wanderung mit. Moser verriet er scherzhaft, daß es in Weimar guten Gänsebraten und gutes Bier gebe. Eine andere flüchtig wirkende Beobachtung, die er in demselben Brief vom 25. Oktober 1824 hinsichtlich der Verbreitung seiner Dichtung erwähnte, gewann dagegen im Lauf seines Lebens und noch deutlicher nach seinem Tod die Bedeutung einer Voraussicht. »Auf der Reise und auch hier [in Göttingen] merkte ich, daß meine kleine Gedichte sich auf eine sonderbar heimliche Art verbreiten. – ›Indessen, man wird Sie nicht lieben‹, sagte der große Sartorius [Professor für Geschichte in Göttingen].«[130] Die Lyrik Heines wurde zum Inbegriff deutscher Poesie, sein Name zur Zielscheibe für Fanatiker deutscher Innerlichkeit.

Die ungewöhnliche Zurückhaltung, die Heine über seine allein unternommene vierwöchige Wanderung übte, hing mit dem völlig neuen Arbeitsprozeß zusammen, zu dem ihn die geplante Reiseerzählung, der er einen geschlosseneren Charakter als den Berliner Korrespondenzberichten geben wollte, zwang. Anders als bei den Kurzformen der Lyrik mußte bei der epischen Langform ein sehr viel umfangreicher ausgebreitetes Material an Erlebtem, Beobachtetem und Angelesenem mit dem eigenen Impuls belebt werden. Heine, der wußte, daß seine innere Anteilnahme schnell ermattete, wenn er das weite Feld der Kunstprosa vor sich sah – seine Bemühungen um die Novellenform, etwa beim ›Rabbi von Bacherach‹ oder den ›Florentinischen Nächten‹, scheiterten alle –, fing unmittelbar nach seiner Rückkehr nach Göttingen mit der Arbeit an der Reiseschilderung an. Zwei Wochen später schrieb er an Moser: »Ich habe jetzt meine ›Harzreise‹ schon zur Hälfte geschrieben und will nicht abbrechen. Diese schreibe ich in einem lebendigen enthousiastischen Styl, und es würde mir nicht allein nach einer Unterbrechung schwer werden, wieder hineinzugerathen, sondern auch würde es mir schwer fallen, aus diesem Styl in die trockne gelehrte Anzeige-Prosa [gemeint sind Buchbesprechungen und literarische Aufsätze] überzugehen.«[131]

Trotz des konzentrierten Jurastudiums, das er auf Drängen des Onkels bis zum nächsten Sommer abschließen mußte, der Arbeit am ›Rabbi von Bacherach‹, an den ›Memoiren‹ und an neuen Gedichten und der Korrespondenz mit Zeitungsverlegern beendete Heine die ›Harzreise‹ bereits Ende November 1824. Moser gegenüber bezeichnete er sie zwar als ›Lappenwerk‹, fügte aber hinzu, daß sie ›viel Schönes‹ und ›eine neue Sorte Verse‹ enthalte. Er war sogar so zufrieden mit dem Ergebnis, daß er das Manuskript an Salomon Heine nach Hamburg schickte, ›um ihm und den Weibern ein Privatvergnügen damit zu machen‹.[132] Er hatte seinen eigenen assoziativen Prosastil gefunden, den er in seinen nächsten Reisebildern von der Nordsee, aus England und Italien bis hin zu den Pariser Korrespondenzberichten und Essays im wesentlichen beibehielt. Seine Kritik nahm allerdings von Text zu Text an Schärfe zu.

In einer Schlußbemerkung der Buchfassung, die im Mai 1826, nur wenige Monate nach der Erstveröffentlichung in Gubitz' ›Gesellschafter‹, erschien, beschrieb Heine überaus anschaulich den fließenden Charakter der von ihm selbst geschaffenen Prosa, der von jetzt an gleichrangigen Begleiterin seiner Lyrik: »Die ›Harzreise‹ ist und bleibt Fragment, und die bunten Fäden, die so hübsch hineingesponnen sind, um sich im Ganzen harmonisch zu verschlingen, werden plötzlich, wie von der Schere der unerbittlichen Parze, abgeschnitten. Vielleicht verwebe ich sie weiter in künftigen Liedern, und was jetzt kärglich verschwiegen ist, wird alsdann vollauf gesagt. Am Ende kommt es auch auf eins heraus, wann und wo man etwas ausgesprochen hat, wenn man es nur überhaupt einmal ausspricht. Mögen die einzelnen Werke immerhin Fragmente bleiben, wenn sie nur in ihrer Vereinigung ein Ganzes bilden. Durch solche Vereinigung mag hier und da das Mangelhafte ergänzt, das Schroffe ausgeglichen und das Allzuherbe gemildert werden.«[133]

Sobald die Rohfassung der ›Harzreise‹ abgeschlossen war, vergrub sich Heine in seine juristischen Bücher und lernte ein halbes Jahr lang verbissen bis zum Examen, das er am 3. Mai 1825 mit durchschnittlicher Note bestand. In den folgenden zwei Monaten, die er abwarten mußte, um zu promovieren – der akademische Grad sollte die beruflichen Chancen verbessern – überarbeitete er die ›Harzreise‹ und nahm sich ein weiteres Mal den ›Rabbi von Bacherach‹ vor, der ihm »centnerschwer auf der Seele liegt«.

Die Atempause vor dem zweiten Examenstermin bot sich außerdem dafür an, rechtzeitig vor der Suche nach einem Broterwerb die Taufe zu erledigen. Eduard Gans, vor zwei Jahren noch hoffnungsvoller Vorsitzender des jüdischen ›Kulturvereins‹ in Berlin, hatte sich inzwischen taufen lassen, Ludwig Börne, der poetische Mitstreiter um soziale und politische Fortschritte, hatte sich taufen lassen, und von Heines engeren Familienangehörigen in Hamburg und Lüneburg war niemand wirklich dagegen, daß er sich einen Vorteil verschaffte. Diskret und ohne in seinen Briefen großes Aufheben davon zu machen, traf sich Heine am 24. Mai 1825 in Heiligenstadt mit dem Pfarrer Gottlob Christian Grimm, um seine Konversion zu melden.

Nach der Teilnahme an mehreren Unterrichtsstunden in Religion wurde er einer Prüfung unterzogen und am 28. Juni von Grimm in dessen Wohnung auf die Vornamen Christian Johann Heinrich getauft.

Der für Heiligenstadt zuständigen Erfurter Regierung hatte Grimm mitgeteilt: »Ein Israelit aus Düsseldorf gebürtig Namens Harry Heine, eines vormals handeltreibenden, jetzt in Lüneburg privatisierenden Juden Sohn hat sich zur Taufe bei mir gemeldet. Er studiert in Göttingen die Jura und will nicht dort, wo man ihn kenne, sondern hier, wo er fremd sei, die Taufe empfangen, und zwar in aller Stille, damit seine Abstammung von jüdischen Eltern, die er schon als Knabe in den Christlichen Schulen, welche er besucht, verheimlicht habe, nicht bekannt, und er, der immer für einen Christen sich ausgegeben und bisher dafür gegolten hat, nicht erst nach seinem Scheiden aus der jüdischen Gemeinde ein Jude genannt und mit dem Namen eines getauften Juden bezeichnet werde.«[134]

Heine, der seine jüdische Herkunft niemals so geheimhielt, wie der Bericht von Grimm vermuten läßt – sowohl in Hamburg und Lüneburg als auch in Berlin hatte er offen mit als Juden bekannten Persönlichkeiten verkehrt –, schrieb mehrere Monate später halb verlegen, halb belustigt an Moser: »Ich bin jetzt bey Christ und Jude verhaßt. Ich bereue sehr, daß ich mich getauft hab; ich sah noch gar nicht ein, daß es mir seitdem besser gegangen sey, im Gegentheil, ich habe seitdem nichts als Unglück ... Ist es nicht närrisch, kaum bin ich getauft, so werde ich als Jude verschrien.«[135]

Am 20. Juli 1825 promovierte Heine mit der obligatorischen Disputation, in der er in lateinischer Sprache fünf Thesen verteidigen mußte, zum Doktor der Rechte. Es folgte noch der ›Doktorschmaus‹ mit Universitätsfreunden, und dann stellte sich wieder die peinigende Frage, ob und wo er sich beruflich niederlassen sollte. Wie schon einmal in ähnlicher Drangsal, kam ihm sein Onkel mit fünfzig Louisdoren für eine Badereise zu Hilfe. Er vergaß vorerst Hamburg und Berlin, wo er sich nach einer Stellung umsehen wollte, und fuhr über Emden nach Norderney, wo er am 13. August eintraf und bereits wenige Tage später an seinem nächsten Gedichtzyklus, ›Die Nordsee‹, zu schreiben begann.

Heine fühlte sich in dem Seebad Norderney außerordentlich

wohl. Die besondere Luft linderte wieder, wie schon in Ritzebüttel, seine Kopfschmerzen, dazu kam ein anregendes gesellschaftliches Klima, das dem Kuralltag die Langeweile nahm. Die Kehrseite waren die höheren Ausgaben, die Heines Louisdore schnell dahinschmelzen ließen. Da er sich vor Onkel Salomon keine Blöße geben wollte, indem er ihn um einen weiteren Zuschuß bat oder seinen Erholungsurlaub zu früh abbrach, blieb ihm nichts anderes übrig, als sich bei einem Freund Geld zu leihen. In dieser unerquicklichen Lage, in die er noch oft und meist zwingender geraten sollte, fiel ihm als erfolgversprechendster Adressat Christian Sethe ein. Sethe hatte ihn eine Woche vorher auf seiner Hochzeitsreise für zwei Tage in Norderney besucht, um ihn, den alten Jugendfreund, nach längerer Zeit der Nachrichtenlosigkeit mit seiner Frau zu überraschen. Heine setzte ihm mit dem ganzen Charme seines jugendlichen Naturells zu.

»Wärest Du doch nur ein paar Tage länger in Norderney geblieben! Oder auch wäre ich doch weniger Esel gewesen! Ja, Christian, wenn ich auch der gelehrteste Mann Deutschlands bin, so kann ich doch nicht mit meinen Worten versichern, daß ich auch der klügste sey. Du mußt mir sechs Louisd'or leihen. Ich bin in der größten Verlegenheit. Es wird dich nicht wundern, daß ich just Dich anpumpe. Du bist mir noch zu frisch im Gedächtnisse, und wenn Du auch – was ich noch hoffe – mein bester Freund nicht mehr bist, so bist Du doch unter meinen besten Freunden derjenige, den ich am leichtesten anpumpen kann, der auch als kompletter Philister am leichtesten ein paar Louis auf ein paar Monath entbehren kann … Die Post ist im Begriff abzugehen, auch bin ich zu verdrießlich, um viel zu schreiben; wie sehr es mich auch drängt, die ganze volle Brust vor Dir auszuschütten, so könnte ich das doch heute schon deswegen nicht thun, weil Anpumpen der eigentliche Zweck dieses Briefes ist. Und wirklich Christian! haben sich Deine Gesinnungen gegen mich unverändert erhalten? Was mich betrifft, so blieben die meinigen unverändert, d. h. ich ärgere mich über Dich nach wie vor. Du verstehst mich, ich meine die alte Falschheit. Ja, ich möchte heute recht ordentlich gegen Dich losplatzen und auf Dich einschelten und schimpfen, um so mehr, da ich Dich anpumpen will. Von Giesen erfahre ich, daß Deine Schwester mit Unger versprochen ist. Ich glaube gewiß, wenn Du könntest, würdest Du Deine Heirath vor mir geheim halten. Ich frage nie, aber ich ärgere mich immer. – Das beste an Dir ist, daß ich Dich liebe und daß Du von jeher leicht anzupumpen warst.«[136]

Der verheiratete Sethe kam mit der offenen Lebensweise seines Freundes nicht mehr so recht mit. Er half zwar, aber eher aus Pflichtgefühl als aus komplizenhafter Anteilnahme. Nach zeitraubenden Prozeduren schickte er anstatt sechs nur fünf Louisdore. Heine, der bereits bei der Abreise war, fand erst in Lüneburg Gelegenheit, den Empfang des Geldes zu bestätigen, wobei er eine Bemerkung über das zu späte Eintreffen nicht unterdrücken konnte. Daß der Briefwechsel damit einschlief, lag wohl vor allem daran, daß Heine Kleinlichkeit und Enge einfach nicht ertrug.

Die nächsten Monate gehörten mit zu den schwersten in seinem Leben. Niemand schien sich wirklich vorstellen zu können, was es für ihn bedeutete, in der konzentriertesten Phase seines literarischen Aufstiegs nur zum Zweck des Geldverdienens einen Beruf ergreifen zu müssen. Jeder, seine Verwandten wie seine Freunde, hielt es für selbstverständlich, daß er nach seinem mit Promotion abgeschlossenen fünfjährigen Studium und seiner Taufe eine feste Anstellung annehmen würde, um sich eine dauerhafte materielle Sicherheit zu verschaffen. Nur sein Selbstvertrauen half ihm, diese Existenzkrise, die auch seine Produktivität beeinträchtigte, zu überwinden.

Im November 1825 war Heine von Lüneburg nach Hamburg gezogen, wo er am Neuen Wall 167 ein Zimmer mietete. Sein wenig energisch vorangetriebener Plan, sich als Advokat niederzulassen, wurde schon bald durch Ungeschicklichkeit und Abneigung von mehreren Seiten völlig blockiert. In der vermeintlichen Absicht, auf seine berufliche Entscheidung hilfreichen Druck auszuüben, mahnten einige Bekannte Salomon Heine, der sich noch in Geduld übte - »Mein Oheim zeigt sich mir sehr gnädig, sehr gnädig.«[137] –, den leichtlebigen Neffen strenger zu kontrollieren. Man mischte sich in sein Privatleben ein und gab ihm gute Ratschläge, die alle an einen Normalbürger und nicht an den von seiner Seelenlage abhängigen Dichter gerichtet waren. Sogar Charlotte ergriff indirekt Partei gegen ihn, da sie es nicht wagte, ihren Bruder gegen die Angriffe ihres Mannes zu verteidigen.

Am meisten traf ihn in seiner Ohnmacht das an sich vernünftige Verhalten von Moser, der in dem Bemühen, die Hamburger Intrige zu beenden, seinerseits die Initiative ergriffen und einen Umzug nach Berlin vorbereitet hatte. Heine, der sich mit Unterstützung des Onkels noch über Wasser halten konnte und auf Einnahmen durch den Verkauf der ›Harzreise‹ hoffte, wollte sich weder zu einem übereilten Umzug noch überhaupt zu persönlichen Entscheidungen drängen lassen. Daß er sich in einem labilen Zustand befand, hatte er Moser bereits kurz vor Weihnachten 1825 mitgeteilt: »So will ich Dir etwas ganz apartes zum Weihnacht schenken, nemlich das Versprechen: daß ich mich vor der Hand noch nicht todtschießen will. Wenn Du wüßtest was jetzt in mir vorgeht, so würdest Du einsehen daß dieses Versprechen wirklich ein großes Geschenk ist, und Du würdest nicht lachen, wie Du es jetzt thust, sondern Du würdest so ernsthaft aussehen wie ich in diesem Augenblick aussehe.«[138]

Zwei Monate später, nach Mosers gutgemeintem, aber die verletzte Psyche seines Freundes unterschätzenden Versuch, die verfahrene Hamburger Situation durch das Berliner Angebot im Alleingang zu lösen, schrieb Heine, auf dem Tiefpunkt seiner Krise: »Ja, ich bin rasend. Meine persönliche Ehre aufs tiefste gekränkt; – was mich aber am meisten kränkt, daß ist, daß ich selbst dran schuld bin durch ein zu offenes und kindisches Hingeben an Freunde oder Freunde der Freunde. Es soll nicht mehr geschehen, ich werde im Nothfall auch so absichtlich ernst aussehen wie Ihr Andre … Es ist ganz wie bey der Liebe, bey der meinigen, der H. Heinischen. Du denkst anders, kannst meinthalben Morgen wieder anders denken, es raubt Dir Nichts von meiner Freundschaft. Das ist meine Toleranz. Schreib mir mahl; denn in Deinem Brief steht wirklich kein Wort … Ich hab diese Tage meine Schwester verloren [innerlich]. Leb wohl, schreib bald. H. Heine.«[139]

Vier Tage darauf – er konnte und mochte Moser nicht aufgeben – schickte Heine einen kurzen Brief hinterher, der mit dem Hilferuf endete: »Ich bin zu Tode vergnügt, denn ich habe diese Nacht geträumt, ich sey noch am Leben. Leb wohl und bleib mir gewogen, oder geneigt, oder zugethan – wie Du willst, ich will mich nicht mehr über die Worte disputiren – ich aber bin Dein Dich liebender Freund H. Heine.«[140] Dieser Hilferuf kam zu einem Zeitpunkt, als die Ursache für Heines Depressionen, der mit der finanziellen Ausweglosigkeit verbundene Berufszwang, bereits durch eine positive Wendung von außen behoben war, der Abgrund des Mißtrauens sich aber noch nicht wieder geschlossen hatte.

Die positive Wendung verdankte Heine, wie erhofft, seiner ›Harzreise‹, die Gubitz im Januar und Februar 1826 in mehreren Folgen im ›Gesellschafter‹ abdrucken ließ. Womit er jedoch nicht rechnen konnte, war, daß zur gleichen Zeit der Verleger Julius Campe ihm das Angebot machte, die ›Harzreise‹ auch als Buch zu veröffentlichen. Das bedeutete Geld – er erhielt für die erste Auflage dreißig Louisdore –, und den Aufschub aller Berufspläne.

Der 1792 in Deensen im Braunschweigischen geborene Julius Campe war wie seine Brüder August und Friedrich über den Buchhandel ins Verlagsgeschäft gekommen. 1823 übernahm er eine 1634 in Hamburg gegründete Firma, die er unter dem Namen ›Hoffmann und Campe‹ zu einem der erfolgreichsten deutschen Unternehmen seiner Art im 19. Jahrhundert machte. Für Heine wurde er ein zweiter Onkel Salomon. An ihn, den fähigen und angesehenen Herausgeber, fühlte er sich aus Sorge um eine kontinuierliche und qualitätsvolle Betreuung seines Werks ebenso sklavisch gebunden, und auch ihm warf er ohne Rücksicht auf gewährte Großzügigkeiten trockenen Geschäftssinn, Knauserigkeit und Pedanterie vor. Im Lauf von Jahrzehnten der Zusammenarbeit entstand ein umfangreicher Briefwechsel – beide korrespondierten mit ausufernder Hingabe –, der sich nicht nur an Meinungsverschiedenheiten über sachliche Details und Honorare, sondern ebenso an persönlichen Gegensätzen entzündete. Politisch verband sie der Republikanismus, bei Campe mit hanseatisch-konservativem Einschlag, die letztlich wichtigste Voraussetzung für ihr fruchtbares Zusammenwirken.

Eine als besonders treffend geltende Beschreibung von Julius Campe gab der Schriftsteller und Theaterleiter Heinrich Laube in seinen Erinnerungen: »Julius Campe, der liberale Hamburger Verlagsbuchhändler, war ein eigenartiger Kauz. Man kennt ihn aus seiner unerquicklichen Korrespondenz mit Heine, deren Abdruck mancher redliche Leser verwünscht hat. In Leipzig und Hamburg habe ich ihn persönlich kennen gelernt, und ich muß immerhin sagen, daß er ein ziemlich merkwürdiger Mann war. Eine gedrungene Gestalt, ein reinlich norddeutsches Gesicht mit scharfen, lichten Augen. Er sprach sorgfältig und sauber, und was er sprach, war ein eigenes Gemisch von Tarif und Grundsätzen. Der Tarif betraf die Buchkäufer in den verschiedenen deutschen Ländern, welche er wie ein literarischer Geograph klassifizierte, und die Grundsätze beruhten auf hausbacken republikanischem Freisinne, welcher immer an die freie Stadt Hamburg anknüpfte. Er war in den Freiheitskriegen Kriegsmann gewesen, ich glaube Husar, und dies war die Grundlage all seiner historischen Folgerungen ... Manuskripte gingen ihm zu wie einem Theaterdirektor, das heißt viel mehr, als er lesen mochte und konnte. Er besoldete denn auch Hilfsleser und sah nur an, was auserwählt worden war. Seine Haupttätigkeit verwendete er auf die Korrespondenz, welche er in schöner Handschrift schreibselig führte.«[141]

Die ›Harzreise‹, die Gubitz, wie schon den Text ›Über Polen‹, übervorsichtig mit vielen Streichungen veröffentlicht hatte, erschien im Mai 1826 bei Hoffmann und Campe in voller Länge. Daß Campe die ungekürzte Fassung akzeptierte, beruhte allerdings auf den gleichen taktischen Erwägungen: Bücher von über zwanzig Bogen Umfang entgingen im Gegensatz zu Zeitschriften der Vorzensur. Da die ›Harzreise‹ unter dieser Bogenzahl lag, griff Campe den Plan Heines auf und ließ unter dem Sammeltitel ›Reisebilder‹ zusätzlich die Gedichtzyklen ›Die Heimkehr‹ und ›Die Nordsee I‹ drucken, obwohl er Lyrik nicht sonderlich schätzte.

Heine war glücklich und stolz. Er hatte für seine neuen Gedichte und seine neue Prosa einen würdigen Verleger gefunden, der durch seinen Namen öffentliche Beachtung garantierte und darüber hinaus halbwegs anständige Honorare zahlte. Die Krise vom Herbst und Winter 1825 war vergessen, und Heine wandte sich mit freimütig verschenkten Exemplaren der ›Reisebilder‹ wieder offensiv der Welt zu. Diesmal schickte er auch Ludwig Börne eines der frisch gedruckten Bücher, denn von ihm hatte er für die ›Harzreise‹ das Motto entliehen: »Nichts ist dauernd, als der Wechsel; nichts beständig, als der Tod. Jeder Schlag des Herzens schlägt uns eine Wunde, und das Leben wäre ein ewiges Verbluten, wenn nicht die Dichtkunst wäre. Sie gewährt uns, was uns die Natur versagt: eine goldene Zeit, die nicht rostet, einen Frühling, der nicht abblüht, wolkenloses Glück und ewige Jugend.« In das Widmungsexemplar schrieb er: »Dem

Doktor Börne übersendet dieses Buch als ein Zeichen der Verehrung und innigsten Liebe der Verfasser.«[142]

Die ›Harzreise‹ erlangte innerhalb weniger Monate große Popularität. Witz, Ironie und Komik traten in diesem Prosatext viel deutlicher hervor als in den Gedichten und ließen die Tendenz des Autors, indirekt Staat und Kirche zu kritisieren, besser erkennen. Ein besonderer Reiz für das Publikum lag außerdem darin, daß die romantische Naturschwärmerei, die sich seit dem 18. Jahrhundert in der Reiseprosa ausgebreitet hatte, als gemüthafter Ausdruck deutscher Spießbürger denunziert wurde. Heine setzte zugleich aber auch echte poetische Akzente, die den Kontrast zur erlernten Sprache der Empfindsamkeit, wie sie den Mitreisenden mechanisch von den Lippen kam, noch erhöhte. Eine solche Textcollage schilderte als Höhepunkt der Reise einen Sonnenuntergang auf dem Brocken, wobei Heine den früheren Harzwanderer Goethe und dessen empfindsamen Roman ›Die Leiden des jungen Werthers‹ nicht vergaß.

»Derweilen wir sprachen, begann es zu dämmern: die Luft wurde noch kälter, die Sonne neigte sich tiefer, und die Turmplatte füllte sich mit Studenten, Handwerksburschen und einigen ehrsamen Bürgerleuten samt deren Ehefrauen und Töchtern, die alle den Sonnenuntergang sehen wollten. Es ist ein erhabener Anblick, der die Seele zum Gebet stimmt. Wohl eine Viertelstunde standen alle ernsthaft schweigend, und sahen, wie der schöne Feuerball im Westen allmählich versank; die Gesichter wurden vom Abendrot angestrahlt, die Hände falteten sich unwillkürlich; es war, als ständen wir, eine stille Gemeinde, im Schiffe eines Riesendoms, und der Priester erhöbe jetzt den Leib des Herrn, und von der Orgel herab ergösse sich Palestrinas ewiger Choral.«

Nach diesen liturgischen Worten, die Natur und Gottesdienst zu einem Ausdruck ernster Hingabe vermischen, folgt der Abstieg in die bildungsbürgerliche Gemütlichkeit, die das sinnlich reale Leben verfälscht und jede politische und gesellschaftliche Veränderung im Keim erstickt: »Während ich so in Andacht versunken stehe«, – Heine schreibt in der Ich-Form, stellt sich aber als fiktiver Reisender dar, der wie ein bildungsbeflissener Schwärmer teils unbedeutende, teils erhabene Gegenstände und Themen in gleicher falscher Ergriffenheit aneinanderreiht – »höre ich, daß neben mir jemand ausruft: ›Wie ist die Natur doch im allgemeinen so schön!‹ Diese Worte kamen aus der gefühlvollen Brust meines Zimmergenossen, des jungen Kaufmanns. Ich gelangte dadurch wieder zu meiner Werkeltagsstimmung, war jetzt im Stande, den Damen über den Sonnenuntergang recht viel Artiges zu sagen, und sie ruhig, als wäre nichts passiert, nach ihrem Zimmer zu führen. Sie erlaubten mir auch, sie noch eine Stunde zu unterhalten. Wie die Erde selbst drehte sich unsere Unterhaltung um die Sonne. Die Mutter äußerte: die in Nebel versinkende Sonne habe ausgesehen wie eine glühende Rose, die der galante Himmel herab geworfen in den weit ausgebreiteten, weißen Brautschleier seiner geliebten Erde. Die Tochter lächelte und meinte, der öftere Anblick solcher Naturerscheinungen schwäche ihren Eindruck. Die Mutter berichtigte diese falsche Meinung durch eine Stelle aus Goethes Reisebriefen, und frug mich, ob ich den Werther gelesen? Ich glaube, wir sprachen auch von Angorakatzen, etruskischen Vasen, türkischen Shawls, Makkaroni und Lord Byron, aus dessen Gedichten die ältere Dame einige Sonnenuntergangsstellen, recht hübsch lispelnd und seufzend, rezitierte.«[143]

Dem ersehnten neuen Menschen, der keine Klassenunterschiede mehr kennt und durch die Gleichheit vor dem Gesetz König unter Königen ist, widmete Heine eine Szene, die zwar als – stilistisch leicht persiflierte – Naturidylle und nicht als industriell geprägtes utopistisches Bild erscheint, aber vom aufmerksamen Leser in ihrem revolutionären Gehalt erkannt werden konnte. Eine Szene mit heiter verhülltem politischen Programm an den Abhängen des Brockens: »Nach dem Stand der Sonne war es Mittag, als ich auf eine solche Herde stieß, und der Hirt, ein freundlich blonder junger Mensch, sagte mir: der große Berg, an dessen Fuß ich stände, sei der alte, weltberühmte Brocken. Viele Stunden ringsum liegt kein Haus, und ich war froh genug, daß mich der junge Mensch einlud, mit ihm zu essen. Wir setzten uns nieder zu einem Dejeuner dinatoire, das aus Käse und Brot bestand; die Schäfchen erhaschten die Krumen, die lieben, blanken Kühlein sprangen um uns herum, und klingelten schelmisch mit ihren Glöckchen, und lachten uns an mit ihren großen, vergnügten Augen. Wir tafelten recht königlich; überhaupt schien mir mein Wirt ein echter König, und weil er bis jetzt der einzige König ist, der mir Brot gegeben hat, so will ich ihn auch königlich besingen.«[144] Es folgt das siebenstrophige Gedicht ›König ist der Hirtenknabe‹, das in der Erfüllung allen menschlichen Glücks, in der Liebe endet:

»In den Armen meiner Köngin
Ruht mein Königshaupt so weich,
Und in ihren lieben Augen
Liegt mein unermeßlich Reich!«

Der Erfolg der ›Reisebilder‹, vor allem der ›Harzreise‹, war so groß und nachhaltig, daß Campe auf Fortsetzung drängte. Bis 1831 stellte Heine drei weitere Bände ›Reisebilder‹ zusammen, von denen einige komplett oder in Auszügen bis zu seinem Tod immer wieder nachgedruckt wurden. Im dritten und vierten Band reduzierte er den lyrischen Anteil fast vollständig zugunsten politischer Prosa, die unter Beibehaltung des erzählerischen Tons an kritischer Schärfe zunahm. Immerhin rief bereits die ›Harzreise‹ heftigere Reaktionen hervor als der Bericht ›Über Polen‹. Einerseits wiederholte sich der persönliche Angriff des Berliner Barons von Schilling durch den Hamburger Manufakturwarenmakler Joseph Meyer Friedländer, der sich in der Erwähnung eines ›schwarzen, noch ungehenkten Maklers‹ getroffen fühlte und Heine auf offener Straße zu ohrfeigen versuchte. Andererseits erhob sich an der ehemals bedeutenden Göttinger Universität, deren Studentenzahl konstant abnahm, ein Sturm der Entrüstung über Heines satirische Darstellung der ›Provinzhochschule‹, die mit ihrer veralteten Wissenschaftslehre nicht mehr in die Gegenwart passe. Unter den Professoren, den ›Studierstubengelehrten‹, blieb nur Georg Sartorius, bei dem Heine Geschichte und Politikwissenschaft gehört hatte, ungeschoren. Ihm, »dem großen Geschichtsforscher und Menschen, dessen Auge ein klarer Stern ist in unserer dunklen Zeit«, setzte er als einzigem ein bleibendes Denkmal. Mit dem Verbot der ›Harzreise‹, das die Göttinger Professoren in ihrer Stadt und deren Leihbibliotheken bewirkten, wurde schließlich in umgekehrter Absicht erreicht, daß alle Welt den Autor als ernstzunehmenden Kritiker der öffentlichen Zustände erkannte. Campe konnte als Geschäftsmann und als liberaler Bürger beruhigt feststellen, auf das richtige Pferd gesetzt zu haben.

Psychisch erschöpft von dem jähen Aufstieg aus der Krise in den Erfolg – die Kopfschmerzen machten sich wieder bemerkbar –, erbat Heine von Campe einen Vorschuß auf den zweiten Band der ›Reisebilder‹, der ihm auch gewährt wurde, und reiste Mitte Juli 1826 zum zweitenmal in das Seebad Norderney. Dort atmete er auf, denn die Insel und das Meer besänftigten nicht nur sein aufgeregtes Gemüt, sie inspirierten ihn auch zu neuen Gedichten für den zweiten lyrischen Teil der ›Nordsee‹. Gleichzeitig skizzierte er die wieder zahlreich eingetroffene illustre Gesellschaft und notierte Einfälle und Gedanken zu Goethe und Napoleon, alles Vorarbeiten für den epischen und dritten Teil der ›Nordsee‹ und den Prosatext ›Ideen. Das Buch Le Grand‹, die auch den zweiten Band der ›Reisebilder‹ über die Zensurgrenze von zwanzig Bogen bringen sollten.

Erst nach zwei Monaten verließ er als einer der letzten Gäste Norderney und fuhr zu seinen Eltern nach Lüneburg, wo er sich bis Januar 1827 aufhielt. Er versöhnte sich wieder mit seiner Schwester, machte Spaziergänge mit Christiani und schrieb lange Briefe an Varnhagen, Moser, Immermann und den Hamburger Kaufmann Friedrich Merckel, dem er sich, noch unter der Krise leidend, im Mai 1826 vertrauensvoll angeschlossen hatte.

Varnhagen war er abermals zu Dank verpflichtet, denn dieser hatte auch über die ›Harzreise‹ eine der ausführlichsten und einfühlsamsten Besprechungen veröffentlicht. Er hob die Originalität des Textes hervor und lobte »die ganz eigentümliche Mischung von zartestem Gefühl und bitterstem Hohn, die einzige Verbindung von unbarmherzigem, scharf einbohrendem, ja giftigem Witz und von einschmeichelnder Süßigkeit des Vortrags«. Obwohl ihn diesmal einige Kühnheiten abstießen – »die Wagnisse des Verfassers gehn bis zum Frevelhaften, seine Freiheiten bis zur Frechheit« –, kam er doch zu dem Gesamturteil: »Will ich aufrichtig sein, so muß ich, bei mancher Mißempfindung, die mir der Verfasser bereitet, doch bekennen, daß mir sein Buch von Anfang bis zu Ende Unterhaltung gewährt, mich in Spannung und Eifer versetzt, überrascht, zuweilen besänftigt und gerührt und sehr oft, was vielleicht nicht das Schlimmste ist, laut lachen gemacht hat.«[145]

Am 24. Oktober berichtete Heine seinem kritischen Förderer von den Plänen, die ihn beschäftigten. In seinem Wunsch, nach Paris zu gehen, hatte ihn Varnhagen bereits bestärkt, denn er kannte dessen persönliche Motive: »Minder die Lust des Wanderns als die Qual persönlicher Verhältnisse (z. B. der nie abzuwaschende Jude) treibt mich von hinnen.«[146] Durch den langen Aufenthalt in Norderney und die Arbeit an den Napoleon-Texten in geistige Aufbruchsstimmung versetzt, schrieb er, als würde er sich bereits verabschieden wollen: »Seit vier Wochen bin ich hier bey meinen Eltern, bleibe wohl noch zwey Monath und reise von hier wieder nach Hamburg, um da den zweyten Theil meiner Reisebilder drucken zu lassen. Dort bleib' ich bis Frühjahr, reise zur See nach Amsterdam, besehe Holland und reise von da nach Paris. Ob ich den Rhein nochmals besuche, ist unbestimmt. Niemand darf aber diesen Reiseplan wissen, wenigstens niemand, der in irgend einem allzu nahen Verhältniß zu mir steht, z. B. meine Familie in Hamburg und meine Freunde in Berlin, denen ich noch immer sage, daß ich nach Berlin reise, um dort zu lesen – wenn ich die große Reise wirklich antrete, so ist es noch immer Zeit, daß die Leute es erfahren. Ohne solche Vorsicht machen sie einen mit ihrem Geschwätz irre. In Paris will ich die Bibliothek benutzen, Menschen und Welt sehen und Materialien zu einem Buch sammeln, das europäisch werden soll.«[147]

Heine blieb noch über vier Jahre in Deutschland, und in dieser Zeit wuchsen sein Ruhm, sein Arbeitspensum und auch seine Lust auf die Welt.

## 5.
## *Reisebilder und das ›Buch der Lieder‹ – zwischen England und Italien*
(1827–1831)

Als Heine am 14. Januar 1827 wieder einmal seinen Standort von Lüneburg nach Hamburg verlegte, waren die im vorangegangenen Herbst geschmiedeten Pariser Umzugspläne längst im Rausch literarischen Schaffens vergessen. Wie die ›Harzreise‹ entstanden auch die für die ›Reisebilder II‹ bestimmten Prosatexte ›Die Nordsee‹ und ›Ideen. Das Buch Le Grand‹ innerhalb von zwei Monaten. Außerdem feilte Heine an einem Gesamtkonzept für seine bisher verstreut veröffentlichten Gedichte, die nach Absprache mit Campe als ›Buch der Lieder‹ erscheinen sollten.

Mit Campe kam es gleich zu Beginn in Hamburg wegen der ›Reisebilder II‹ zum ersten größeren Krach. Heine bemängelte das schlechte Papier, das für den schon begonnenen Druck verwendet wurde, und machte seinem Verleger Vorhaltungen wegen des Honorars, das nur der Hälfte der von ihm geforderten Summe entsprach. Während die Streitereien parallel zur Fertigstellung der ersten Auflage von 1500 Exemplaren weiterliefen – Campe dachte nicht daran, in irgendeinem Punkt nachzugeben –, hielt sich Heine öfter bei den Assings auf, die er eines Abends mit der Bemerkung überraschte, daß er demnächst eine Reise nach England antreten werde.

Dieser Plan mußte alle seine Freunde und Bekannten verwundern, denn er hatte ihn in der Stille seiner Lüneburger Arbeitsklausur gefaßt, als er für die Darstellung Napoleons, der neben Goethe am ausführlichsten behandelten Figur seiner neuen Prosatexte, auch die englische Politik und Gesellschaft studierte. Campe, dem er als erstem von der geplanten Reise berichtete, war sofort Feuer und Flamme. Er sah bereits den dritten Band der ›Reisebilder‹ vor sich, ein berechnender Überschwang, auf den Heine, der eine solche Reaktion erwartet hatte, mit Handschlag einging. Das Reisen war ihm ein besonderes Vergnügen, wenn es gleichzeitig seiner literarischen Förderung und seinen Finanzen zugute kam.

Heine wartete mit der Überfahrt, bis der Druck der ›Reisebilder II‹ abgeschlossen war. Dann schickte er je ein Exemplar an Varnhagen, Leopold Zunz und Moser nach Berlin und an Friedrich Merckel und seinen Onkel in Hamburg. Am 14. April 1827, dem offiziellen Auslieferungsdatum des Buchs, reiste er schließlich ab, um sich dem Ansturm der Kritik zu entziehen. Bereits im Januar hatte er Merckel geschrieben: »Das Buch wird viel Lerm machen, nicht durch Privatskandal, sondern durch die großen Weltinteressen, die es ausspricht. Napoleon und die französische Revolution stehen darin in Lebensgröße.«[148] Wider Erwarten fielen die Besprechungen überwiegend positiv aus, und die Zurückhaltung der Zensur, die nur in den preußischen Rheinprovinzen ein Verbot verfügte, wurde sogar von dem Rezensenten der ›Leipziger Literatur-Zeitung‹ mit der Bemerkung gewürdigt: »Übrigens bewundern wir die Zensur, welche hier so Vieles stehen ließ, daß wir es sogar in diesem Blatt nicht nachzuschreiben gewagt hätten.«[149]

Die gefürchteten Angriffe gegen die politisch anspielungsreichen Texte ›Die Nordsee III‹ und ›Ideen. Das Buch Le Grand‹ blieben vor allem aus, weil Heine, der sich weder als politischer Extremist noch als Bonapartist verstand, Napoleon in die Widersprüche seiner Zeit einbettete, so daß sich niemand herausgefordert oder übergangen fühlen konnte. Er zeigte ihn als Erben der Revolution und Despoten, als aufgeklärten Herrscher und Militärdiktator, als Mythos und Befreier. Charakteristisch für das verhaltene Echo auf das brisant gedachte Thema ist die Besprechung in einer Berliner Zeitung: »Napoleon ist der gefeierte Held unseres Dichters. Wir Deutsche, wir sind ein versöhnliches Volk; wir haben den Heldenkaiser ein paar Jahre gehaßt, haben mit ihm, wie die gekränkte Hausfrau mit dem tyrannischen Eheherrn, ein wenig geschmollt; doch kaum hat die Zeit eine dünne Scheidewand zwischen ihm und uns gezogen, so gedenken wir seiner mit Wehmut. Bei uns gönnt man ihm die Apotheose, die ihm in dem Lande streitig gemacht wird, dessen Ruhm er auf Adlersfittigen bis zu den Pyramiden Ägyptens, bis zu den Säulen des Herkules und bis zum Eise des Nordpols getragen hat. Was unser Dichter von dem Kaiser sagt, ist des Kaisers und des Dichters würdig.«[150]

Der Gedichtzyklus ›Die Nordsee II‹, der den zweiten Band der ›Reisebilder‹ einleitete – die überarbeiteten ›Briefe aus Berlin‹, die als Schutz gegen die Vorzensur den Schluß bildeten, interessierten nur noch als unterhaltende Dokumentation –, fand anfangs weniger Beachtung. Nur Varnhagen, der die Entwicklung von Heines Lyrik seit der Veröffentlichung der ›Gedichte‹ 1822 in Berlin aufmerksam verfolgte, erkannte auch in den Nordsee-Gedichten die thematische Erweiterung und den härteren Ton: »Seine poetische Welt, anhebend von der Betrachtung seiner individuellen Zustände, breitet sich mehr und mehr aus, sie ergreift Allgemeineres, wird endlich universell ... zwölf Gedichte, kolossale Epigramme, wie schon die früheren genannt worden, stehn voran, reich an überraschenden, witzigen, aber auch an erhabenen, tiefgreifenden Wendungen.«[151]

Zwei Monate nach Erscheinen der ›Reisebilder II‹ zeichnete sich eine Fortsetzung des mit der ›Harzreise‹ begonnenen Erfolgs deutlich ab. Heine, der sich auf dem laufenden hielt, schrieb am 9. Juni 1827 aus London an Moser: »Ich habe durch dieses Buch einen ungeheuren Anhang und Popularität in Deutschland gewonnen; wenn ich gesund werde, kann ich jetzt viel thun; ich habe jetzt eine weitschallende Stimme. Du sollst sie noch oft hören, donnernd gegen Gedankenschergen und Unterdrücker heiligster Rechte.«[152]

Die Beeinflussung der öffentlichen Meinung und dadurch auch indirekt der politisch Handelnden war eine verführerische Vorstellung, der sich Künstler und Philosophen zu allen Zeiten hingaben. Heine und andere Schriftsteller seiner Generation wie Börne und Immermann, die den gewaltigen historischen Umbruch von der Herrschaft weniger zur Herrschaft aller, von den Autokraten und Dynastien zu konstitutionellen Monarchien und parlamentarischen Demokratien, in sich trugen, mußten unter diesen Spannungen mehr oder weniger scheitern. Entweder verließen sie den in sich geschlossenen Bereich formalistischer Kunst, den Goethe beispielhaft mit seinem Individuum ein für allemal ausgefüllt hatte, und wandten sich in ihrem Fortschrittsidealismus politisch wirksameren Formen und Inhalten zu. Oder sie flüchteten unter der Last des politischen Entscheidungszwangs in die Verfielfältigung klassischer Vorbilder, bei der ihre eigene Ausdruckskraft sich in Belanglosigkeiten oder allenfalls in subjektiven Rebellionen einer Droste-Hülshoff oder eines Grabbe verlor.

Heine ragte unter ihnen in verwirrender und beängstigender Weise hervor. Nicht ohne eine innere Verwandtschaft zu fühlen, hatte er sich mit den beiden ungewöhnlichsten Menschen seiner Zeit, Goethe und Napoleon, auseinandergesetzt. Sie vermittelten Einblicke in machtvolle Geistesnaturen, die absolute Herrschaft erlangt hatten. Und sie markierten die Grenzen, die ihnen durch die Realitäten der industriellen Revolution und der gesellschaftlichen Umgestaltung gezogen wurden. Heine bewunderte sie in ihrer gigantischen Ausprägung, aber er rückte auch kraft seiner eigenen hohen Begabung von ihnen ab, denn er wußte, daß die Helden und Genies der neuen Zeit nur noch die Besten unter den Gleichen wären.

Aus der Fülle dieser Erkenntnisse und Ereignisse, die Heine durch seine phänomenale Aufnahmefähigkeit – er bewältigte zeit seines Lebens ein unvorstellbares Lesepensum – zuströmten, gelang es ihm, das paradoxe Gleichgewicht zwischen origineller Kunstsprache und politischer Thematik, zwischen sinnlicher Lyrik und kritischer Prosa zu halten. Sämtliche ›Reisebilder‹ und noch mehr das ›Buch der Lieder‹, das im Herbst 1827 erschien, stießen bei den meisten Kritikern auf Unverständnis oder Ahnungslosigkeit, denn sie registrierten nur die zertrümmerten Formen der Klassik und Romantik und nicht die Hinwendung zu neuen offenen Formen, die die Widersprüche und Realitäten der Gegenwart auffingen.

Auf sehr hohem künstlerischen und geistigen Niveau scheiterte aber auch Heine. Die Lyrik seiner frühen Schaffensperiode, durch die er in Deutschland und auf der ganzen Welt bekannt wurde, gewann ihren Reiz aus minimalen Realitätsbezügen, die weder damals noch später den Genuß romantischer Gefühlsseligkeit störten, denn sie gaben ihr in Form kunstvoll imitierter ›Holperigkeit‹ den Charakter echter, das heißt unpolitischer Volksdichtung. Die Lyrik seiner späten Schaffensperiode, die verschiedenen ›neuen Gedichte‹, ›Atta Troll‹, ›Deutschland. Ein Wintermärchen‹ und ›Romanzero‹, enthielt zwar Anklänge an die sich in Europa verbreitende realistische Literatur, verlor jedoch – ausgenommen die fortgesetzten erotischen Belanglosigkeiten – durch die vielen der Zeit verhafteten Anspielungen an allgemeiner Verständlichkeit.

Die Prosa wiederum, von den ›Reisebildern‹ bis zu den Gesellschafts- und Kulturberichten aus den fünfundzwanzig Pariser Jahren, entwickelte sich durch die zermürbenden politischen Scharmützel, auf die sich Heine einließ, niemals bis zur ausgereiften epischen Form der Novelle oder des Romans. Ohne die Popularität, die das ›Buch der Lieder‹ vor allem in Kreisen bildungsbürgerlicher gemäßigter Liberaler erreichte, wäre Heine, ähnlich wie der ebenfalls sehr begabte Ludwig Börne, ein Fall für Literaturhistoriker geworden. Er selbst gewann mit zunehmendem Alter ein immer distanzierteres Verhältnis zu seiner frühen Lyrik. Andererseits gelang es ihm nicht, aus der ständig registrierten und feuilletonistisch und essayistisch verarbeiteten Fülle aktuellen Materials die Gattung Drama und Roman, die geeigneten Darstellungsformen komplexer Zusammenhänge, für seine politischen Ideen und menschheitlichen Ideale zu bezwingen.

Mit dem Prosatext ›Die Nordsee‹, in dem die Kritiker der ›Reisebilder II‹ eher eine formlose Ansammlung von Beobachtungen und Betrachtungen sahen, durch die sich der Autor während eines zufälligen Kuraufenthalts in Norderney die Zeit vertrieben hatte, bot Heine bereits einen ersten Höhepunkt seines poetisch-kritischen Stils. Die scheinbare Zerfahrenheit und Zufälligkeit war ein dicht gewobenes assoziatives Geflecht von Anspielungen, die um die großen Gestalten zweier sich ablösender Epochen, Goethe und Napoleon, kreisten und das aktuelle Thema, die politische Einheit Deutschlands unter demokratischer Verfassung und in kultureller Vielfalt, beständig durchschimmern ließen. In einem dieser sich erst beim Lesen zu gedanklicher Einheit fügenden Bilder verknüpfte Heine die Felsen der Roßtrappe bei Thale mit dem Nordseestrand und die Enge der Vielstaaterei, die unveränderte Erblast aus dem 1806 erloschenen Deutschen Reich, mit der ersehnten Weite eines geistige Freiheit garantierenden und fördernden deutschen Staatenbunds.

»Gar besonders wunderbar wird mir zu Mute, wenn ich allein in der Dämmerung am Strand wandle, – hinter mir flache Dünen, vor mir das wogende, unermeßliche Meer, über mir der Himmel wie eine riesige Kristallkuppel – ich erscheine mir dann selbst sehr ameisenklein, und dennoch dehnt sich meine Seele so weltenweit. Die hohe Einfachheit der Natur, wie sie mich hier umgibt, zähmt und erhebt mich zu gleicher Zeit, und zwar in stärkerem Grade als jemals eine andere erhabene Umgebung. Nie war mir ein Dom groß genug; meine Seele mit ihrem alten Titanengebet strebte immer höher als die gotischen Pfeiler, und wollte immer hinausbrechen durch das Dach. Auf der Spitze der Roßtrappe haben mir, beim ersten Anblick, die kolossalen Felsen in ihren kühnen Gruppierungen, ziemlich imponiert; aber dieser Eindruck dauerte nicht lange, meine Seele war nur überrascht, nicht überwältigt, und jene ungeheure Steinmassen wurden in meinen Augen allmählig kleiner, und am Ende erschienen sie mir nur wie geringe Trümmer eines zerschlagenen Riesenpalastes, worin sich meine Seele vielleicht komfortabel befunden hätte.«[153]

Für den Englandaufenthalt, der sich von Mitte April bis Mitte August 1827 erstreckte, hatte Heine als Anerkennung für bereits zwei bei Campe veröffentlichte Bücher von seinem Onkel zwanzig Louisdore Reisezuschuß erhalten. Zusätzlich bekam er einen Kreditbrief über die beachtliche Summe von zweihundert Pfund, damit er sich bei den Londoner Bankierskollegen Rothschild, Treuttel und Würtz und Goldschmidt als zuverlässig und respektabel ausweisen konnte. Er wartete mit der nicht wirklich vorgesehenen Einlösung des Kredits allerdings nur zwei Tage und handelte sich damit, wie bei der Berliner Wechselüberziehung, viel Ärger ein. Aber London und die englischen Seebäder waren teurer als Ritzebüttel und Norderney, und das teilte der Neffe dem Onkel vorsichtshalber gleich mit.

Die Stadt London überraschte Heine in ihrer ›Großartigkeit‹, und er ging täglich mehrere Stunden spazieren, um die Sehenswürdigkeiten zu betrachten, die er diesmal nicht in Zeitungsartikeln, sondern ›desto schöner in späteren Produkten‹ verarbeiten wollte. Mit Respekt vor dem politischen Liberalismus und Unbehagen über die von Menschen wimmelnde Hauptstadt des sich industrialisierenden Europas schrieb er später: »Schickt einen Philosophen nach London; bei Leibe keinen Poeten! Schickt einen Philosophen hin und stellt ihn an eine Ecke von Cheapside, er wird hier mehr lernen, als aus allen Büchern der letzten Leipziger Messe; und wie die Menschenwogen ihn umrauschen, so wird auch ein Meer von neuen Gedanken vor ihm aufsteigen, der ewige Geist, der darüber schwebt, wird ihn anwehen, die verborgensten Geheimnisse der gesellschaftlichen Ordnung werden sich ihm plötzlich offenbaren, er wird den Pulsschlag der Welt hörbar vernehmen und sichtbar sehen – denn wenn London die rechte Hand der Welt ist, die tätige, mächtige rechte Hand, so ist jene Straße, die von der Börse nach Downingstreet führt, als die Pulsader der Welt zu betrachten.

Aber schickt keinen Poeten nach London! Dieser bare Ernst aller Dinge, diese kolossale Einförmigkeit, diese maschinenhafte Bewegung, diese Verdrießlichkeit der Freude selbst, dieses übertriebene London erdrückt die Phantasie und zerreißt das Herz. Und wolltet gar einen deutschen Poeten hinschicken, einen Träumer, der vor jeder einzelnen Erscheinung stehen bleibt, etwa vor einem zerlumpten Bettelweib oder einem blanken Goldschmiedladen – o! dann geht es ihm erst recht schlimm, und er wird von allen Seiten fortgeschoben oder gar mit einem milden God damn! niedergestoßen.«[154]

Nicht ganz so großartig wirkte auf Heine die englische Geselligkeit, für deren ›schweigendes Beisammensitzen‹ ihm die französische Redewendung ›une conversation anglaise‹ einfiel – trotz guter Kenntnisse sprach und verstand er Englisch nur schlecht. Er tröstete sich dafür mit häufigen Theaterbesuchen – in einer Aufführung von Shakespeares ›Kaufmann von Venedig‹ sah er den berühmten Schauspieler Edmund Kean – und mit der jungen Kitty Clairmont, die er in einem Salon in West-End kennenlernte. Sie wischte die romantische Schminke von seinen Liedern und inspirierte ihn zu unverschleierten erotischen Gedichten:

»Den Tag den hab ich so himmlisch verbracht,
Den Abend verbracht ich so göttlich,
Der Wein war gut und Kitty war schön,
Und das Herz war unersättlich.

Die roten Lippen die küßten so wild,
So stürmisch, so sinneverwirrend;
Die braunen Augen schauten mich an
So zärtlich, so knisternd, so girrend.

Das hielt mich umschlungen, und nur mit List
Konnt ich entschlüpfen am Ende.
Ich hatte in ihrem eigenen Haar
Ihr festgebunden die Hände.«[155]

Das Glück des Erfolgs, das Glück der Liebe. Heine möchte am liebsten in London bleiben, besser noch, nach Paris ziehen. Moser gesteht er: »Viel Anziehendes hier – Parlament, Westminsterabbey, englische Tragödie, schöne Weiber. Wenn ich lebendig aus England herauskomme, so sind die Weiber nicht schuld dran; sie thun das ihrige.«[156] Und Varnhagen, neben dem vielleicht gerade Rahel sitzt und ihm über die Schulter schaut, liest, einmal mehr über die Ausgelassenheit Heines staunend: »Unter uns gesagt, einer schönen Frau schreiben scheint mir eben so thörigt, als wenn ich mit einer Straßburger Pastete in Correspondenz treten wollte. Jedes Ding in der Welt will auf seine eigene Weise genossen seyn. Jene schönen Augen, deren Glanz unser Herz erfreut, und jene Trüffelpastete, deren Duft uns begeistert – sie verlieren gar sehr in der Ferne.«[157] Kitty aber ist nahe, und er will nicht wieder, wie zur Zeit von Amalie und Therese, als Troubadour aus der Ferne lieben. Er will sich verlieren, gleich und hier, und auch so schreiben, vom Gleich und vom Hier. Mit Kitty erlebt er den ersten Abschnitt seiner Gedichte ›Neuer Frühling‹. Sie erwidert seine Gefühle, und diesmal schmerzt nicht nur ihn die Trennung.

»Das Glück, das gestern mich geküßt,
Ist heute schon zerronnen,
Und treue Liebe hab ich nie
Auf lange Zeit gewonnen.

Die Neugier hat wohl manches Weib
In meinen Arm gezogen;
Hat sie mir mal ins Herz geschaut,
Ist sie davongeflogen.

Die eine lachte, eh sie ging,
Die andre tät erblassen;
Nur Kitty weinte bitterlich,
Bevor sie mich verlassen.«[158]

Während Heine sich in Brighton an der Kanalküste und in Margate und Ramsgate an der Nordostspitze der Grafschaft Kent von London erholte, erreichten ihn ›angenehme‹ Briefe aus Berlin und München. Aus Berlin schrieb Varnhagen: »Aufsehen, viel Aufsehen macht Ihr Buch, und Dümmler und Consorten nennen es nach ihrem Buchladenmaß ein gutes, aber die Leser verstutzen, sie wissen nicht, ob sie ihr Vergnügen nicht heimlich halten und öffentlich abläugnen sollen.«[159] Aus München kam von dem Verleger Baron Johann Friedrich von Cotta das Angebot für eine Redakteursstelle. Cotta, nicht minder angesehen als Campe, war von Varnhagen über Heines Englandreise, die sich journalistisch ausschlachten ließ, und seine allgemeine Verwendungsfähigkeit unterrichtet worden: »Heine ist Doktor juris, aber bisher jeder amtlichen oder bürgerlichen Laufbahn fremd geblieben; als Neffe des reichen Salomon Heine befindet er sich in einer Lage, die ihm erlaubt völlig unabhängig zu bleiben. Sein Talent brauchte ich Ihnen nicht anzurühmen. Er ist ein würdiges Gegenstück zu Börne, mit dem Vorzuge, den immer das produktive poetische Genie vor dem kritischen prosaischen hat.«[160]

Trotz dieser guten Nachrichten klagte Heine, daß er sich ›krank, ruiniert und gefesselt‹ fühle. Campe, der nichts von den Verhandlungen mit Cotta wußte, drängte ihn, das verabredete Manuskript über England für den dritten Band der ›Reisebilder‹ fertigzustellen und ihm zuzuschicken. Heine sah sich wieder in einer Zwickmühle: einerseits wollte er Campe, der gerade das ›Buch der Lieder‹ drucken ließ, nicht mit einer Absage verprellen – die ›Englischen Fragmente‹ erschienen erst 1831 im vierten Band der ›Reisebilder‹, während der dritte Band mit dem Hauptteil der Italienberichte aus dem Jahr 1828 bestritten wurde –, andererseits wollte er seine englischen Notizen als Einstand für eine von Cottas Münchener Zeitungen verwenden. Im Grunde wollte er weder das eine noch das andere, aber Deutschland rückte wieder näher und damit auch das ganze Elend der finanziellen Abhängigkeit und des Feilschens mit den Worten, um die Zensur nicht gegen sich aufzubringen. Als er 1830 die ›Englischen Fragmente‹ für die Buchausgabe bei Campe beendete, seufzte er: »Ach! ist ja das ganze Buch aus der Zeitnot hervorgegangen, eben so wie die früheren Schriften ähnlicher Richtung; die näheren Freunde des Verfassers, die seiner Privatverhältnisse kundig sind, wissen sehr gut wie wenig ihn die eigne Selbstsucht zur Tribüne drängt, und wie groß die Opfer sind, die er bringen muß, für jedes freie Wort, das er seitdem gesprochen – und wills Gott! noch sprechen wird.«[161]

Heine übertrieb wohl etwas, als er die ›eigene Selbstsucht‹ so ganz von sich wies. Als er Mitte August 1827 von London über Tilburg nach Rotterdam, Leyden und Amsterdam – er widmete Holland insgesamt nur wenige Tage – und schließlich nach Norderney reiste, stürzte er sich nicht nur auf die Ausarbeitung seiner englischen Notizen, sondern begann auch mit den autobiographischen ›Memoiren des Herren von Schnabelewopski‹, die weit in seine Kindheit und Jugend hineinführen. Zu Heines Überraschung begegneten ihm die Einheimischen und die Gäste aus dem Hannoverschen, meist konservative Adlige, diesmal mit unfreundlichem Ton, der ihn bewog, schon nach zwei Wochen zur Insel Wangerooge überzuwechseln. Er hatte nicht damit gerechnet, daß sein Nordseetext die Gemüter der Betroffenen immer noch so lebhaft bewegte. An Christiani schrieb er nach Lüneburg:

»Vierzehn Tage habe ich auf Norderney zugebracht, aus Übermuth ging ich hin, lebte recht behaglich unter meinen Feinden – hannöverisches Gesindel ist zu lumpig, sich mir persönlich entgegen zu stellen und vermag nur einen unwissenden Pöbel aufzuhetzen. Ein Freund, Professor Dirxen warnte mich ernstlich abzureisen. Der Assessor Strülker der sonst in Lüneburg war, und den ich in Norderney kennen und lieben lernte, warnte mich ebenfalls sehr dringend, und nur solch dringenden Anrathen, verbunden mit meiner eignen Furchtsamkeit, bewegte mich, mich fortzubewegen. – Spaß bey Seite, es ist kein Spaß, auf wüster Insel von einem vernunftlosen, erbitterten Barbarengesindel umgeben zu seyn. Man hat den Weibern dort gesagt, ich hätte sie als gar zu häßlich geschildert, diese waren mit einigem Rechte aufgebracht – und das Schicksal des Orpheus stand zu befürchten. Meine Harfe, d. h. mein Koffer mit meinen Manuscripten, wäre nach Hamburg geschwommen.«[162]

Ende September 1827 war Heine wieder in Hamburg. Er ließ die Standpauke des Onkels wegen der eingelösten zweihundert Pfund geduldig über sich ergehen, wagte aber nicht, ihn gleich wieder um einen nach der kostspieligen Reise dringend notwendigen Zuschuß zu bitten. Es blieb ihm nichts anderes übrig, als sich bei seinem Bruder Gustav, der die Landwirtschaft im Holsteinischen wegen zunehmender antisemitischer Anfeindung aufgegeben und in Hamburg ein Speditionsgeschäft eröffnet hatte, zehn Louisdore zu borgen. Eine kleine Reserve des englischen Reisegeldes bewahrte Moser für ihn auf. Heine hatte sie ihm von London nach Berlin geschickt, um Schulden bei mehreren Freunden zu begleichen und einen Notgroschen anzulegen. Einen zweiten Notgroschen deponierte er bei Varnhagen.

Den Plan, nach Berlin zu gehen und an der Universität zu lesen, gab Heine vorerst auf, obwohl er mit den Varnhagens noch darüber korrespondierte. Das wiederholte Angebot aus München war zu verlockend: eine neue Stadt, vielleicht ein lukrativer und zeitlich günstiger Vertrag als Redakteur, vielleicht auch die Möglichkeit, an der dortigen Universität zu lesen, und nicht zuletzt lag Italien in Reichweite.

Der Herausgeber von Cottas Zeitschrift ›Neue Allgemeine politische Annalen‹, Friedrich Ludwig Lindner, ein liberaler Publizist, hatte Heine vorgeschlagen, in die Redaktion der ›Annalen‹ einzutreten. Fast gleichzeitig schloß Campe einen Vertrag über den dritten Band der ›Reisebilder‹ mit ihm ab. Sie vereinbarten für die Erstauflage achtzig Louisdore, für eventuelle Nachauflagen je vierzig Louisdore. Den Plan mit den ›Annalen‹ und die Absicht, den Englandbericht für Vorabdrucke in Zeitschriften zurückzuhalten, verschwieg Heine noch. Er wollte erst den fast abgeschlossenen Druck des ›Buchs der Lieder‹ abwarten, dann würde man sich schon einigen, womit der nächste Band der ›Reisebilder‹ zu füllen sei.

Als er endlich mit den Münchner Neuigkeiten herausplatzte, schrieb Campe voller Sorge um die Zukunft seines ›Dichters‹ an Karl Immermann, den er ebenfalls verlegerisch betreute: »Das Verbot der Reisebilder am Rhein, was ich als eine Munizipal Angelegenheit betrachte, da im übrigen Preußen alles beim alten blieb, hat ihn unbegreiflich gekitzelt und eitel gemacht; eine Erscheinung, die mich aufrichtig betrübt. Dieser Kitzel wird ihn der Poesie entrücken und der Politik zuführen, wo mehr Ruhm zu erlangen ist, wenigstens mit weniger Mühe ... Mir sagt er, daß Cotta sich ihm genahet und frei gestellt habe: zu verlangen, was er möge. Mit Cotta mag ich nicht wetteifern, der in Heine nur den Bonapartisten erkennt und deswegen liebt. – Genug, Heine wird solcher Lockspeise nicht wiederstehen und seine freie Meinung behaupten können, die solchen Hebeln nicht gewachsen ist; so oft und so sehr er auch versichert nie von mir zu gehn. Was ich für Heine und seine Anerkennung that, wird nie ein Cotta thun. Der wirft eine Handvoll Gold weg und glaubt nun alles damit gethan zu haben, was man wünschen mag, und überläßt das Buch seinem Schicksal. Ich bemerke das, damit es Sie nicht wundert, wenn unter einem Buche von Heine gelegentlich eine andere Firma wie die meinige stände.«[163]

Das ›Buch der Lieder‹, das die frühesten Gedichte unter dem Titel ›Junge Leiden‹ und die Zyklen ›Lyrisches Intermezzo‹, ›Die Heimkehr‹, ›Aus der Harzreise‹ und ›Nordsee I und II‹ enthielt, erschien am 18. Oktober 1827 – für Heine, der sich auf dem Sprung nach München befand, sozusagen zwischen Tür und Angel. Mit Campe, der den Lyrikband als eine Gefälligkeit gegenüber seinem erfolgreichen Reisebilder-Autor ansah, war er übereingekommen, für die Erhöhung der Erstauflage von ursprünglich tausend auf zweitausend Exemplare auf ein Honorar zu verzichten. An Merckel hatte er dazu geschrieben. »... ich hab ihn [Campe] viel zu lieb, um ihn unnöthiger Weise zu prickeln. Er thut viel für meine Kinder, und ich bin dankbar. Aber auf seine Generosität werde ich mich nie mehr verlassen.«[164] Da ihm jedoch der heimliche Ärger darüber, daß Campe bei der Abmachung blieb, keine Ruhe ließ, forderte er 1833, als nach sechs Jahren erst knapp 1200 Exemplare verkauft waren und vorerst keine Aussicht auf eine honorierte Neuauflage bestand, nachträglich eine Abschlagsumme. Campe hielt schließlich kümmerliche dreißig Louisdore für angemessen. Ein Weltbestseller für einen Hungerlohn.

Für den mangelnden Verkaufserfolg gab es mehrere Gründe. Abenteuer- und Schauerromane, bekenntnishafte fiktive Briefe und Tagebuchaufzeichnungen waren in jenen Jahren der ausklingenden und sich trivialisierenden Romantik gerade in Mode. Das Lesepublikum reagierte auf die restaurative Enge in Deutschland sowie auf die Mobilität, die Europa seit der Französischen Revolution, seit den Umgestaltungen durch Napoleon und industriellen Neuheiten wie den Dampfschiffen erfaßt hatte, mit leidenschaftlichem Bedürfnis nach großen Gefühlen, intimen Geständnissen und handlungsreichen Erzählungen aus der Vergangenheit oder aus exotischen Ländern. Diese geschmacklichen Vorlieben befriedigten Heines ›Reisebilder‹ mit ihrer thematischen Vielfalt und ihrem häufigen perspektivischen Wechsel sehr viel mehr als die Gedichtzyklen mit ihrer einheitlichen Thematik und ihrer den naiven Genuß hemmenden metrischen Kunstsprache. Liedertexte und Gedichte wurden zwar gern gesungen und rezitiert, aber man bevorzugte noch die echten Romantiker und die altvertraute Volksdichtung. Und schließlich kannte man die Lyrik Heines bereits von zahlreichen Einzelveröffentlichungen in Zeitschriften und Almanachen.

Erst ab 1837 verzeichnete Campe einen steigenden Absatz des ›Buchs der Lieder‹, so daß er zu Lebzeiten Heines noch zwölf Auflagen – mit einer jeweiligen Honorarabrechnung über fünfzehn Louisdore! – nachdrucken lassen konnte, immer unter dem Werbemotto: »Jeder rechtschaffene Bursch muß seinen Heine haben.« Diese ›rechtschaffenen Burschen‹ waren die studentische Jugend, die gemeinsam mit den liberalen Bildungsbürgern in den folgenden Jahrzehnten die größte Leserschaft bildete. Die Popularisierung von Heines Lyrik nahm noch durch zahllose Vertonungen zu, was dazu führte, daß sein Ruf als romantisch-freiheitlicher sentimentaler Dichter die ›maliziös‹-kritischen Ansätze seiner frühen Gedichte und die politische Prosa seiner Pariser Jahre überdeckte und in Vergessenheit brachte.

Die dem frühen Biedermeier angehörenden Literaturkritiker und Schriftsteller, die wegen ihrer politischen Enthaltsamkeit von der Zensur geduldet wurden, stellten bereits 1828 in ihren Rezensionen über das ›Buch der Lieder‹ die Weichen für die später kaum tilgbare moralische Beurteilung Heines als ›frivol‹, ›charakterlos‹, ›unwahr‹, ›französisch‹ und dergleichen mehr. Man kritisierte in seiner Lyrik die Hinwendung zum trivialen Leben und zur desillusionierenden Realität und warnte dadurch indirekt vor einem Autor, der sich auf dem Weg politischen Rebellentums befand, was gleichbedeutend war mit Verrat am Vaterland und den deutschen Tugenden wie Schlichtheit, Geradlinigkeit und gemüthafte Ehrlichkeit. Kunst sollte schön und erbaulich sein, und davon gab es, wie dem Leser beruhigend versichert wurde, auch im ›Buch der Lieder‹ genug, wenn man nur die Dornen und Stacheln als unterhaltsamen

Witz oder formale Entgleisung erkannte und dadurch entschärfte. Die Biedermänner siegten auf der ganzen Linie, das ›Buch der Lieder‹ verlor in der Wirkung seinen Biß und sein Gift.

Gustav Schwab, ein Schüler Ludwig Uhlands, der Balladen schrieb und Sagen des klassischen Altertums nacherzählte, traf mit seiner negativ gemeinten Beurteilung genau das, was Heine beabsichtigt hatte: »Herr Heine ist der erste, in dessen Liederdichtungen jene weltverhöhnende Stimmung eines zerrissenen Gemüts Grundton geworden ist, und zwar so, daß sein Humor nicht etwa auf eine geheime Versöhnung hindeutet, sondern den Kontrast zwischen Poesie und Leben fast immer ohne Milderung recht grell und mit kalter Bitterkeit zur Anschauung bringt ... So originell und vielleicht durch das Lebensschicksal des Dichters bedingt ein solches Bestreben erscheint, so wehetuend muß es in die Länge werden, wenn immer nur der unselige Sieg des Lebens über die Poesie, und die unerbittliche Vernichtung des Idealen durch das Zufällige und Irdische dargestellt wird.«[165]

Wohlwollender im Ton, aber grundsätzlicher in der Verurteilung, die in den nächsten Jahren unter den Heine-Kritikern zunahm, äußerte sich der damals durch seine Geschichte über ›Deutsche Literatur‹ berühmte schwäbische Publizist und Literarhistoriker Wolfgang Menzel, den Heine während dessen liberaler Phase – sie endete mit den politischen Herausforderungen der Pariser Julirevolution von 1830 – ebenfalls sehr schätzte. Heines lyrische Entwicklung mit dem Stufengang des Dichters vom Jünglings- zum Mannesalter vergleichend, lobte Menzel einige Lieder der ›Nordsee I und II‹ als makellose Poesie. »Nur hier und dort zücken noch die letzten Blitze des verziehenden Gewitters auf, – die letzten Zuckungen des Schmerzes und der wilden Laune – bis endlich seine Liebe ihre höchste Verklärung feiert ... Wir können auf unsern Dichter hinblicken, wie auf einen rüstigen Wanderer, der die Kluft übersprungen hat und singend und das Saitenspiel rührend an den sonnenhellen Bergen des Lebens hinaufschreitet.«

Dann aber sprach Menzel das Verdammungsurteil, das durch die bürgerliche Toleranzgrenze bestimmt wurde: »Da der Leib so gut aus Gottes Hand hervorging, wie die Seele aus seinem Atem, so kann ich nicht absehen, warum die Sinnlichkeit nicht ebenso gut ihre Verklärung in der Poesie finden dürfe, als die

Seele. Freilich muß dann die Sinnlichkeit in den Schimmer der Poesie hinaufgezogen, nicht diese in den Sumpf tierischer Gemeinheit herabgestürzt und zum verführenden Irrlichte gemacht werden; aber dann ist sie ja ohnehin keine Poesie mehr, und kann als verworfener Schmutz nicht weiter gewürdigt werden.«[166]

Den Gegensatz von Kunst und Leben, den Heine mit seiner neuen Lyrik und mehr noch mit seiner Prosa zu überwinden versuchte, konstruierte Menzel, ohne ihn konkret nachzuweisen oder eine neue Ästhetik aus ihm zu entwickeln. Aber er argumentierte mit nachvollziehbaren Begriffen und vermied die subjektiven Niederungen moralischer Bewertung, die andere Kritiker von den ›kotigsten Hohlwegen‹, durch die sich das Talent Heines durchsetze, oder von den ›schlüpfrigen Wegen der Kloaken‹, auf denen er verweile, schreiben ließ.[167] Amüsanterweise war es der im Dienst Metternichs, des Hauptinitiators der Restauration und der Zensurmaßnahmen, stehende Publizist und Schriftsteller Friedrich von Gentz, der 1830 in einem Brief an Rahel Varnhagen, in deren Salon er Heine flüchtig kennengelernt hatte, gestand, dem ›unbeschreiblichen Zauber‹ des ›Buchs der Lieder‹ erlegen zu sein. Fünf Jahre später betrieb auch er das Veröffentlichungsverbot von Heines Schriften.

Ende Oktober 1827 verabschiedete sich Heine in Lüneburg von seiner Mutter und seinem schwerkranken Vater und reiste in Richtung München weiter. In Göttingen besuchte er seinen verehrten Universitätslehrer Sartorius und in Kassel den alten Freund Straube. Dort traf er auch drei der vier Gebrüder Grimm – Wilhelm und Jakob, die Literarhistoriker und Verfasser der berühmten ›Kinder- und Hausmärchen‹, und Ludwig Emil, den Maler, der eine Zeichnung von ihm anfertigte. An den abwesenden vierten Bruder, den Buchhändler Ferdinand Grimm, den Heine von früher kannte, schrieb Wilhelm: »Ein Bekannter von Dir, Dr. Heine, war auf seiner Durchreise (er kam aus England und ging nach München) hier beim Louis [Ludwig Emil] und da habe ich ihn auch gesehen; dort will er, wie ich glaube, die Redaktion über eine Zeitschrift oder so übernehmen. Ist er wirklich, wie mir einige behauptet haben, ein Jude oder war er es? Er klagte über anhaltende Kopfschmerzen, die ihm den Aufenthalt hier verbitterten.«[168]

Heines nächste Station war Frankfurt, wo er den Komponisten Ferdinand Hiller, den konservativen Schriftsteller und Publizisten Moritz Gottlieb Saphir, der 1829 nach München und 1830 wegen Zensurschwierigkeiten vorübergehend nach Paris ging, sowie Ludwig Börne, der kurz vor seiner Übersiedelung nach Paris stand, und dessen Freundin Jeanette Wohl kennenlernte. 1840 schilderte er in der polemischen ›Denkschrift‹ über Börne ihre erste Begegnung.

»Wie sehr ich aber auch geneigt war, an der Außenschale, an dem Stile Börnes zu mäkeln, und namentlich wo er nicht beschreibt, sondern räsoniert, die kurzen Sätze seiner Prosa als eine kindische Unbeholfenheit zu betrachten: so ließ ich doch dem Inhalt, dem Kern seiner Schriften, die reichlichste Gerechtigkeit widerfahren, ich verehrte die Originalität, die Wahrheitsliebe, überhaupt den edlen Charakter, der sich durchgängig darin aussprach, und seitdem verlor ich den Verfasser nicht mehr aus dem Gedächtnis. Man hatte mir gesagt, daß er noch immer zu Frankfurt lebe, und als ich mehrere Jahre später, Anno 1827, durch die Stadt reisen mußte, um mich nach München zu begeben, hatte ich mir bestimmt vorgenommen, dem Doktor Börne in seiner Behausung meinen Besuch abzustatten …

Er empfing mich mit Herzlichkeit und Liebe; es vergingen keine drei Minuten und wir gerieten ins vertraulichste Gespräch. Wovon wir zuerst redeten? Wenn Köchinnen zusammen kommen, sprechen sie von ihrer Herrschaft, und wenn deutsche Schriftsteller zusammen kommen, sprechen sie von ihren Verlegern. Unsere Konversation begann daher mit Cotta und Campe, und als ich, nach einigen gebräuchlichen Klagen, die guten Eigenschaften des letzteren eingestand, vertraute mir Börne, daß er mit einer Herausgabe seiner sämtlichen Schriften schwanger gehe, und für dieses Unternehmen sich den Campe merken wolle. Ich konnte nämlich von Julius Campe versichern, daß er kein gewöhnlicher Buchhändler sei, der mit dem Edlen, Schönen, Großen nur Geschäfte machen und eine gute Konjunktur benutzen will, sondern daß er manchmal das Große, Schöne, Edle unter sehr ungünstigen Konjunkturen druckt und wirklich sehr schlechte Geschäfte damit macht. Auf solche Worte horchte Börne mit beiden Ohren, und sie haben ihn späterhin veranlaßt, nach Hamburg zu reisen und sich mit dem Verleger der ›Reisebilder‹ über eine Herausgabe seiner sämtlichen Schriften zu verständigen.«[169] Nach den vertrauten Gesprächen folgten die bereits erwähnten Spaziergänge durch die Frankfurter Innenstadt und das jüdische Viertel. An Varnhagen schrieb Heine einige Tage später über sein Verhältnis zu Börne: »Wir waren inséparable.«

Heine setzte die große Besuchsrunde, die ganz seinem Bedürfnis nach Menschen entsprach, in Heidelberg fort. Dort studierte sein Bruder Maximilian inzwischen Medizin, und dort wohnte Johann Hermann Detmold, Jurist und Literaturliebhaber, der ihm im Juli 1827 einige Proben seines schriftstellerischen Könnens zur Beurteilung nach England geschickt hatte, woraus sich eine freundschaftliche Korrespondenz ergab. Während eines Ausflugs zur Wartburg bei Weinsberg wurde Heine als Verfasser der ›Reisebilder II‹ erkannt und des Landes verwiesen, ein weiterer Beweis für ihn, daß man seine kritischen Texte durchaus richtig verstand.

Ein mehrtägiger Aufenthalt im Haus von Menzel in Stuttgart beendete die Besuchsrunde. Menzels ›Deutsche Literatur‹ war noch nicht erschienen, ebensowenig sein kritischer Aufsatz über Heines Lyrik. So konnte Heine in uneingeschränkter Kollegialität aus München schreiben: »Halten Sie mich für einen Windbeutel in Hinsicht meiner Versprechung, Ihre Literatur anzuzeigen, so irren Sie. Gleich nach meiner Hierherkunft schrieb ich eine Anzeige für den Hamburgischen Correspondenten und schickte solche an Professor Zimmermann in Hamburg, um sie abdrucken zu lassen ... Jetzt beschäftigt das Buch sehr stark meinen kranken Kopf – es ist keine Übertreibung, wenn ich es in der Anzeige für den Correspondenten mit einem Meere verglich, einem Weltmeer, worin die Sterne der Literatur sich spiegeln, versunkene Zeiten in der Tiefe ruhen und – kein Tropfen Wasser ist ... Auch erinnere ich Sie, wenn Sie an mein Buch der Lieder mahl mit dem Rezensirmesser kommen, mich nicht zu skalpieren.«[170]

Als Heine Ende November in München eintraf, erwartete Cotta ihn bereits. Er bot ihm als Mitredakteur, neben Lindner, für die ›Neuen Allgemeinen politischen Annalen‹ ein gutes Jahresgehalt an und gab ihm die Möglichkeit, in zwei weiteren Zeitschriften von ihm, dem ›Ausland‹ und dem ›Morgenblatt‹, Beiträge zu veröffentlichen. Heine, der vor jeder beruflichen Bindung zurückschreckte, flüchtete sich gleich nach der Unterredung in Abwehr. An Varnhagen schrieb er: »Die Leute sind besorgt, daß es mir nicht gefalle, und wissen nicht, daß ich eigentlich nur ein stilles Zimmer in dieser Welt suche. Ich will mich in mich selbst zurückziehen und viel schreiben. Wenn das Clima mir nicht zusagt, so packe ich den Coffer. Darum will ich mich auch auf nichts Festes einlassen.«[171]

Campe gegenüber wurde er noch deutlicher. Er habe kein Interesse daran, als Hauptredakteur einer Cottaschen Zeitung viel Geld zu verdienen. Er wolle frei sein für die nächsten Reisebilder und werde vielleicht schon bald in Italien sein. Verloren in einer noch unbekannten Stadt, wo der goldene Käfig einer hochbezahlten Anstellung auf ihn wartete, und auch aus etwas schlechtem Gewissen heraus, schmeichelte er seinem Verleger im heimatlichen Hamburg mit einem halb ernsten, halb koketten Treuegelöbnis: »Überall, auf meiner Reise, fand ich die Reisebilder en vogue, überall Enthousiasmus, Klage und Staunen, und ich hätte wirklich nicht geglaubt, schon so berühmt zu seyn. Das hab ich zwey Menschen zu verdanken: dem H. Heine und dem Julius Campe. Diese beiden sollen auch zusammen halten. Ich wenigstens werde so leicht nicht aus Verbesserungssucht und Gewinnsucht mich umändern. Ich denke, wir werden alt zusammen werden und uns immer verstehn. Nehmen Sie jetzt, wo ich doch unabhängiger als früher situirt bin, meine Versicherung unwandelbarer Gesinnung.«[172]

Campe war bewegt und erleichtert, und da er einen vierten Band ›Reisebilder‹ witterte, riet er Heine zu, sich in Italien ausgiebig zu erholen. Die gegenüber Immermann geäußerte Befürchtung, der Autor der ›Reisebilder‹ würde im Politischen ›der Poesie entrücken‹, sah er behoben. Heine selbst erkannte seit dem Münchner Zeitungsengagement verstärkt die Gefahr, seine künstlerische Ausdruckskraft durch tendenziöse Publizistik zu schwächen. Da er jedoch einen Stil entwickelt hatte, der Poetisches und Politisches gleichermaßen zur Wirkung brachte, widerstand er leichter der Faszination, die die Beeinflussung der öffentlichen Meinung durch die Presse auf ihn ausübte. Außerdem ließ ihm sein innerer Schmerz, sein ›Unwohlseyn‹, nicht die Wahl der Beständigkeit und der Einseitigkeit. Er mußte seiner Unruhe folgen, in die Liebe, in die Geselligkeit, in die Weite der Nordsee, in das dem Geist und der Seele vertraute Italien. Verständnisvoll hatte Campe, der als junger Mann durch Italien gereist war, ihm geschrieben: »Wenn Sie können lieber Heine, so gehn Sie zum Carneval nach Italien und bleiben Jahr und Tag dort. Die Poesie die Ihnen entflohen, kommt dort wieder zu Ihnen. Manches Wort haben wir darüber gesprochen. In Ihrer Todesstunde wird es Sie noch freuen jenes Volk und Land mit seiner vormaligen Herrlichkeit zu schauen.«[173]

Heine klagte über das Münchner Klima, das ihn krank mache, doch im Grunde sehnte er sich nur nach dem Land jenseits der Alpen und nach der Unabhängigkeit und den Anregungen des Reisens. Auf die Verwirklichung persönlicher Pläne mußte er jedoch noch ein halbes Jahr warten, denn solange hatte er sich Cotta teils aus finanziellen, teils aus ideellen Gründen verpflichtet. Am Silvesterabend 1827 schrieb er an Merckel nach Hamburg: »Trotz meiner Krankheit muß ich für die Annalen sorgen. Meine Finanzen sind zerrüttet, ich habe Schulden, will diesen Sommer wieder ins Bad, und wenn ich von Cotta, der reichlich für mich sorgt, so viel Geld nehme, muß ich auch etwas liefern. Drum soll in jedem Heft der Annalen wenigstens ein paar Blätter aus meiner Feder kommen. Auch liegt viel Renomage zum Grunde; ich zeige der Welt, daß ich etwas andres bin als unsre Sonnettirenden Almanachpoeten.«[174]

Daß sein Kränkeln ihn nicht daran hinderte, das seit Jahren geleistete Arbeitspensum in gleichem Umfang fortzusetzen – daran änderte sich auch nach dem physischen Zusammenbruch 1848 nichts –, zeigen seine bis zum Hochsommer 1828 neben der redaktionellen Tätigkeit veröffentlichten und vorbereiteten Texte. In den von ihm und Lindner gemeinsam herausgegebenen ›Annalen‹ und im ›Morgenblatt‹ erschienen die ›Englischen Fragmente‹, deren Überarbeitung für die spätere Buchfassung bei Campe gleichzeitig fortschritt. Im ›Morgenblatt‹ erschienen zusätzlich Besprechungen des Trauerspiels ›Struensee‹ von Michael Beer und der ›Deutschen Literatur‹ von Menzel. Daneben entstanden mehrere Gedichte, meist für den Zyklus ›Neuer Frühling‹.

Heines Kritik an Menzels Darstellung der neueren deutschen Literatur – sie galt als Ergänzung zu Friedrich Schlegels berühmter ›Geschichte der alten und neuen Literatur‹ – war ein willkommener Anlaß, die eigenen literaturpolitischen Vorstellungen, die er bereits in den ›Reisebildern‹ veranschaulicht hatte, theoretisch verkürzt darzulegen. Grundsätzlich ging es ihm wie Menzel um eine Positionsbestimmung zwischen dem

Großklassiker Goethe und den Herausforderungen des vom Kampf feindlicher Parteien geprägten modernen politischen Lebens. Während Menzel jedoch gegen Goethe polemisierte, dem er vorwarf, kein Genie, sondern nur ein Talent im Sinne von bloßer Virtuosität, Charakterlosigkeit, Eitelkeit und Ruhmsucht zu sein, und eine moralisch-patriotische Dichtung propagierte – »Das Licht der Ideen, die von Deutschland ausgegangen, wird die Welt erleuchten« –, entwickelte Heine als Poet ein ästhetisches Konzept, das die Form über den Inhalt stellte.

Trotz der Erkenntnis, daß die heraufziehende prosaische Industriegesellschaft Goethes ›schöner objektiven Welt‹ die Grundlage genommen habe, verteidigte er weiterhin die ästhetische Autonomie und die Plastizität, das heißt die sinnliche Anschauung eines Kunstwerks. Die gleichzeitige Forderung nach einer engagierten und zeitkritischen Einstellung des modernen Schriftstellers verband er im Gegensatz zu Menzels national-patriotischer Position mit der Einschränkung, daß abstrakte Ideen und politische Programme nicht die allein ausschlaggebenden Maßstäbe für die Beurteilung eines Kunstwerks sein dürften. Diese Einschränkung zielte auf die sich ausbreitende Tendenzliteratur, die in Ludwig Börne einen ihrer markantesten Vertreter fand. Für sich und seine eigene Literatur sprechend, empfahl Heine für die Übergangsepoche, die dem ›Ende der Kunstperiode‹ folge – ein Schlagwort, das er Anfang der dreißiger Jahre in Paris prägte –, ›wildeste Subjektivität‹ und ›Angriffswitz‹. Er erklärte damit erotische und geistige Freiheit zu ›Angriffswaffen‹ gegen den prüden und intoleranten Nationalismus deutscher Patrioten, die in Schiller das Vorbild ›für die Edlen aller Zeiten‹ und in Goethe den ›Abgott seiner Zeit‹ sahen.[175]

Zwei Monate später, im August 1828, erhob Menzel seine mahnende Stimme gegen Heines ›in den Sumpf tierischer Gemeinheit herabgestürzte‹ Lyrik, und 1835, nach Erscheinen von Heines Buch ›De l'Allemagne‹ in Paris, bezeichnete Börne ihn als charakterlos und frivol und, wie früher Menzel den ›unpatriotischen‹ Goethe, als modisches Nur-Talent. Erst nach 1835, als die verhärteten Fronten keinen Kompromiß mehr zuließen, rechtfertigte Heine, nicht ohne überhitzte persönliche Angriffe, seinen literarischen Kurs in dem umfangreichen Text ›Ludwig Börne. Eine Denkschrift‹ und in dem gegen Menzel gerichteten Aufsatz ›Über den Denunzianten‹. Menzel hatte sich inzwischen angewöhnt, in abwertendem Sinn von der jüdischen Literatur eines Heine zu schreiben, und war zu denen übergelaufen, die das 1835 vom Bundestag ausgesprochene Publikationsverbot für Heine und andere kritische Schriftsteller, etwa Karl Gutzkow, begrüßten.

Heine nahm die gegen ihn und seine mit verurteilten Kollegen benutzten Argumente auf und schrieb: »Sonderbar! Und immer ist es die Religion, und immer die Moral, und immer der Patriotismus, womit alle schlechten Subjekte ihre Angriffe beschönigen! Sie greifen uns an, nicht aus schäbigen Privatinteressen, nicht aus Schriftstellerneid, nicht aus angeborenem Knechtsinn, sondern um den lieben Gott, um die guten Sitten und das Vaterland zu retten.«[176]

1831 reflektierte Heine in seiner ersten größeren Veröffentlichung in Paris, ›Französische Maler‹, noch einmal den Ansatz seiner 1828 in den ›Annalen‹ formulierten Ästhetik, die ihm soviel Schmähung und Feindschaft einbringen sollte. »Meine alte Prophezeiung von dem Ende der Kunstperiode, die bei der Wiege Goethes anfing und bei seinem Sarge aufhören wird [Goethe starb am 22. März 1832], scheint ihrer Erfüllung nahe zu sein. Die jetzige Kunst muß zu Grunde gehen, weil ihr Prinzip noch im abgelebten, alten Regime, in der heiligen römischen Reichsvergangenheit wurzelt ... Indessen, die neue Zeit wird auch eine neue Kunst gebären, die mit ihr selbst in begeistertem Einklang sein wird, die nicht aus der verderblichen Vergangenheit ihre Symbolik zu borgen braucht, und die sogar eine neue Technik, die von der seitherigen verschieden, hervorbringen muß. Bis dahin möge, mit Farben und Klängen, die selbsttrunkenste Subjektivität, die Welt entzügelte Individualität, die gottfreie Persönlichkeit mit all ihrer Lebenslust sich geltend machen, was doch immer ersprießlicher ist, als das tote Scheinwesen der alten Kultur.

Oder hat es überhaupt mit der Kunst und mit der Welt selbst ein trübseliges Ende? Jene überwiegende Geistigkeit, die sich jetzt in der europäischen Literatur zeigt, ist sie vielleicht ein Zeichen von nahem Absterben, wie bei Menschen, die in der Todesstunde plötzlich hellsehend werden und mit verbleichenden Lippen die übersinnlichsten Geheimnisse aussprechen? Oder wird das greise Europa sich wieder verjüngen, und die dämmernde Geistigkeit seiner Künstler und Schriftsteller ist nicht das wunderbare Ahnungsvermögen der Sterbenden, sondern das schaurige Vorgefühl einer Wiedergeburt, das sinnige Wehen eines neuen Frühlings?«[177]

Mit der Besprechung von Beers Trauerspiel ›Struensee‹, das am 27. März 1828 im Münchner Hoftheater aufgeführt worden war, verfolgte Heine eher ein praktisches Ziel. Er kannte Michael Beer, den Bruder Giacomo Meyerbeers, aus Berlin, wo dieser ihm 1823 sein Stück vorgelesen hatte, und er wußte von seinen guten Beziehungen zum bayerischen Hof König Ludwigs I. Da er, nach Gewöhnung an das Klima und die Verhältnisse in München, auf eine Professur an der Universität hoffte, hielt er es für förderlich, Beer mit einer wohlwollenden Kritik zu erfreuen und dadurch als Fürsprecher beim König und bei Regierungsmitgliedern zu gewinnen.

Ein weiterer, Heine persönlich betreffender Grund, einen ›Korrespondenzartikel‹ zu schreiben, »worin ich nahe daran bin, Michael Beer für ein Genie zu erklären«[178], war das in ›Struensee‹ anrührend behandelte Schicksal des jüdischen Dichters Paria. Wenn es gelang, ein breiteres Publikum ins Theater zu locken, würden vielleicht auch einige Mitglieder des Ständerats, der gerade über die Judengesetze diskutierte, darunter sein und ihr Mitempfinden mit Paria auf die bayerischen Juden übertragen. An Moser schrieb er am 14. April 1828: »Die Juden und meine Reisebilder liegen mir am meisten am Herzen, und was Du über einen von beiden schreibst, lasse ich hier in den Annalen drucken.«[179]

Schon in derselben Aprilwoche, in der Heine an der Rezension über ›Struensee‹ saß, machte Beer ihn mit dem damaligen bayerischen Innenminister, seinem freundschaftlichen Gönner Eduard von Schenk, bekannt. Ob dieser sich später wirklich so energisch für Heines Professur verwandte, wie er vorgab, blieb bei den politischen und religiösen Unterschieden zwischen den beiden öffentlich exponierten Männern eher zweifelhaft. Heine vertraute ihm jedoch, denn als Poet hatte er bei dem sentimental veranlagten Politiker einen guten Eindruck hinterlassen. Auf die in Aussicht gestellte Professur wartete er dennoch vergeblich.

In dem 1835 von ihm herausgegebenen Werk Beers schrieb Schenk über das Jahr 1828 in einem biographischen Begleittext: »Ein Dichter hielt sich damals in München auf, der mit Beer schon von Berlin aus bekannt war und durch ihn mit mir bekannt wurde, nämlich Heinrich Heine. Er schloß sich mit Wärme an uns an. Er redigierte damals gemeinschaftlich mit Lindner die europäischen Annalen. Obwohl seine politischen Ansichten den unsrigen und seine religiösen den meinigen fast entgegengesetzt waren, so wurde doch diese Meinungs-Verschiedenheit für Augenblicke wieder unter dem Wehen des poetischen Genius vergessen, der unter uns seine Flügel schlug. Wenn Heine theils seine älteren, theils neu gedichtete Lieder mit dem Tone innigster Empfindung oder wehmüthiger Ironie vortrug, glaubte man eine Nachtigal zu vernehmen, die sich verirrt hat, indem er bald die sehnsühtigste Wehklage über die Vergangenheit und den verlorenen innern Frieden, bald über die Gegenwart den zerreißenden Spott der Verzweiflung erhob. Er reiste kurz darauf von München ab und ich habe ihn nicht wiedergesehen.«[180]

Schenk hatte nichts von Heines Lyrik verstanden, und auch mit Lindner gab es Meinungsverschiedenheiten über Texte, die für die ›Annalen‹ bestimmt waren. Heine kümmerte das zu diesem Zeitpunkt wenig, denn er wollte den Redaktionsposten im Sommer aufgeben, nach Italien reisen und anschließend – der Innenminister erschien ihm zuverlässig – als Professor sein Geld verdienen. Er ließ sich daher auf keine überflüssigen Streitigkeiten mehr ein. »... jetzt disputiere ich nicht, wenn ich Unsinn höre. Ich bin ein stiller Mann geworden«, schrieb er an einen heute nicht mehr bekannten Adressaten.[181] Statt dessen stürzte er sich mit und ohne seinen Bruder Maximilian, der ihm gefolgt war und in München sein Medizinstudium fortsetzte, ins Künstler- und Kulturleben. Er lernte Robert Schumann kennen, besuchte die ›Leuchtenbergische Galerie‹ und die ›Gemäldegalerie des Kunstvereins‹, er ließ sich von verschiedenen Malern porträtieren und ging wiederholt ins Hoftheater, das am Ende der Saison als Höhepunkt Mayerbeers Oper ›Der Kreuzritter in Ägypten‹ brachte.

Um seinem Interesse an einem längeren Aufenthalt in der Residenzstadt Nachdruck zu verleihen, bat er Cotta, der als Baron leichten Zugang zum Hof hatte, dem König bei einer Audienz die beiden Bände der ›Reisebilder‹ und das ›Buch der Lieder‹ zu übergeben. Ludwig I. gefielen die hübschen Lieder, aber bei den ›Reisebildern‹ mußte ihm, falls er sie überhaupt aufschlug, schnell der Verdacht kommen, es mit einem ungemütlichen Autor zu tun zu haben. Heine glaubte wohl selbst nicht wirklich daran, in Bayern Fuß fassen zu können. In einer ersten Reaktion auf das Angebot von Cotta hatte er am 1. Juni 1827 aus London an Merckel geschrieben: »Ein schöner Gedanke, Liberalenhäuptling in Bayern zu werden.«[182] Und jetzt, nachdem er sich die Angriffswaffe der politischen Satire geschmiedet hatte, sollte Cotta dem König bei der Übergabe der Bücher erklären: »Der Verfasser selbst sey viel milder, besser und vielleicht jetzt auch ganz anders als seine früheren Werke.« Und als Instruktion für Cotta: »Ich denke der König ist weise genug die Klinge nur nach ihrer Schärfe zu schätzen, und nicht nach dem etwa guten oder schlimmen Gebrauch, der schon davon gemacht worden.«[183]

Vom König kam kein Wort und schon gar nicht die ersehnte Anstellungsurkunde für die Universität. Vielleicht war ihm auch zu Ohren gekommen, daß die in den ›Annalen‹ veröffentlichten ›Englischen Fragmente‹ eine besonders raffiniert verpackte Kritik an den deutschen Verhältnissen enthielten: Zwischen mancherlei touristischen Belanglosigkeiten standen verstreut Zitate aus Parlamentsreden und politischer Aufklärungsliteratur, die Heine aus dem Englischen übersetzt hatte und als beliebig ausgewählte Beispiele für das Denken in anderen Ländern ausgab. In Bayern blieben die als Artikelserie veröffentlichten ›Englischen Fragmente‹ noch von der Zensur verschont, aber die preußische Regierung verfügte sofort ein Verbot, als die Buchfassung als ›Reisebilder IV‹ 1831 bei Campe erschien.

Anfang August war es endlich soweit, daß Heine München verlassen konnte. Er hatte seine Verpflichtungen als Redakteur erfüllt, das nötige Geld verdient und sich sogar schon anhand von Italienbüchern erste Notizen für den dritten Band der ›Reisebilder‹ gemacht. Campe, der seit dem Englandaufenthalt neue Manuskripte anforderte, war sich inzwischen darüber im klaren, daß die nächsten Reisebilder aus Italien kommen und erst danach die ›Englischen Fragmente‹ folgen würden. Heine bemühte sich daher, ökonomischer als sonst zu arbeiten. Er schickte bereits von unterwegs erste Berichte für Cottas ›Morgenblatt‹ nach München. Mit der Ausarbeitung für die Buchfassung bei Campe blieb er dagegen im Rückstand. Das sprachliche Ausfeilen verursachte immer eine zeitliche Verzögerung, und diesmal kam noch eine von August Graf von Platen verursachte Konfrontation hinzu, die Heine in seinem Italienbericht aufgreifen und an die Öffentlichkeit bringen wollte.

Nachdem Maximilian ihm ein Stück das Geleit gegeben hatte, fuhr Heine über Innsbruck und Bozen nach Trient, von wo er nicht die klassische Route nach Venedig einschlug, sondern über Verona und Mailand nach Genua reiste. Über diese sehr individuell zusammengestellte zweiwöchige Städtetour schrieb er den ersten Teil der ›Reisebilder III‹ – ›Die Reise von München nach Genua‹ –, der bis Ende Dezember 1828 in Fortsetzungen im ›Morgenblatt‹ erschien. Die Weiterreise über Livorno und Lucca bis Florenz und die Rückreise über Bologna und Venedig nach München erschienen Ende Dezember 1829 nur in der Buchfassung als zweiter und dritter Teil der ›Reisebilder III‹: ›Die Bäder von Lucca‹ und ›Die Stadt Lucca‹.

Während der ersten Wochen erholte sich Heine in der sommerlichen Wärme und war bester Stimmung – die ›Reise von München nach Genua‹ erhielt dadurch ihren heiteren Erzählton –, aber dann holten ihn die Sorgen um seine berufliche Zukunft und seine Stellung als poetisch-politischer Schriftsteller in Deutschland wieder ein. In den späteren Teilen des Italienberichts, die Heine im Lauf des Jahres 1829 niederschrieb, drückte sich sein zunehmendes Unbehagen darin aus, daß er sich über lange Passagen mit den deutschen Verhältnissen, seinem Haß auf die konservativen Kreise des Adels und der Kleriker und mit seiner eigenen Situation befaßte. So wurde aus den italienischen Reisebildern nicht, wie anfangs geplant, ein Reiseroman, sondern eine Sammlung sehr unterschiedlicher Texte, die überwiegend die Misere kritischer Künstler und die Misere des restaurativen Deutschlands behandelten.

In Florenz, wo er am 1. Oktober 1828 eintraf, erfuhr Heine zu seiner großen Enttäuschung, daß kein Brief von Schenk, der die Mitteilung der Ernennung zum Professor enthalten sollte, eingetroffen war. Also hatte wohl auch Cottas Vorsprechen beim König nichts bewirkt. Diese Kleinlichkeit quittierte Heine in den letzten Sätzen der ›Bäder von Lucca‹ auf seine unnachahmlich frech-amüsante Weise: »Ich habe das Feld urbar gemacht, worauf geistreichere Schriftsteller säen und ernten werden. Das bescheidene Bewußtsein dieses Verdienstes ist mein schönster Lohn. Für etwaige Könige, die mir dafür noch extra eine Tabatiere schicken wollen, bemerke ich, daß die Buchhandlung

›Hoffmann und Campe in Hamburg‹ Ordre hat, dergleichen für mich in Empfang zu nehmen.«[184]

In der aufkeimenden Gewißheit, daß der bayerische Innenminister und sein König ihn nicht brauchten, bereitete sich Heine innerlich auf eine Rückkehr zu den ›Annalen‹ vor. An Gustav Kolb, einen Mitarbeiter Cottas, den er in München kennengelernt hatte und der ihm später als Herausgeber der in ganz Europa angesehenen ›Augsburger Allgemeinen Zeitung‹ den Korrespondenzposten in Paris übertrug, schrieb er: »Ich habe heute dem Baron Cotta geschrieben: wenn Lindner darauf besteht, von den ›Annalen‹ zurückzutreten, so sey ich erbötig, für die Fortsetzung derselben als Redakteur genannt zu werden, und ich wünschte alsdann ganz außerordentlich, daß der Dr. Kolb sich als Mitredakteur nenne ... Mein einziger Wunsch ist nur, der liberalen Gesinnung, die wenig geeignete Organe in Deutschland hat, ein Journal zu erhalten, und ich dächte, auch Sie, Kolb, bringen gern ein Opfer für einen solchen Zweck. Es ist die Zeit des Ideenkampfes, und Journale sind unsre Festungen. Ich bin gewöhnlich faul und lässig, aber wo, wie hier, ein gemeinsames Interesse ganz bestimmt gefördert wird, da wird man mich nie vermissen.«[185]

Nachdem Heine am 11. Dezember wieder in München eingetroffen war, begannen für ihn zwei unruhige Jahre des Umherziehens und Planens, die der Zeit zwischen der Beendigung seines Studiums und der Übernahme des Redakteurspostens bei den ›Annalen‹ glichen. Als er feststellen mußte, daß seine Professur im Dickicht der Hofintrigen verlorengegangen war und Cotta zu viele Kompromisse inhaltlicher, das heißt politischer Art von ihm verlangte, hielt ihn nichts mehr in der bayerischen Hauptstadt zurück.

Auf dem Weg nach Hamburg erreichte ihn am 27. Dezember in Würzburg die Nachricht vom Tod seines Vaters, die ihn tief bewegte. Samson Heine, der mit seiner Frau seit Mai 1828 wieder in Hamburg gewohnt hatte, war bereits am 2. Dezember gestorben und am 5. Dezember auf dem israelitischen Friedhof in Altona beigesetzt worden. Heine beeilte sich, zu seiner Mutter zu kommen, in deren Wohnung am Neuen Wall Nr. 28 er sich auch in der Folgezeit aufhielt, wenn er nicht unterwegs war.

Durch den Tod des Vaters fiel es ihm noch schwerer, sich nach der Mitwirkung an den einflußreichen ›Annalen‹ und der fast fünfmonatigen Italienreise auf die alten Verhältnisse in der hanseatischen Kaufmannsstadt umzustellen. Er flüchtete sich in seine Vergangenheit, indem er an den ›Memoiren des Herren von Schnabelewopski‹ weiterschrieb, und er flüchtete sich zu den geselligen Assings, denen er von Italien und München erzählte und in einem Gespräch über Börne die selbstkritische Bemerkung machte: »Er ist eigentlich träge zum Schreiben, wie noch einer, den ich kenne.«[186]

Im Februar 1829 gelang es Campe, ihn wieder etwas aufzumuntern. Er schrieb an Immermann: »Heine habe ich so weit, daß er nun ernstlich zum Arbeiten gehen will, aber wo, wo kann er arbeiten? überall will es nicht passen.«[187] Heine ›paßte‹ es schließlich in Berlin, wo er am 23. Februar eintraf und sich ohne weitere Verzögerung an die Ausarbeitung des zweiten Teils der ›Reisebilder III‹ machte. Nebenbei fädelte er ohne große Hoffnung und tatsächlich vergeblich seine Bewerbung für eine Privatdozentur ein und nahm gelegentlich an Abendgesellschaften im Hause der Mendelssohns, wo er den jungen Felix Mendelssohn-Bartholdy und dessen Schwester Fanny kennenlernte, und bei Varnhagens teil. Rahel beklagte sich bei ihrem Mann: »Heine sehe ich fast nicht; er wälzt sich so in sich herum; sagt, er muß viel arbeiten; ist fast erstaunt, daß ihn so etwas Reelles, als des Vaters Tod, der Mutter Leid darüber, betraf.«[188]

Heine wehrte sich heftig, als Rahel ihm auch persönlich seine Zurückhaltung vorwarf. Er war über den Status des ›kleinen Heine‹ hinausgewachsen und nicht mehr bereit, sich geistig unterzuordnen. Er brauchte mehr Zuspruch und Zuneigung als Kritik und verständnislose Zurechtweisungen. Den übertrieben scharfen Ton seines Briefes an Rahel bedauerte er nachträglich allerdings und schickte ihr zur Versöhnung einen Strauß Rosen.

Der kurze und schnell vergessene Ausbruch konnte niemanden überraschen, denn Rahels angespannte Gemütsverfassung ähnelte zu sehr der von Heine, der sich nirgendwo in Deutschland mehr aufgehoben fühlte. Nach der wörtlichen Wiederholung der Vorwürfe Rahels schrieb er: »Indem ich noch heute morgen darüber nachdachte, mußte ich mir leider gestehen, daß ich seit zwey Jahren von anderen Freundinnen sehr verwöhnt worden bin, indem diese immer froh waren, wenn sie mich nur haben konnten, gleichviel unter welcher Bedingung, gleichviel wie überhoch ich mich selbst schätzte. Es wird gewiß eine geraume Zeit dauern, bis ich besser gewöhnt werde und so tief in meiner Selbstschätzung herabsinke, wie Sie mich brauchen können. Bis dahin werden Sie sich wohl mit ebenso hochgeschätztem Federvolk, das so schnattern kann, wie man es eben braucht und in jeden beliebigen Käfig paßt, behelfen müssen. Sie werden mich für einen eiteln Mann erklären. Immerhin! Die Folge mag ausweisen, daß ich für ein edleres Interesse meine Privateitelkeit und allen äußeren Schein zum Opfer bringen kann. – Ich verharre, in der Wahrheit meines Herzens, Frau von Varnhagen! Ihr Freund H. Heine.«[189]

Als Heine merkte, daß ihn Berlin zu sehr ablenkte – er nahm an der durch Mendelssohn angeregten Wiederaufführung der seit langem vergessenen Bachschen ›Matthäus-Passion‹ teil, er machte die Bekanntschaft von Meyerbeer, er setzte sich bei dem durchreisenden Cotta für die Veröffentlichung eines von Leopold Zunz geplanten Buchs ein und ließ sich von den prominenten Malern Franz Kugler und Johann Heinrich Wilhelm Tischbein zeichnen –, zog er am 17. April 1829 in das ruhigere Potsdam. Vergraben zwischen den Manuskripten ›Schnabelewopski‹ und ›Bäder in Lucca‹, schrieb er in seiner Pension an Rahels Schwägerin Friederike Robert: »Wir beyden sind noch die zwey besten Schriftstellerinnen Deutschlands! wir können die Herzen von Grund auf bewegen … Ein ganz einsamer Robinson bin ich hier nicht mehr. Einige Offiziere sind bey mir gelandet, Menschenfresser. Gestern Abend im Neuen Garten gerieth ich sogar in eine Damengesellschaft, und saß zwischen einigen Potsdamerinnen, wie Apoll unter den Kühen des Admet. Vorgestern war ich in Sanssouci, wo alles glüht und blüht, aber wie! du heiliger Gott! Das ist alles nur ein gewärmter, grünangestrichener Winter, und auf den Terrassen stehen Fichtenstämmchen, die sich in Orangenbäume maskirt haben … Ach, krank und elend wie ich bin, wie zur Selbstverspottung, beschreibe ich jetzt die glänzendste Zeit meines Lebens, eine Zeit, wo ich, berauscht von Uebermuth und Liebesglück, auf den Höhen der Appenninen umherjauchzte und große, wilde Thaten träumte, wodurch mein Ruhm sich über die ganze Erde verbreite bis zur fernsten Insel, wo der Schiffer des Abends am Herde von mir erzählen sollte; jetzt bin ich zahm geworden, seit dem Tode meines Vaters!«[190]

Bevor Heine Mitte Juli nach Berlin zurückkehrte und wenige Tage später in Begleitung Maximilians wieder nach Hamburg reiste, besuchte Campe ihn in Potsdam. Er brachte ihm als Vorschuß auf die ›Reisebilder III‹ eine größere Geldsumme mit und legte ihm Platens im Frühjahr 1829 erschienene Komödie ›Der romantische Ödipus‹ mit den angestrichenen heinefeindlichen Stellen vor. Heine, der sich durch den Vorschuß in die glückliche Lage versetzt sah, den Hochsommer wieder in einem Kurort zu verbringen – er entschied sich diesmal für Helgoland –, las das Stück erst, als er das Ziel seiner Erholungsreise nach einem kurzen Zwischenaufenthalt in Hamburg Anfang August erreicht hatte. Platens Angriffe bewogen ihn, den humoristisch begonnenen Text der ›Bäder von Lucca‹ als satirische Antwort auf den literarisch völlig unbedeutenden ›Romantischen Ödipus‹ fortzusetzen, was nicht nur der Komposition, sondern auch Heines Ruf als ernstzunehmendem Kritiker schadete. An Immermann, der ebenfalls in die sich anbahnende Affäre verwickelt war, schrieb er nach seiner Sommerreise am 17. November aus Hamburg: »Gestern morgen habe ich den Grafen Platen ausgepeitscht ... ich hab's lang genug aufgeschoben, und ich selbst war eben so wie die anderen sehr neugierig, was ich thun würde.«[191]

Die ganze unersprießliche Angelegenheit hatte ihren Ursprung in den literaturkritischen zweizeiligen Versen Immermanns, die auf Vorschlag Heines als Anhang zur ›Nordsee III‹ im zweiten Band der ›Reisebilder‹ 1827 veröffentlicht worden waren. Einige dieser Xenien verspotteten unter dem Zwischentitel ›Östliche Poeten‹ die durch Goethes ›West-östlichen Divan‹ in Mode gekommene Imitation altpersischer Verskunst, die Gaselen, als deren Hauptvertreter Platen galt. Die Rezensenten reagierten kaum auf die mäßig witzigen Reimereien, um so heftiger jedoch Platen, der sich als Dichter öffentlich verunglimpft fühlte, und zwar durch Heine, den er, zu Unrecht, für den eigentlichen Angreifer hielt. Vor allem der abschließende verächtliche Doppelvers reizte ihn heraus:

»Von den Früchten, die sie aus dem Gartenhain von
Schiras stehlen,
Essen sie zu viel, die Armen, und vomieren dann
Ghaselen.«[192]

Als Heine nach Italien reiste, wußte er längst, daß Platen eine Erwiderung auf die Xenien vorbereitete. Und er hatte während seiner Tätigkeit in München mit zunehmender Verbitterung beobachtet, daß an dem vom Adel und Klerus eifersüchtig überwachten bayerischen Hof ein katholischer Graf wie Platen eher gefördert und ausgezeichnet wurde als ein titelloser und zum Protestantismus konvertierter Jude wie er, der populäre Dichter der ›Harzreise‹. Er dachte aber anfangs durchaus nicht daran, das für die italienischen Reiseberichte geplante Leitthema, die reaktionäre Gesinnung in Kirchen- und Feudalkreisen, mit der untypischen Existenz des dichtenden Grafen von Platen zu verbinden. Am 6. September 1828 schrieb er aus den Bagni di Lucca an Moser:

»Wenn ich nach Deutschland zurückkehre, will ich den 3. Band der Reisebilder herausgeben. Man glaubt in München, ich würde jetzt nicht mehr so sehr gegen den Adel losziehn, da ich im Foyer der Noblesse lebe und die liebenswürdigsten Aristokratinnen liebe – und von ihnen geliebt werde. Aber man irrt sich. Meine Liebe für Menschengleichheit, mein Haß gegen Klerus war nie stärker wie jetzt, ich werde fast dadurch einseitig. Aber eben um zu handeln, muß der Mensch einseitig sein.«[193]

Hinter den Kulissen braute sich jedoch ein hochexplosives Gemisch aus Vorurteilen und Animositäten zusammen. Platen, der sich durch das Lob, das Goethe und der Philosoph Friedrich Wilhelm Schelling ihm für seine Gaselen gespendet hatten, als Dichter für unantastbar hielt, neidete Heine, dessen Werk er kaum kannte, den größeren öffentlichen Erfolg. Die Xenien Immermanns boten ihm daher eine günstige Gelegenheit, sich nicht nur an dem vermeintlichen Urheber der literarischen Kritik, sondern auch an dem ungeliebten Konkurrenten zu rächen. Er erinnerte sich an dessen jüdische Herkunft und begann sich auf dieser Ebene der persönlichen Diffamierung einzuschießen. Bereits im März 1828 schrieb er in einem Brief: »Daß Immermann sie [die Xenien] gemacht, ist verzeihlich, daß aber Heine sie aufnimmt, sie vertritt, daß er mir Sottisen durch die dritte Hand sagt, ist nicht verzeihlich und ist nebenbei eine echt jüdische Handlungsweise.«[194]

Heine, der davon gehört hatte, daß Platen etwas gegen ihn ausbrütete, maß der zu erwartenden öffentlichen Erwiderung keine besondere Bedeutung bei. Als er jedoch nach seiner Rückkehr aus Italien in München erfuhr, daß Platen im Gegensatz zu ihm zum Akademiemitglied mit Jahrespension ernannt worden war, stiegen auch in ihm, verstärkt durch die Vorbereitung seines Feldzugs gegen Klerus und Adel, Neid und Haß empor. Und nicht weniger empfindlich und reizbar als Platen, erinnerte er sich an die Jünglingsschwärmerei des Grafen, dessen im Frühjahr 1828 bei Cotta veröffentlichte Gedichtsammlung er in einem Brief als »nichts als Seufzen nach Pederastie«[195] charakterisiert hatte. Zwar mußte er sich noch bedeckt halten, bis Platens Antwort auf Immermanns Xenien publik wurde, aber der Schlag gegen den Protegé der katholischen Aristokratie war vorbereitet.

Im Februar 1829 schrieb Campe an Immermann: »Heine hat mich in dieser Zeit oft besucht und Ihrer fleißig gedacht. Heute bat ich ihn um einige Zeilen für Sie; er kann nicht. Er trug mir viel herzliches auf, das ich nicht wiederholen kann. Aber auch, daß Platen eine Parodie auf Sie geschrieben, ›Oedipus‹ betitelt, worin auch er vorkomme, Cotta hat sie zum Druck und Heine scheint dagegen gearbeitet zu haben. Genug, Heine sagt, wenn Platen damit hervorträte, so würde er ihn verarbeiten, daß das Gräflein seiner schmerzlich gedenken sollte. In Specia, zwischen Carara und Genua, sey er vor seinem Hause vorbeigekommen; er, Heine, habe ihn nicht besucht. Ich fragte, was Platen dort mache? ›Er fräße Apfelsinen und triebe viele Sodomitereien.‹«[196]

Als Heine das im Juni 1829 von Campe nach Potsdam mitgebrachte Stück ›Der romantische Ödipus‹ las – eine ursprünglich als Parodie auf die bombastischen Schicksalsdramen jener Jahre konzipierte Arbeit, die Platen aus aktuellem Anlaß umfrisiert und zu Ende geführt hatte –, warf er sein Konzept für die ›Bäder von Lucca‹ um und attackierte Platen in den letzten beiden Kapiteln ebenso unwürdig und perfide wie Platen vorher ihn. Im 5. Akt des ›Romantischen Ödipus‹ häufen sich in einem Dialog zwischen ›Nimmermann‹ (Immermann) und dem ›Publikum‹ die Anspielungen auf den Juden Heine, der als ›Petrark des Laubhüttenfests‹, als ›Pindarus vom kleinen Stamme Benjamin‹ oder als ›Synagogenstolz‹, dessen Küsse ›Knoblauchsgeruch‹ absondern, bezeichnet wird.[197]

Heine, der unvergleichlich begabtere Satiriker, konterte tief verletzt und ungehemmt: »Er ist kein Dichter, sagt sogar die undankbare männliche Jugend, die er so zärtlich besingt. Er ist kein Dichter, sagen die Frauen, die vielleicht – ich muß es zu seinem Besten andeuten – hier nicht ganz unparteiisch sind, und vielleicht wegen der Hingebung, die sie bei ihm entdecken, etwas Eifersucht empfinden, oder gar durch die Tendenz seiner Gedichte ihre bisherige vorteilhafte Stellung in der Gesellschaft gefährdet glauben. Strenge Kritiker, die mit scharfen Brillen versehen sind, stimmen ein in dieses Urteil, oder äußern sich lakonisch bedenklicher. ›Was finden Sie in den Gedichten des Grafen von Platen-Hallermünde?‹ frug ich jüngst einen solchen Mann. ›Sitzfleisch‹, war die Antwort. ›Sie meinen in Hinsicht der mühsamen, ausgearbeiteten Formen?‹ entgegnete ich. ›Nein‹, erwiderte jener, ›Sitzfleisch auch in Betreff des Inhalts.‹«[198]

Nach dem Erscheinen der ›Reisebilder III‹ im Dezember 1829, die die Berichte ›Reise von München nach Genua‹ und ›Die Bäder von Lucca‹ enthielten, ließ der Skandal nicht lange auf sich warten. Man übersah die poetischen Qualitäten und überging die mit Witz geführten politischen Angriffe. Das Interesse konzentrierte sich auf zwei von insgesamt sechsundvierzig Kapiteln, denn sie boten Gelegenheit, den dort enthaltenen Klatsch fortzuspinnen und ihn einmal gegen Heine und ein andermal gegen Platen zu wenden. Heine, der die formalistische Lyrik Platens durchaus schätzte, bedauerte schon bald die persönlichen Entgleisungen, die er im Lauf des Jahres 1830 in zahlreichen Briefen an Freunde und Bekannte als Ergebnis seines Eifers im Kampf gegen den Adel überhaupt zu erklären und zu entschuldigen versuchte.

Daß er mit seinen Vorurteilen gegenüber Homosexualität, die er als aristokratisches oder klerikales Laster herausstellte und in ihrer männlichen Variante auf Analität reduzierte, den bürgerlichen Sexualnormen und Vorstellungen, die er sonst gern denunzierte, naherückte, nahmen Heine und seine Kritiker ebensowenig wahr wie seine schroffe Einteilung menschlicher Eigenschaften und Charakterzüge in ausschließlich weibliche und ausschließlich männliche. Homosexualität und jüdische Herkunft waren im damaligen Deutschland in gleicher Weise wirksam für eine öffentliche Diffamierung, und so mußten beide Kontrahenten die Folgen ihrer Unvorsichtigkeit und Maßlosigkeit tragen. Platen, durch seine Bloßstellung zutiefst verstört, floh für den Rest seines Lebens nach Italien, wo er 1835 in Syrakus starb. Heine, der sein Ansehen als scharfsichtiger liberaler Schriftsteller vorübergehend einbüßte – bei seinen Anhängern aus Enttäuschung und bei seinen Gegnern aus Frohlocken über den Verlust seines Augenmaßes –, verlor auch seine letzte Chance, in Deutschland eine Professur oder einen juristischen Beamtenposten zu erlangen.

Während Heines zweitem Kuraufenthalt auf Helgoland im Sommer 1830 brach in Paris ein revolutionärer Aufstand aus, der durch den willkürlichen Eingriff des konstitutionellen Königs von Frankreich, Karl X., in das Presserecht ausgelöst wurde. Wenige Tage später, am 31. Juli, wurde der mit den bürgerlichen Liberalen sympathisierende Herzog von Orleans von der Mehrheit der französischen Abgeordneten zum Nachfolger des zur Abdankung gezwungenen Karl X. gewählt und unter dem Namen Louis-Philippe I. als König der Franzosen, später auch der ›Bürgerkönig‹ genannt, ausgerufen.

Die Pariser Julirevolution hatte auch auf andere europäische Länder beträchtliche Auswirkungen. In Belgien kam es im August zu Aufständen, die am 10. November 1830 mit der Proklamation der Unabhängigkeit des Landes – es war seit 1815 mit den Niederlanden verbunden – durch den belgischen Nationalkongreß endeten. Weniger erfolgreich verlief der polnische Aufstand in Warschau. Nach der Bildung einer provisorischen Nationelregierung am 30. November 1830 erlitt die Freiheitsbewegung am 25. Februar 1831 durch ein russisches Armeekorps eine völlige Niederlage. In den Ländern des deutschen Bundes flackerten hier und da Unruhen auf, in Berlin unter den Handwerksgesellen, in Aachen unter den Textilarbeitern, in Hamburg unter den judenfeindlichen Teilen der Bevölkerung, die das revolutionäre Klima für ihre Zwecke nutzen wollten, aber nirgends fanden Veränderungen statt. Militär, Polizei und Zensurbehörden waren auf der Hut, und nach wenigen Monaten erstarben die Aktivitäten und Hoffnungen der Liberalen unter den verschärften Gegenmaßnahmen der aufgeschreckten Landesfürsten.

Heine registrierte die Ereignisse erst mit Begeisterung, dann aber nahmen ihn wieder die beruflichen Sorgen in Anspruch sowie die Beendigung des vierten Bands der ›Reisebilder‹, die Anfang Januar 1831 mit den beiden Teilen ›Englische Fragmente‹ und ›Die Stadt Lucca‹ erschienen. Nach der Ablehnung seiner Bewerbung als Ratssyndikus in Hamburg zerschlugen sich durch das Verbot der ›Englischen Fragmente‹ in Preußen auch seine letzten Hoffnungen auf eine Staatsstelle in Berlin. In dem ›Schlußwort‹ zu den ›Reisebildern IV‹, das er am 29. November 1830 geschrieben hatte, schilderte er die nach der Julirevolution und den verschiedenen Aufständen in Deutschland entstandene Situation mit der Eindringlichkeit eines zum Gefängnis verurteilten Rebellen:

»Ach, die große Woche von Paris! Der Freiheitsmut, der von dort herüberwehte nach Deutschland, hat freilich hie und da die Nachtlichter umgeworfen, so daß die roten Gardinen an einigen Thronen in Brand gerieten, und die goldnen Kronen heiß wurden unter den lodernden Schlafmützen; – aber die alten Häscher, denen die Reichspolizei anvertraut, schleppen schon die Löscheimer herbei, und schnüffeln jetzt um so wachsamer, und schmieden um so fester die heimlichen Ketten, und ich merke schon, unsichtbar wölbt sich eine noch dichtere Kerkermauer um das deutsche Volk.«[199]

Vier Monate später, am 1. April 1831, schrieb er an Varnhagen, daß er jetzt an neue Rückschritte in Deutschland glaube und seine Koffer packen wolle. Er lebe nur noch in trübster Bedrängnis. Anfang Mai verließ er Hamburg und reiste über Frankfurt, Straßburg und Châlons-sur-Marne nach Paris. In seinem ersten, wieder an Varnhagen gerichteten Brief blickte er noch einmal zurück und ahnte bereits die Qualen des Heimwehs: »Ich habe zuletzt in Hamburg ein unerquickliches Leben geführt, ich fühlte mich nicht sicher, und da mir eine Reise nach Paris schon längst im Gemüthe dämmerte, so war ich leicht beredet als mir eine große Hand gar besorglich winkte. Indessen: Fliehen wäre leicht, wenn man nicht das Vaterland an den Schuhsohlen mit sich schleppte!«[200]

6.

# *Paris I – zehn Jahre Prosa*

(1831–1841)

Ob Heine nach Paris gegangen wäre, wenn er eine feste Anstellung in Hamburg, Berlin oder München gefunden hätte, ist eher unwahrscheinlich. Anders als bei Ludwig Börne, Karl Marx und anderen Intellektuellen, die Deutschland verließen, um die in Frankreich nach der Julirevolution von 1830 wesentlich gelockerteren Pressebestimmungen zur Verbreitung ihrer Ideen zu nutzen, stellte sich für ihn, den der Sprache verhafteten Künstler, der Wechsel sehr viel schwieriger dar. Die Frage, die ihn trotz der zunehmenden Behinderung durch die Zensur und trotz seiner Begeisterung für die erfolgreichen Pariser Revolutionäre zögern ließ, ein Leben im Schutz der liberaleren Gesetze der französischen Gesellschaft zu wählen, hieß: Würde er sich seine poetische Ausdruckskraft bewahren können, wenn er, von nun an als freier Schriftsteller lebend, den überwiegenden Teil seines Lebensunterhalts als Zeitungskorrespondent und Tagesjournalist verdienen mußte?

Noch im Januar 1831 bat er zu wiederholtem Mal Varnhagen, sich für ihn nach einer Beamtenposition umzuhören. Angesichts der schwindenden Möglichkeiten in Panikstimmung geraten, dachte er sogar daran, sich durch Fürsprache der beiden mächtigen Erzfeinde der Liberalen, Metternich und Friedrich von Gentz, die er als Bewunderer seiner Lyrik kannte, eine Professur an der Wiener Universität zu verschaffen. Außerdem hatte er sich verstärkt um ein gutes Verhältnis zu seinem Onkel bemüht, was ihm noch mehr zuwider war als das Liebäugeln mit Metternich, denn obwohl sein Name inzwischen den des reichen Bankiers in der Öffentlichkeit überstrahlte, stand er wie zehn Jahre zuvor als der arme Neffe vor ihm.

Varnhagen, der seine Not verstand und weder an seiner politischen noch moralischen Integrität zweifelte – auch nach der Platen-Affäre nicht –, konnte er seinen aus künstlerischen und finanziellen Erwägungen bestehenden Konflikt offenlegen: »Ich habe mich mit meinem Onkel in erneute Freundschaft gesetzt, um wenigstens bey plötzlichen Schlägen einen Schutz zu haben. Doch betrachte ich dergleichen nur als äußerstes Nothmittel, und mein Streben geht dahin, mir à tout prix eine sichere Stellung zu erwerben; ohne solche kann ich ja doch nichts leisten. Gelingt es mir binnen kurzem nicht in Deutschland, so reise ich nach Paris; wo ich leider eine Rolle spielen müßte, wobey all mein künstlerisches poetisches Vermögen zu Grunde ginge, und wo der Bruch mit den heimischen Machthabern consomirt [verbraucht] würde. Ich thue gar keine Schritte, nur von Ihnen erwarte ich unterdessen zu erfahren, ob in Berlin oder – Wien (!!!) nichts für mich zu erlangen ist. Ich will nichts unversucht lassen und mich zum Aeußersten nur im äußersten Falle entschließen. Wenn ich nur die Ruhe gewinne, die ich nöthig habe, um einige große Bücher, die mir quälend in der Seele liegen, an den Tag zu fördern.«[201]

Zwei Jahre später, nachdem er in Paris Fuß gefaßt hatte und finanziell leidlich über die Runden kam, überwog in ihm die Erleichterung, seinen politischen Kampf nicht dem privaten Wohl und einer neutralisierten Literatur geopfert zu haben. Aber das tiefe Unbehagen an der Politisierung seiner Existenz war geblieben. Wieder berichtete er Varnhagen: »Ich hatte die Wahl zwischen gänzlichem Waffenniederlegen oder lebenslänglichem Kampf, und ich wählte diesen, und wahrscheinlich nicht mit Leichtsinn. Daß ich aber einst die Waffen ergriff, dazu war ich gezwungen durch fremden Hohn, durch frechen Geburtsdünkel – in meiner Wiege lag schon meine Marschroute für das ganze Leben.«[202]

Abermals zwei Jahre später, als Heine sich auch in Frankreich einen glänzenden Namen gemacht hatte und sich der Unversiegbarkeit seines poetischen Talents sicher war, achtete er mit äußerster Wachsamkeit darauf, daß sein Ruf als origineller Schriftsteller nicht durch die Zuweisung zu einer radikalen Interessengruppe, das heißt zu den Vertretern einer rein zweckgebundenen tendenziösen Literatur, gefährdet wurde. Entsprechend scharf reagierte er daher auf einen im angesehenen ›Journal des Débats‹ am 22. September 1835 veröffentlichten Artikel, in dem er, unter Berufung auf deutsche Quellen, als Flüchtling und Jude bezeichnet wurde. Um sein Renommee als freier poetisch-kritischer Künstler unbedingt zu wahren, korrigierte er in einem Brief an Armand Bertin, den Herausgeber der Zeitung, die Darstellung, indem er sich jeder Zuordnung, die ihn zu einem einseitigen und wenig erwünschten Parteigänger abstempelte, bis zur grotesken Verdrehung der Tatbestände widersetzte.

Nur das Wachsen seines Werks im Auge, für das er nicht noch einmal das Risiko politischer Mißliebigkeit eingehen wollte, verteidigte er sich mit den kühnsten Behauptungen: »Ich gehöre nicht der israelitischen Religion an; ich habe niemals eine Synagoge betreten. Ich bin Mitglied der Gemeinde des Augsburger Bekenntnisses, und ich denke nicht daran, diesen Titel abzulegen, der mich mit dieser ehrwürdigen Kirche verbindet, einer Kirche, der die Menschen einiger deutscher Staaten nicht nur geistige Glückseligkeit, sondern auch diesseitige Rechte verdanken. Ich habe mich in meinem Vaterland keiner politischen Handlung schuldig gemacht, ich bin niemals angeklagt worden; ich kam mit einem ordnungsgemäßen Paß nach Frankreich, wo ich unter dem wohlwollenden Schutz meines Botschafters lebe. Man kann mich daher nicht zu den Flüchtlingen zählen, die zwar schätzenswerte Personen sind, aber doch besonderen Rechtsvorschriften unterstehen.«[203]

Er sei kein Jude, er sei kein – politischer – Flüchtling, diese halben Wahrheiten des zum Protestantismus konvertierten Juden und des vor der Zensur geflohenen Künstlers wiederholte Heine noch bei anderen Gelegenheiten. Andererseits hatte er nicht die geringste Scheu, sich durch Zeitungsbeiträge öffentlich als Sympathisant radikal-liberaler deutscher und französischer Kreise zu erklären. Und 1840 exponierte er sich mit einer Kritik an der französischen Regierung, die trotz vorhandener Interventionsrechte nichts unternommen hatte, um die bei einem antisemitischen Aufstand in Damaskus verfolgten Juden zu schützen. Er trat sogar anläßlich dieser der osmanischen Regierung angelasteten Ereignisse, die in ganz Europa für Aufregung sorgten, als Ankläger gegen die französischen Juden auf, die ihre Glaubensbrüder im Stich gelassen hätten: »Wahrlich, wir würden die Juden von Paris eher loben als tadeln, wann sie, wie die erwähnten norddeutschen Blätter meldeten, für ihre unglücklichen Glaubensbrüder in Damaskus einen so großen Eifer an den Tag legten und zur Ehrrettung ihrer verleumdeten Religion kein Geldopfer scheuten. Aber es ist nicht der Fall. Die Juden in

Frankreich sind schon zu lange emanzipiert, als daß die Stammesbande nicht sehr gelockert wären, sie sind fast ganz untergegangen, oder, besser gesagt, aufgegangen in der französischen Nationalität; sie sind gerade ebensolche Franzosen wie die andern, und haben also auch Anwandlungen von Enthusiasmus, der vierundzwanzig Stunden, und, wenn die Sonne heiß ist, sogar drei Tage dauert! – und das gilt von den Bessern.«[204]

Heine, der es seit den literarischen Anfängen in Bonn immer wieder verstand, geschickt für sich zu werben, hatte bereits einen Tag nach seiner Ankunft in Paris dem Redakteur des ›Globe‹, August Clemens, dem er kurz zuvor in Frankfurt vorgestellt worden war, am 21. Mai 1831 einen Besuch abgestattet. Sein Interesse für diese Zeitung galt dem durch sie vertretenen utopischen Sozialismus des 1825 gestorbenen Grafen Henri de Saint-Simon, der den Militärstaat durch einen auf die Organisation der Arbeit gegründeten Industriestaat und die dogmatische Theologie durch ein soziales Christentum – die sinnliche Liebesvereinigung wurde zu einem göttlichen Akt erklärt – ablösen wollte. Der ›Globe‹ brachte prompt zwei Tage nach Heines Besuch in der Redaktion eine längere Notiz, die den ›berühmten deutschen Autor Doktor Heine‹ in der Hauptstadt begrüßte und seinen Stellenwert in Deutschland umriß: »Er gehört zu den jungen und mutigen Männern, die den Fortschritt verteidigen und sich ohne Furcht den Anfeindungen der Günstlingsparteien und des Adels aussetzen. Monsieur Heine hat sich mit seiner Feder energisch und aufrichtig der Verteidigung der deutschen Volksinteressen angenommen, ohne sich dabei einem engen Nationalismus hinzugeben.«[205]

Die zweite nützliche Adresse für Heine war die Verlagsbuchhandlung ›Heideloff und Campe‹, in der er erste Kontakte zu in Paris lebenden Deutschen anknüpfte. Friedrich Napoleon Campe, der Sohn von Julius Campes Bruder Friedrich, hatte sich mit Carl Heideloff zusammengetan, um von der seit der Julirevolution anwachsenden deutschen Kolonie zu profitieren. Ihre Geschäfte gingen aber trotz unfairen Konkurrenzgebahrens gegenüber Julius Campe, dem sie Heine auszuspannen versuchten, nur mäßig. Sie gehörten zu der zweiten großen Welle deutscher Auswanderer nach Frankreich, die als Intellektuelle oder Künstler von der sich seit 1830 in Deutschland verschärfenden Zensur betroffen waren. Dazu kamen jüdische Wissenschaftler und Bankiers, die sich in Frankreich, wo sie als gleichberechtigte Bürger behandelt wurden, um Universitätsprofessuren bewerben oder ihren Geschäften ohne Furcht vor Sondergesetzen und antisemitischen Umtrieben nachgehen konnten.

Bis zum Revolutionsjahr 1848, als die meisten Emigranten in der Hoffnung auf positive Veränderungen nach Deutschland zurückgingen, gab es in Paris Dutzende deutschsprachiger Zeitungen und kleiner Verlage wie ›Heideloff und Campe‹, denn allein in der französischen Hauptstadt nahm die Zahl der Deutschen von 7000 (30.000 in Frankreich) im Jahr 1830 auf 60.000 (170.000 in Frankreich) im Jahr 1848 zu. Insgesamt hielten sich, als Heine eintraf, in Paris 200.000 Ausländer auf, bei einer französischen Einwohnerzahl von rund einer Million. Die erste deutsche Einwanderungswelle, die 1815 durch die nach Napoleons Sturz einsetzende Wirtschaftskrise ausgelöst worden war, umfaßte dagegen vor allem Handwerker und Arbeiter. Sie hatten durch die Krise entweder ihre Arbeit verloren oder rechneten sich von vornherein im industriell entwickelteren Frankreich bessere Chancen aus. Diese Situation änderte sich erst in der zweiten Hälfte des 19. Jahrhunderts, als die Industrie auch in Deutschland einen Aufschwung nahm.

Paris war aber nicht nur eine große Stadt. Paris bildete damals das kulturelle Zentrum Europas und war Brennpunkt aller politischen Strömungen, von den Royalisten über die bürgerlich-konservativen Republikaner bis zu den Saint-Simonisten. In den bürgerlichen Salons, in den Häusern des Adels, in den zahlreichen Theatern und Vergnügungsstätten rund um das Dreigestirn Palais Royal, Nationalbibliothek, Comédie Française und auf den Boulevards – die monumentale Umgestaltung durch Haussmann erfolgte erst unter Kaiser Napoleon III. ab 1852 – traf sich die geistige und künstlerische Elite Frankreichs. Dort verkehrten Politiker und hohe Beamte, Aristokraten, die ihre alten Besitztümer nach 1815 durch die Bourbonen zurückerhalten hatten, und neureiche Bürger, deren Vermögen aus industriellen Gewinnen und Spekulationen an der Warenbörse stammten. In diese Kreise aufgenommen zu werden, war für jeden Ausländer, der eine Bildungsreise unternahm oder als Künstler Anerkennung und Ruhm suchte, eine Auszeichnung oder der erste Schritt zum Erfolg.

Heine, im Französischen schon bald ebenso sprachgewandt

wie im Deutschen, bestens vertraut mit der französischen Geschichte und ein nicht mehr unbekannter Vertreter der deutschen Romantik – dieses Etikett half ihm mehr als sein Liberalismus –, fand in kürzester Zeit Zugang zu den maßgeblichen Kreisen. Und wie einst 1821 in Berlin, stürzte er sich in das ihn faszinierende Großstadtmilieu. Während der fünfundzwanzig Jahre, die er bis zu seinem Tod in Paris lebte, lernte er die berühmtesten Künstler jener Zeit kennen: aus dem Bereich der Musik Hector Berlioz, Franz Liszt, Frédéric Chopin, Giacomo Meyerbeer und Richard Wagner; aus dem Bereich der Literatur Honoré de Balzac, Victor Hugo, Alfred de Musset, Alfred de Vigny, Gérard de Nerval, Friedrich Hebbel, Franz Grillparzer und Hans Christian Andersen.

Aber wie in Berlin, litt er auch in Paris ›im Strudel der Begebenheiten, der Tageswellen‹ an seinem ›persönlichen Schmerz‹, an seinem ›Unwohlesyn‹. Im ersten Jahr schrieb er aus Paris: »Während ich in einem Menschenmeere ertrinke, verbrenne ich auch durch meine eigne Natur«[206], und 1835, als er das gesellschaftliche Leben immer stärker als oberflächlich empfand und sich bei aller Bewunderung für die Franzosen als dem Volk der Freiheit und der Revolution nach den tieferen, ernsteren, philosophischeren Deutschen sehnte, klagte er gegenüber Philarète Chasles, einem der hervorragendsten Kenner deutscher Literatur im damaligen Frankreich: »Depuis presques quatre ans je n'ai pas entendu un rossignol allemand.« – »Seit fast vier Jahren habe ich keine deutsche Nachtigall mehr gehört.«[207]

Wie Heine gewußt und gefürchtet hatte, stand er aus finanziellen Gründen unter dem ständigen Druck, Beiträge für Zeitungen zu schreiben. Die Regelmäßigkeit der Produktion bereitete ihm dabei die größte Schwierigkeit, denn trotz seiner Fähigkeit, viel und konzentriert zu arbeiten, brauchte er immer wieder Pausen, um sich zu regenerieren und dem großen Gesamtplan seines Werks, den er seit seiner Jugend in sich trug und dem er durch alle Lebens- und Zeitenwechsel treu blieb, nachzusinnen. Um zugkräftige Themen und ausreichendes Material machte er sich die geringsten Gedanken. Bewandert in Kultur und Politik beiderseits des Rheins, fand er jederzeit genug Bezugspunkte, um sowohl ein deutsches als auch ein französisches Publikum zu unterhalten und zu interessieren.

Eine weitaus größere Sorge war es für ihn als Grenzgänger,

Abnehmer für seine Texte zu finden, denn die von Campe ausgezahlten Honorare – zuletzt für die zweite Auflage der ›Reisebilder II‹ mit dem Gedichtzyklus ›Neuer Frühling‹ anstelle der ›Briefe aus Berlin‹ – gingen zur Neige, und noch kannte er niemanden in Paris, bei dem er sich hätte Geld leihen können. Er brauchte jedoch nicht lange zu suchen. Cotta hatte ihn nicht vergessen. Er hielt ihm weiterhin das Münchner ›Morgenblatt‹ offen und verwies ihn außerdem an den Leiter seiner über Deutschland hinaus gerühmten ›Augsburger Allgemeinen Zeitung‹, Gustav Kolb, der im September 1831 nach Paris kam und mit Heine die Einzelheiten der Zusammenarbeit, die 1829 bei den ›Annalen‹ gescheitert war, besprach. Im Januar 1832 druckte schließlich auch der ›Globe‹ als erste französische Zeitung einen Artikel von Heine. Von da an schwand die Sorge um Abnehmer, nicht aber die Last der hohen Lebenshaltungskosten in Paris, die nur vorübergehend durch eine größere finanzielle Zuwendung Ende Dezember 1831 von Salomon Heine gemildert wurde.

Heines bedeutendste Artikelserien, die in den folgenden zehn Jahren von deutschen und französischen Zeitungen veröffentlicht wurden, erschienen später in überarbeiteter Form als zusammenhängende Texte bei Julius Campe in Deutschland und bei Eugène Renduel – immer in von Heine sorgfältig überwachten Übersetzungen – in Frankreich. In der abschließenden deutschen Werkausgabe trugen sie den Titel ›Französische Zustände‹, ›Der Salon I-IV‹, ›Die Romantische Schule‹ und ›Lutetia‹. Sie enthielten abwechslungsreiche Darstellungen und kritische Berichte über das kulturelle, gesellschaftliche und politische Leben beider Nachbarländer und waren so konzipiert, daß sie nach geringfügigen Abwandlungen, Ergänzungen oder Streichungen sowohl dem deutschen wie dem französischen Publikum reizvolle Gesichtspunkte und Informationen boten. Diese ideellen und anschaulichen Spaziergänge durch das sich neu gestaltende Europa begründeten nicht nur Heines Ruf als früher Vermittler zwischen Deutschland und Frankreich – auf französischer Seite wirkte kurz zuvor im gleichen Sinn Madame de Staël mit ihrem Buch ›De l'Allemagne‹ –, sie konservierten auch für spätere Generationen eine Zeit, in der der Nationalismus die Völker noch nicht in radikal feindliche Lager verwandelt hatte, sondern in ihren Unterschieden hervortreten ließ.

Eine Zeit, in der durch Deutschland eine politisch, geistig und künstlerisch geförderte Freiheitsbewegung lief, die trotz der revolutionären Aufstände im Jahr 1848 an den Machtrivalitäten unbedeutender Fürsten und dem preußischen Militarismus tragisch scheiterte.

Alles, was Heine in Paris aufnahm, beobachtete und erlebte, alle Begegnungen, Ereignisse und bemerkenswerten Entwicklungen konnte er für seine Korrespondententätigkeit ebenso verwenden wie den aus Deutschland mitgebrachten reichen Fundus an Kenntnissen und Erfahrungen. Von Juli bis Dezember 1831 besuchte er mehrmals die Nationalbibliothek und die zeitgenössische Kunstausstellung im Louvre, die unter der Bezeichnung ›Salon‹ jedes Jahr organisiert wurde, und nahm an einer Sitzung der Deputiertenkammer teil. Während er an seinem ersten Bericht, ›Französische Maler‹, arbeitete, traf er sich wiederholt mit dem bereits 1830 nach Paris übergesiedelten Börne, um die gemeinsame Herausgabe einer Zeitung zu diskutieren. Aus dem Plan wurde nichts, denn Börne tendierte zu einem politischen und moralischen Rigorismus, den Heine aus seiner umfassenderen Geistigkeit heraus als beengend empfand.

Auch andere ihm aus Deutschland bekannte Gesichter trugen dazu bei, daß Heine sich schon bald heimisch fühlte. Da war vor allem Meyerbeer, der seit 1825 in Paris wohnte. Seine am 21. November 1831 aufgeführte Oper ›Robert le Diable‹ brachte ihm ungeheuren Erfolg ein und ließ ihn in ganz Europa zum Modekomponisten werden. Heine folgte anfangs gern seinen Einladungen, um Berliner Erinnerungen auszutauschen und aus eigener Begeisterung über ›Robert der Teufel‹, in dem er einen klug verborgenen Angriff auf die Aristokratie sah. Im Lauf der Jahre, als Meyerbeer seinen Erfolg zu halten versuchte, indem er politisch unverfängliche historisierende Stoffe im Stil der pathetischen und in luxuriösen Ausstattungen schwelgenden Grand Opéra vertonte, distanzierte sich Heine von dem Liebling der französischen Bourgeoisie, die unter Louis-Philippe zu einer raffgierigen Gesellschaft verkam.

Er zögerte jedoch, offen mit Mayerbeer zu brechen. Teils hielten ihn sentimentale Bande – die gemeinsame jüdische Herkunft und die inzwischen über zehn Jahre anhaltende Beziehung. Teils mochte er nicht auf die Großzügigkeit des reichen Erfolgskomponisten verzichten, der sich aus Mitempfinden oder aus

Angst vor schlechter Presse, die Heine zu bestechen vorgab, leicht zu finanzieller Unterstützung oder Zahlung vermeintlicher Schweigegelder überreden ließ. Heine empfand sich auch Meyerbeer gegenüber als berechtigt, Gelder in Anspruch zu nehmen, die sich wie bei seinem Onkel Salomon nur durch Handel mit Allerweltsware angehäuft hatten. Trotz des endgültigen Bruchs im Jahr 1845 vermittelte Meyerbeer zwei Jahre später im Erbschaftsstreit mit Carl, dem Sohn Salomon Heines, und bewahrte dem Dichter ›göttlicher Lieder‹[208] bis zu seinem eigenen Tod 1864 ein durch keine Kränkung getrübtes Andenken.

Im Spätsommer 1831 schickte Heine einige seiner Gedichte zur Vertonung an Meyerbeer und verbrachte mit dessen Bruder, Michael Beer, drei Erholungswochen in Boulogne-sur-Mer. Anschließend zeigte er seinem Cousin Carl, der nur für wenige Tage zu Besuch gekommen war, die Sehenswürdigkeiten von Paris. Als Carl seinen Besuch im April 1832 wiederholte, erkrankte er an Cholera. Heine pflegte ihn aufopferungsvoll und ohne Furcht vor Ansteckung. Salomon Heine dankte ihm später diese Pflege, nicht aber Carl, der sich nach dem Tod seines Vaters im Jahr 1844 hartnäckig weigerte, seinen einst so fürsorglichen Vetter an dem ererbten Riesenvermögen angemessen zu beteiligen.

Während seiner Arbeit an der Artikelserie ›Französische Zustände‹, die ab Januar 1832 In der ›Augsburger Allgemeinen Zeitung‹ erschien, beobachtete Heine mit Unbehagen die Radikalisierung einiger republikanischer Gruppen, denen auch Börne angehörte. Börnes abermalige Aufforderung, ihn publizistisch zu unterstützen, lehnte er jetzt noch energischer ab. Aus seiner anhaltenden Beschäftigung mit der Französischen Revolution von 1789 und den Saint-Simonisten, auf deren Versammlungen er ebenfalls eine Entwicklung zum Sektierertum feststellte, hatte er die Ansicht gewonnen, daß maßvolles Zusammengehen mehr zur Verbesserung der gesellschaftlichen Zustände beitragen könne als einzelne zerstörerische Gewaltakte. Im Mai 1832 berichtete er Varnhagen:

»Ich stehe jetzt auf Friedensfuß mit allem Bestehenden, und wenn ich auch noch nicht desarmire, so geschieht es nur der Demagogen wegen, gegen welche ich einen schweren Stand hatte und noch habe. Diese Leute, aller Mäßigung Feind, wollten, als ich mich zu keinem Wahnsinn verstand, mich durchaus zwingen als Tribun abzudanken. Dazu hatte ich aber keine Lust ... [Börne und ich] wir stehen sehr schlecht, er hatte einige jakobinische [linksradikale] Ränke gegen mich losgelassen, die mir sehr mißfielen. Ich betrachte ihn als einen Verrückten ... Was mich betrifft, ich interessire mich eigentlich nur für die religiösen Ideen [der Saint-Simonisten], die nur ausgesprochen zu werden brauchten, um früh oder spät ins Leben zu treten.«[209]

Heine, der seit seinem Prosatext ›Nordsee III‹ eine betont antireliglöse Richtung eingeschlagen hatte, die er während der ersten Pariser Jahre beibehielt, löste für seine Argumentation gegen die rein spiritualistischen Religionen der Christen und Juden die Teile aus dem Saint-Simonismus heraus, die seiner Vorstellung von einer freien Individualexistenz in sinnlich-geistiger Ausgewogenheit nahekamen. Die Gedichte, die er in dieser Zeit schrieb – die Fron der regelmäßig produzierten Prosa beflügelte ihn als Lyriker von Jahr zu Jahr mehr –, knüpften an den bereits unsentimentaleren Kitty-Zyklus aus dem Jahr 1820 an und steigerten sich zu einer bewußt provozierenden Verherrlichung körperlicher Liebe. Seine Absicht, die auf Ehe und Familie basierende bürgerliche Ordnung anzugreifen, um sie als gegen die individuelle Freiheit gerichtetes moralisches Druckmittel zu entlarven, ging voll und ganz in Erfüllung.

Als die ersten dieser Gedichte 1833 als Einzelband mit dem Titel ›Verschiedene, von H. Heine‹ und 1834 im ›Salon I‹ in Deutschland erschienen – Heines Lyrik wurde nur selten ins Französische übertragen, meisterhaft allerdings von Gérard de Nerval –, brach sowohl bei den Konservativen als auch bei den Liberalen und Republikanern eine fast einhellige Empörung über diese ›verschiedenen‹ Pariser Damen der ›Passage des Panoramas‹ aus. Man sah die religiösen und sittlichen Tabus auf unerträgliche Weise verletzt, man hörte nicht den Ruf nach Freiheit, nur den Widerhall der Schläge gegen das patriotische Spießertum auf der linken wie auf der rechten Seite.

Da zog der Dichter der Desillusionierung vor den Augen seiner ›Seraphine‹ der Natur den mystischen Schleier weg:

»Das Fräulein stand am Meere
Und seufzte lang und bang,
Es rührte sie so sehre
Der Sonnenuntergang.

Mein Fräulein! sein Sie munter,
Das ist ein altes Stück;
Hier vorne geht sie unter
Und kehrt von hinten zurück.«[210]

Oder er entfernte in ähnlich blasphemischer Absicht den letzten Schleier, der seine ›Diana‹ verhüllte:

»Diese schönen Gliedermassen
Kolossaler Weiblichkeit
Sind jetzt, ohne Widerstreit,
Meinen Wünschen überlassen.

Wär ich, leidenschaftentzügelt,
Eigenkräftig ihr genaht,
Ich bereute solche Tat!
Ja, sie hätte mich geprügelt.

Welcher Busen, Hals und Kehle!
(Höher seh ich nicht genau.)
Eh ich ihr mich anvertrau,
Gott empfehl ich meine Seele.«[211]

Man verband Heines Übergang von der frühen romantischen Poesie zur politischen Prosa mit seinem Wechsel von Deutschland nach Frankreich und stellte ein Nachlassen der poetischen Kraft in der Pariser Zentrale für ›Demagogen‹ und ›Huren‹ fest: »Unter Heines Geistesvermögen nimmt zu seinem Unglück der Verstand und inclusive der Witz einen gewichtigen Platz ein und lebt in unseliger Mesalliance mit der geplagten und gejagten Muse des Pariser Flüchtlings. Schon in seinen Gedichten, seinen ersten Produkten, tut sich dies kund. Selten gibt er sich ganz der Welt der Träume oder vielmehr des Traumwahren hin; fast nie schildert er das Schöne, das Sanfte, das Ewige, daß nicht ein schadenfroher Witz im Hintergrunde lauert… Die Freiheit wurde nun die unglückliche Geliebte und im Grunde änderte Heine nichts an seinem früheren Ton; es wurde sofort die Freiheit besungen, wie früher Eveline – die Sache blieb die selbe… Eine ungemütliche charakterlose Zwittergestalt entsteht, da Heine den Dichter und Volksredner zugleich machen will. Politik und Kunst kommen gleich schlecht dabei weg.«[212]

Die Regierenden fürchteten Heine, die Kollegen beneideten ihn, denn allzu viele Leser lachten über seine göttlichen Boshaftigkeiten und verstanden den Sinn seiner erotischen Capricen. Also attestierten ihm die konservativen Kritiker umstürzlerische Demagogie – gerade deswegen hielt er sich von Börne fern – und die liberaleren ›niedere‹, am ›gemeinen‹ Leben orientierte Lyrik. Die ausfälligsten Rezensenten schrieben von dem »bloßen Judenjungen, welk, schacherschmutzig und mit frechen Lungen« und schreckten nicht vor gröbsten Verleumdungen zurück: »Er warf sich in die Poesie, weil er meinte hier weniger Kenntnisse zu bedürfen als in der Jurisprudenz, deren Doktorwürde er sich kaufte.«[213]

Auf links-liberaler Seite entdeckte man in Heines ›ernsthafter Frivolität‹ einen Frevel gegen den Geist schlechthin, eine mutwillige Zerstörung der sittlichen Substanz. Arnold Ruge, enttäuschter Romantiker, heranwachsender Junghegelianer und zukünftiger Herausgeber der ab 1843 in Paris erscheinenden radikalen Wochenzeitschrift ›Deutsch-Französische Jahrbücher‹, an der zeitweilig auch Karl Marx und Heine mitarbeiteten, schrieb in Verteidigung des Hegelschen Weltgeistes und der diesen Geist lenkenden göttlichen Führungskraft: »Die Religion, deren Wahrheit nicht mit Händen zu greifen ist, gilt ihm [Heine] für ein Gespenst und nur das handgreifliche Recht aller Menschen für eine Realität. An des Heilands Macht über die Welt durch den Geist, der noch lebt und die Welt befreit, glaubt er nicht, dieser Geist ist ihm Gespenst, aber an Napoleons Macht und an Kanonen glaubt er.«

Ungewollt verbündete sich in Ruges ideologischer Beurteilung die preußisch-nationale mit der von ihm vertretenen philosophisch-kritischen Moral. Frei nach dem Motto: abstrakter Geist ist Wahrheit, reale Sinnlichkeit ist Lüge, trennte er die schöne, geistige, gute Lyrik von der häßlichen, sinnlichen, schlechten Lyrik. Die Gedichte der Sammlung ›Verschiedene‹ als ›Pariser Hurenadressen‹ bezeichnend, fuhr er fort: »Nicht ohne Grund versteht man im gemeinen Leben unter dem Schimpf: ›sie ist eine Coquette‹ geradezu, sie ist eine Hure. Die Liebe der Coquetterie, das herzlose, nur scheinbare Sicheinlassen ist Hurerei, ist die Liebe als Lüge und als bloßer Schein. So ist die ganze Poesie der Coquetterie [von Heine], die sich immer nur scheinbar auf die Substanz einläßt, nur mit ihr buhlt um des

Scheines willen, ihrem innersten Begriff nach eine Poesie der Lüge ... Und hier [in Paris] beginnt nun seine letzte Periode, die prosaische Erfüllung seines unpoetischen, unwahren Kampfes. Er findet eine Welt, erfüllt nur von politischem Geiste ... den plattprosaischen Esprit, statt der Tiefe des deutschen Geistes, die politische Aufwallung, statt der religiösen Bewegung.«[214]

Als Ruge nach der 1844 erfolgten Veröffentlichung des großen Lyrikbandes ›Neue Gedichte‹, der die Gedichte der dreißiger und vierziger Jahre umfaßte, in der ›Poesie der Lüge‹ doch noch die Satire als Idealform politischer Kritik entdeckte, rettete er Heine für die ihm später zugewiesene Rolle eines Vorkämpfers des Sozialismus. Heine paßte aber niemals in dieses enge Zweckmuster. Sein Hauptanliegen war immer die Verteidigung individueller Rechte und Freiheiten. Wie ernst er diese Aufgabe nahm, die sich mit seinem auf persönlichen Leiderfahrungen beruhenden Künstlertum aufs innigste verband, zeigten gerade seine Anstrengungen, sich nicht von politisch Radikalen vereinnahmen zu lassen.

In Deutschland hatte er sich damit zwischen alle Stühle gesetzt. Die Liberalen wurden ihm zu nationalistisch und die Republikaner mit ihren sozialen Forderungen, die sie angesichts der sich neu bildenden Industrie- und Massengesellschaft stellten, zu kultur- und traditionsfeindlich. Die bürgerlichen Kapitalisten, die er zur Zeit von Louis-Philippe als egoistische Zerstörer einer in der republikanisch-konstitutionellen Monarchie gut funktionierenden Gesellschaft sah, betrachtete er nach der Revolution von 1848 als dynamische Kraft gegen gesellschaftliche und kulturelle Nivellierung.

Heines politische Einstellungen wandelten sich immer wieder und erschienen widersprüchlich, wenn sie vom Standpunkt einer Partei aus beurteilt wurden. Hinter diesen Widersprüchen, die auch Heines Beziehungen zu Einzelpersonen bestimmten, verbarg sich jedoch nichts anderes als der Versuch, das ›Labyrinth der Welt‹, wie der tschechische Philosoph und Prediger Johann Amos Comenius im 17. Jahrhundert das menschliche Leben bezeichnete, in allen Winkeln, Höhen und Tiefen zu erfahren und in künstlerischer Form Zeugnis darüber abzulegen.

Während Heine die Versammlungen der Saint-Simonisten besuchte, sich mit Börne stritt und die am 5. Juli 1832 – als Reaktion auf das ›Hambacher Fest‹ – von der Deutschen Bundesversammlung verschärften Zensurbestimmungen in dem aufsehenerregenden Aufsatz mit der von Emile Zola entlehnten Überschrift ›J'accuse‹ anklagte, verteidigte er in einem Artikel für die ›Augsburger Allgemeine‹ die republikanische Monarchie als Bollwerk ausgewogenen Mittelmaßes: »Ja, es ist meine heiligste Überzeugung, daß das Republikentum unpassend, unersprießlich und unerquicklich wäre für die Völker Europas, und gar unmöglich für die Deutschen. Als, in blinder Nachäffung der Franzosen, die deutschen Demagogen eine deutsche Republik predigten, und nicht bloß die Könige, sondern auch das Königtum selbst, die letzte Garantie unserer Gesellschaft, mit wahnsinniger Wut zu verlästern und zu schmähen suchten: da hielt ich es für Pflicht mich auszusprechen ... Ich bin stolz darauf, daß ich einst den Mut besessen weder durch Liebkosung und Intrige, noch durch Drohung, mich fortreißen zu lassen in Unverstand und Irrsal. Wer nicht so weit geht als sein Herz ihn drängt und die Vernunft ihm erlaubt, ist eine Memme, wer weiter geht, als er gehen sollte, ist ein Sklave.«[215]

Ende November 1832 begann Heine für die neugegründete Zeitschrift ›L'Europe littéraire‹ eine Artikelserie über die deutsche Gegenwartsliteratur zu schreiben, aus der sich das bedeutendste Prosawerk seiner Pariser Jahre entwickelte: Auf dem deutschen Markt erschien es 1836 bei Campe unter dem Titel ›Die Romantische Schule‹, auf dem französischen Markt 1835 bei Renduel, zusammen mit ›Zur Geschichte der Religion und Philosophie in Deutschland‹, unter dem Titel ›De l'Allemagne‹. Heine, der trotz zahlreicher Begegnungen mit französischen Schriftstellern dem deutschen Publikum fast gar nichts über ihre Arbeiten mitteilte, bemühte sich um so mehr, das französische Publikum mit der deutschen Literatur bekannt zu machen. Daß es ihm dabei vor allem darum ging, seine eigene Position als moderner Schriftsteller zu bestimmen, gab der allgemeinen Darstellung den zusätzlichen Reiz des Aktuellen und den Besprechungen zeitgenössischer Autoren den Reiz polemischer Auseinandersetzung.

In seiner ›Vorrede‹ zur Buchfassung der ›Romantischen Schule‹ schrieb Heine im Herbst 1835: »Es war meine Absicht, auch die spätere Periode unserer Literatur in ähnlicher Form zu besprechen; aber dringendere Beschäftigungen und äußere Verhältnisse erlaubten mir nicht unmittelbar ans Werk zu gehen. Überhaupt ist die Art der Behandlung und die Weise der Herausgabe bei meinen letzten Geisteserzeugnissen immer von zeitlichen Umständen bedingt gewesen.«[216] Alle Prosatexte Heines blieben fragmentarisch, und seine äußeren Verhältnisse gestalteten sich niemals so, daß sie ihm innere Ruhe hätten bringen können. Selbst als Millionenerbe seines Onkels oder als Mitglied einer pazifistischen Weltgemeinde wäre der ihn quälende Widerstreit aus Geist, Körper und Seele niemals zum befriedigenden Stillstand gekommen.

Das Jahr 1833 kündigte sich mit schlechten Nachrichten an. Onkel Salomon überwies tausend Francs, ließ aber gleichzeitig durch Carl mitteilen, daß er jetzt genug für ihn getan habe. Und er erfuhr, daß Börne ihn in seinen ›Briefen aus Paris‹, durch die er sich in Deutschland als kritisches Sprachrohr patriotischer Literatur ein großes Publikum gewann, angegriffen habe. Damit war es mit der kurzen und spröden Freundschaft endgültig vorbei.

Im 109. Brief vom 25. Februar 1833 machte sich Börne mit der schroffen Einseitigkeit eines Parteigängers über Heines Artikelserie ›Französische Zustände‹ her und entwarf ein diffamierendes Persönlichkeitsbild von ihm, das sich auf lange Zeit einprägte. Heines Kosmopolitismus wurde als Entscheidungsschwäche hingestellt, seine vielschichtigen Gesellschafts- und Kulturberichte als Liebedienerei, seine Formästhetik als Verrat an Natur und Wahrheit und sein risikoreicher Feldzug gegen bigotte Spießermoral – das Verbot seiner Schriften im Jahr 1835 hatte er nicht zuletzt seiner ›Seraphine‹ und seiner ›Diana‹ zu verdanken – als Flucht vor politischem Kampf. Der schwermütigere und pragmatischere Börne hatte wenig Verständnis für die Relativierung von Prinzipien durch eine umfassendere Sicht und einen spielerischen Geist, der Gegensätze und Vergleiche liebt.

»Wer so große Geheimnisse wie er [Heine] besitzt, als wie: in der dreihundertjährigen Unmenschlichkeit der österreichischen Politik eine erhabene Ausdauer zu finden, und in dem Könige von Baiern einen der edelsten und geistreichsten Fürsten, die je einen Thron geziert; den König der Franzosen, als hätte er das kalte Fieber, an dem einen Tag für gut, an dem andern für schlecht, am dritten wieder für gut, am vierten wieder für schlecht zu erklären ... – wer so große Geheimnisse besitzt, der mag noch größere haben, die das Räthselhafte seines Buches [›Französische Zustände‹] erklären; ich aber kenne sie nicht ...

Ich kann Nachsicht haben mit Kinderspielen, Nachsicht mit den Leidenschaften eines Jünglings. Wenn aber an einem Tage des blutigsten Kampfes ein Knabe, der auf dem Schlachtfelde nach Schmetterlingen jagt, mir zwischen die Beine kommt; wenn an einem Tage der höchsten Noth, wo wir heiß zu Gott beten, ein junger Geck uns zur Seite in der Kirche nichts sieht als die schönen Mädchen und mit ihnen liebäugelt und flüstert – so darf uns das, unbeschadet unserer Philosophie und Menschlichkeit, wol ärgerlich machen. Heine ist ein Künstler, ein Dichter ... Weil er oft noch etwas Anderes sein will als ein Dichter, verliert er sich oft. Wem, wie ihm, die Form das Höchste ist, dem muß sie auch das Einzige bleiben; denn sobald er den Rand übersteigt, fließt er ins Schrankenlose hinab, und es trinkt ihn der Sand. Wer die Kunst als eine Gottheit verehrt, und je nach Laune auch manches Gebet an die Natur richtet, der frevelt gegen Kunst und Natur zugleich ...

Darum überzeugt er nicht, wenn er auch die Wahrheit spricht, denn man weiß, daß er an der Wahrheit nur das Schöne liebt. Aber die Wahrheit ist nicht immer schön, sie bleibt es nicht immer. Es dauert lange, bis sie in Blüte kommt, und sie muß verblühen, ehe sie Früchte trägt. Heine würde die deutsche Freiheit anbeten, wenn sie in voller Blüte stände; da sie aber wegen des rauhen Winters mit Mist bedeckt ist, erkennt er sie nicht und verachtet sie. Wenn er in seinem Buche die heilige Würde des Absolutismus preist, so geschah es, außer daß es eine Rede-Uebung war, die sich an dem Tollsten versuchte, nicht darum, weil er politisch reinen Herzens ist, wie er sagt; sondern er that es, weil er athemreinen Mundes bleiben möchte, und er wol an jenem Tage, als er das schrieb, einen deutschen Liberalen Sauerkraut mit Bratwurst essen gesehen.

Den verzärtelten Heine bei seiner sybaritischen Natur kann das Fallen eines Rosenblattes im Schlafe stören; wie sollte er behaglich auf der Freiheit ruhen, die so knorrig ist? Er bleibe fern von ihr. Wen jede Unebenheit ermüdet, wen jeder Widerspruch verwirrt macht, der gehe nicht, denke nicht, lege sich in sein Bett und schließe die Augen ... Die Natur dichtet selten und reimet niemals; wem ihre Prosa und ihre Ungereimtheiten nicht behagen, der wende sich zur Poesie. Die Natur regiert republikanisch, sie läßt jedem Dinge seinen Willen bis zur Reife der Missethat, und straft dann erst. Wer schwache Nerven hat und Gefahren scheut, der diene der Kunst, der absoluten, die jeden rauhen Gedanken ausstreicht, ehe er zur That wird, und an jeder That feilt, bis sie zu schmächtig wird zur Missethat ... der arme Heine aber hat zwei Rücken, er fürchtet die Schläge der Aristokraten und die Schläge der Demokraten, und um beiden auszuweichen, muß er zugleich vorwärts und rückwärts gehen.«[217]

Börnes pamphletistischen ›Brief aus Paris‹ vor Augen, schrieb Heine in Verbindung mit seiner Arbeit ›Zur neueren schönen Literatur in Deutschland‹ an Merckel: »Ich werde alles Mögliche thun, um den Franzosen das geistige Leben der Deutschen bekannt zu machen; dieses ist meine jetzige Lebensaufgabe, und ich habe vielleicht die pazifike Mission, die Völker einander näher zu bringen. Das aber fürchten die Aristokraten am meisten; mit der Zerstörung der nationalen Vorurtheile, mit dem Vernichten der patriotischen Engsinnigkeit schwindet ihr bestes Hülfsmittel der Unterdrückung. Ich bin daher der inkarnierte Kosmopolitismus, ich weiß, daß dieses am Ende die allgemeine Gesinnung wird in Europa, und ich bin daher überzeugt, daß ich mehr Zukunft habe, als unsere deutschen Volksthümler, diese sterblichen Menschen, die nur der Vergangenheit angehören.«[218]

Zu den schlechten Nachrichten, deren Urheber Onkel Salomon und Freund Börne waren, kam noch die traurige Mitteilung Varnhagens, daß Rahel am 7. März gestorben sei. Varnhagens Bitte, ihm Briefzeugnisse für ein Gedenkbuch zur Verfügung zu stellen, erfüllte er in wehmütiger Erinnerung an die Frau, die ihn, den noch unbekannten Künstler, intuitiv in seiner hohen Begabung erkannt und in den Kreis ihrer Schützlinge aufgenommen hatte. Ein Jahr später erschien das dreibändige Sammelwerk ›Rahel. Ein Buch des Andenkens für ihre Freunde (aus dem Nachlaß herausgegeben von K.A. Varnhagen von Ense)‹, das bis heute eine Fundgrube geblieben ist für eine der lebendigsten und tragischsten Abschnitte der neueren deutschen Geschichte, als sich auf dem Erbe der Klassik und Romantik eine demokratische Gesellschaft zu entwickeln begann, die schließlich im nationalen Machtrausch erstickte.

Die nächsten Monate brachten wieder Erfreulicheres. Heinrich Laube fragte bei Heine an, ob er für seine in Leipzig erscheinende ›Zeitung für die elegante Welt‹ einen Artikel schreiben könne. Der zehn Jahre jüngere Laube verehrte nicht nur den Dichter der ›Lieder‹ und der ›Harzreise‹, er bewunderte auch den scharfen Satiriker der ›Nordsee III‹, der ›Englischen Fragmente‹, der ›Französischen Zustände‹ und der wegen der Zensur als Flugblatt kursierenden Anklageschrift ›J'accuse‹. Da auch Heine für den politisch gleichgesinnten Journalisten und Redakteur Sympathie empfand, kamen sie sich schnell näher, ohne zu ahnen, daß man sie beide zwei Jahre später als gefährliche ›Jungdeutsche‹ öffentlich brandmarken würde. Als liberaler Publizist verfolgt, inhaftiert und wieder durch die Zensurbehörden bedroht, floh Laube 1839 nach Paris. Von dort ging er nach Algerien, wurde 1848 Mitglied des Frankfurter Parlaments und erlebte in den nächsten dreißig Jahren große Erfolge als Dramatiker und Theaterleiter.

Ebenso beschwingend wie die neue Freundschaft mit Laube war das festliche Diner, das der Herausgeber der Zeitschrift ›L'Europe littéraire‹ am 10. Mai 1833 für seine Autoren gab. Unter den Ehrengästen befanden sich Heines französischer Verleger Renduel und der heftig umstrittene Komponist noch ferner Zukunftsmusik Hector Berlioz.

Nach einer freundlichen Begegnung mit Hans Christian Andersen, der sich auf der Durchreise nach Italien mehrere Wochen in Paris aufhielt, fuhr Heine wieder in die Sommerfrische nach Boulogne-sur-Mer. Dort las er den als Buch veröffentlichten Reisebericht ›Bilder aus der Türkei‹, den sein Bruder Maximilian, inzwischen Militärarzt in russischen Diensten, geschrieben und ihm zugeschickt hatte. Im Oktober nahm er zusammen mit dem Komponisten Ferdinand Hiller, der zu der Zeit ebenfalls in Paris lebte und bereits mehrere Gedichte von ihm vertont hatte, als Trauzeuge an der Hochzeit von Berlioz teil. Am Ende des Jahres 1833 erschien bei Campe der erste Band des ›Salon‹ mit den Prosatexten ›Französische Maler‹ und ›Aus den Memoiren des Herren von Schnabelewopski‹ und den in allen politischen Lagern moralischen Skandal erregenden Gedichten ›Verschiedene‹.

Im Jahr 1834 schrieb Heine an der Artikelserie ›Zur Geschichte der Religion und Philosophie in Deutschland‹, die später als Buchfassung in ›De l'Allemagne‹ und im zweiten Band des ›Salon‹ erschien. Er fühlte sich erschöpft und niedergedrückt durch die ewige Zeitungsarbeit und die Zensurschwierigkeiten in Deutschland, von denen ihm Campe fortwährend berichtete. Soweit es seine Verpflichtungen zuließen, flüchtete er zu den leichteren Damen in der ›Passage des Panoramas‹ oder den gesellschaftlich gewichtigeren in den Salons. Mitten in diesen Turbulenzen bekannte er Fürst Hermann von Pückler-Muskau, der ihm sein neuestes Buch ›Tutti Frutti‹ zugesandt hatte: »Wenn ich es könnte, würde ich die Schriftstellerey je eher je lieber an den Nagel hängen.«[219]

Unter den Salondamen hatte es ihm besonders die Fürstin Belgiojoso angetan, deren voller Name Cristina Trivulzio Principessa di Belgiojoso lautete. Sie gehörte zu den interessantesten und aktivsten Frauen jener Jahre in Paris, und sie scharte wie George Sand, der sich Heine Ende des Jahres 1834 ebenfalls verehrungsvoll näherte, junge Talente wie Alfred de Musset und Franz Liszt um sich. Aus einer alten Mailänder Patrizierfamilie stammend, nahm sie bereits als junges Mädchen an der italienischen Unabhängigkeitsbewegung teil. Mit sechzehn Jahren heiratete sie den wenig älteren Fürsten Belgiojoso, verlor bald darauf durch die österreichische Unterdrückungspolitik in der Lombardei als berüchtigte Freiheitskämpferin ihr Vermögen und floh 1831 nach Paris, wo sie nach einer kurzen Zeit der Armut durch einen Gnadenakt des österreichischen Kaisers wieder über ihren Besitz verfügen konnte.

Sie mietete in der zwischen dem Elysee-Palast und der Madeleine-Kirche liegenden Rue d'Anjou ein Appartement, wo sie Cercle hielt, und kaufte in der Nähe von Saint-Germain im Westen von Paris das Gutshaus ›La Jonchère‹, wo sie ihre persönlichen Freunde empfing. In dem Roman der Comtesse Merlin ›Die Löwinnen von Paris‹ wurde sie als ›literarische und politische Löwin‹ geschildert, an der alles ›Wollust und Trägheit‹ sei. Für Heine, der charakterlich und geistig starke Frauen bevorzugte, besaß sie vor allem Faszination, weil sie wie er dem Liberalismus und den Saint-Simonisten anhing und ihre häusliche Umgebung in ein Reich der Sinne und der Phantasie verwandelte. So schön, wie Heine sie sah, war sie wohl nicht, denn Honoré de Balzac, ein durch seine Romane geschulter Frauenbeobachter, schrieb in einem Brief an seine Verlobte über die Fürstin:

»Sie haben sicher bereits von der Belgiojoso sprechen hören ... Die Fürstin wirkt weniger anziehend als andere Frauen, sie hat schwarze Haare, ist bleich, dieses italienische Alabaster, und mager und spielt den Vampir. Sie hat Glück, daß sie mir trotz ihrer geistreichen Art nicht gefällt, sie setzt sich mit allem zu sehr in Szene.«[220]

Heine lernte die Fürstin bei dem berühmten Marquis de Lafayette kennen, der als General am amerikanischen Unabhängigkeitskrieg teilgenommen und sich 1789 für die Aufnahme der Menschenrechte in die französische Verfassung eingesetzt hatte. Schon bald wurde sie wie Rahel Varnhagen in Berlin seine Vertraute und Förderin in literarischen Angelegenheiten und zeitweise vielleicht auch etwas mehr. Auf jeden Fall gehörte er schon bald zu den Freunden von ›Jonchère‹, und die Fürstin blieb, was am meisten zählte, bis zu seinem Lebensende – sie besuchte ihn noch am Sterbebett – eine aufrichtige und hilfsbereite Freundin.

Einen starken Willen und ausgeprägten Charakter besaß auch Crescence Eugénie Mirat, die gesellschaftlich und von ihrer Bildung her im Gegensatz zur Fürstin nichts zu bieten hatte. Heine verliebte sich in ihr solides Naturell, ihr kindlich-zorniges Temperament und in ihren üppigen Körper. Nach sieben Jahren unregelmäßigen Zusammenlebens heiratete er Mathilde, wie er sie nannte, und verbrachte eine an Auseinandersetzungen reiche Ehe mit ihr. Sie stammte aus dem Dorf Vinot aus dem ostfranzösischen Département Seine-Marne, wo sie 1815 als uneheliches Kind einer Bäuerin und eines unbekannt gebliebenen ›besseren Herren‹ geboren wurde. Mit fünfzehn Jahren ging sie zu einer Tante nach Paris, die in der Nähe des Justizpalastes einen Schuhladen hatte. Dort lernte Heine sie im Oktober 1834 kennen. Er gewöhnte sich an ihre Unbeherrschtheit, an ihre Neigung, viel zu essen und zu trinken, und an ihre Verschwendungssucht. Sie fand sich mit seiner Arbeit ab, für die sie nicht das geringste Interesse zeigte, sowie mit der Tatsache, daß sie niemals Kinder haben würden. Ihr deutscher Poet war krank an Leib und Seele, aber er sorgte für Mathilde bis über seinen Tod hinaus, indem er dem Millionenerben Carl Heine hartnäckig und ausdauerhaft eine Witwenpension für sie abrang.

Von Mathildes Wesensmerkmalen entwarf Levin Schücking nach einem Besuch bei Heine 1847 eine knappe Skizze. Wie alle fortschrittlichen Autoren seiner Zeit vertrat er die Ideale einer unabhängig von Geschlecht und Gesellschaftsschicht sich frei entfaltenden Individualität und einer republikanischen Staatsform. 1846 hatte er eine Satire auf den westfälischen Adel, ›Die Ritterbürtigen‹, veröffentlicht, durch die er sich seiner ehemaligen Verlobten Annette von Droste-Hülshoff vollends entfremdete, denn in einer auf sie zielenden Karikatur war er mehr der Eitelkeit des Schriftstellers gefolgt als der menschlichen Aufrichtigkeit gegenüber dieser gesellschaftlichen und sprachschöpferischen Außenseiterin.

Bei Mathilde, der ungebildeten Frau aus dem Bauernstand, lag der Fall einfacher. Sie eignete sich perfekt für die Propagierung der neuen Individualität. Nicht untalentiert, aber mit der Einseitigkeit des tendenziösen Modeautors stellte Schücking fest. »Es war etwas durchaus Natürliches in ihrem Wesen, es schien etwas Derbes, aber Redliches, Schlichtbürgerliches darin zu liegen; eine Persönlichkeit, die übrigens vor dem berühmten Dichter, dessen Lebensgefährtin sie war, durchaus nicht tat, was die Franzosen s'effacer [sich zugunsten eines anderen zurückhalten] nennen.«[221]

Am 28. November 1834 machte Heine die Bekanntschaft von George Sand, der Schriftstellerin, die auch für das weibliche Geschlecht freie Liebe forderte und durch ihre Romane und ihre Lebensführung – sie unterhielt intime Beziehungen u. a. zu Musset und Chopin – Aufsehen erregte und das Thema der Frauenemanzipation ins Bewußtsein brachte. Anders als eine Mathilde, deren Freiheit durch den Rahmen einer Zweierbeziehung begrenzt war, konnte sich George Sand als Tochter eines Offiziers und Ehefrau eines wohlhabenden Barons, auf dessen Gut Nohant sie sich später zurückzog, weiter entfalten und aktiver auftreten. Wie die Fürstin Belgiojoso tendierte auch sie zu freireligiösen und saint-simonistischen Gedanken, und wie diese wandte sie sich im Alter einem versöhnlicheren, sentimentaleren Humanismus katholisch-christlicher Prägung zu. Heine bewunderte beide Frauen in gleicher Weise und aus respektvollem Abstand, denn das Herz, das er suchte, fand er bei ihnen nicht, und die sinnliche Intimität, die er brauchte, bot ihm die naivere und weniger öffentliche Mathilde weitaus mehr.

Heines Besuche im Salon der unruhigen, Menschen und Orte gern wechselnden Sand währten nur kurze Zeit, aber er lernte dort viele reizvolle Persönlichkeiten seiner Epoche kennen. Unter ihnen nahm vor allem Franz Liszt seine Aufmerksamkeit gefangen, denn er sah in ihm einen Künstlertypus, dem er sich verwandt fühlte.

Liszt, 1813 in Ungarn geboren, bestach durch seine pianistische Virtuosität seit frühester Jugend das Publikum in ganz Europa, und er nahm sich, durch immense Konzerthonorare verwöhnt, als Privatperson beliebige Freiheiten heraus. Während seines Anstoß erregenden langjährigen Verhältnisses zu der verheirateten Gräfin Marie d'Agoult, mit der er drei Kinder hatte – die Tochter Cosima, die spätere Frau Richard Wagners, verfolgte ihren Vater wegen dieser unehelichen Geburt bis an sein Sterbebett mit Haß –, mußte er vorübergehend Paris verlassen, ehe er seine Geliebte verließ. Heine blieb nicht frei von Neid auf diesen unbekümmerten Sieger, dessen Tonsprache von keiner Zensur bedroht war, und seine wachsenden Einwände steigerten sich zu bitterem Spott, als sich Liszt auch als Komponist Ruhm erwarb.

Anfangs schrieb er noch aus dem Zwiespalt der Gefühle, der auch sein frühes Verhältnis zu Meyerbeer bestimmte, so nach einem Konzert im Haus der Fürstin Belgiojoso: »Daß ein so unruhiger Kopf, der von allen Nöten und Doktrinen der Zeit in die Wirre getrieben wird, der das Bedürfnis fühlt, sich um alle Bedürfnisse der Menschheit zu bekümmern, und gern die Nase in alle Töpfe steckt, worin der liebe Gott die Zukunft kocht: daß Franz Liszt kein stiller Klavierspieler für ruhige Staatsbürger und gemütliche Schlafmützen sein kann, das versteht sich von selbst. Wenn er am Fortepiano sitzt und sich mehrmals das Haar über die Stirne zurückgestrichen hat, und zu improvisieren beginnt, dann stürmt er nicht selten allzutoll über die elfenbeinernen Tasten, und es erklingt eine Wildnis von himmelhohen Gedanken, wozwischen hie und da die süßesten Blumen ihren Duft verbreiten, daß man zugleich beängstigt und beseligt wird, aber doch noch mehr beängstigt.«[222]

Viele Jahre später, im April 1844, schrieb Heine für die ›Augsburger Allgemeine‹ einen sehr viel bissigeren Artikel über den diesmal auch als Komponist zukunftsweisender Musik enthusiastisch begrüßten Liszt, der dem öffentlichen Geschmack nicht wie Meyerbeer nachgegeben hatte. »Ja, er ist hier, der große Agitator, unser Franz Liszt, der irrende Ritter aller möglichen

Orden (mit Ausnahme der Légion d'honneur, die er gern haben möchte), der hohenzollern-hechingen'sche Hofrath, der Doctor der Philosophie und Wunderdoctor der Musik, der wieder auferstandene Rattenfänger von Hameln ... Er ist hier, das tolle, schöne, häßliche, rätselhafte, fatale und mitunter sehr kindische Kind seiner Zeit, der (leiblich kerngesunde, aber geistig doch) sehr kranke Franz Liszt, dessen Zauberkraft uns bezwingt, dessen Genius uns entzückt, dessen Wahnsinn uns selber den Sinn verwirrt, und dem wir – in jedem Fall Gerechtigkeit widerfahren lassen wollen ...!«[223] Liszt äußerte nach diesem Bericht zwar weiterhin die Ansicht, daß Heine »ganz schöne und annehmbare Verse geschmiedet« habe, aber häufiger sprach er von der ›Viper‹ und dem ›Wurm‹, der noch immer sein Gebälk durchbohre und den er hätte zertreten sollen. Seiner Gönnerin Caroline zu Sayn-Wittgenstein gestand er, daß Heines Artikel in der ›Augsburger Allgemeinen‹ ihm in schlechten Stunden sein Gemüt zernage »wie der Aussatz von Säuren der Luft den Apollon vom Belvedere«.[224]

Heines lyrische Produktion wurde immer mehr von seinen gesellschaftlichen Verpflichtungen, der zeitraubenden Arbeit an den Exkursen über die Literatur, Religion und Philosophie in Deutschland und dem Briefwechsel mit Verlegern, Freunden und Anhängern verdrängt. Bei Varnhagen beklagte er sich über den ›Kleinkram‹ und das ›grämliche Krämergeschäft‹ seiner journalistischen Existenz, und an Johann Hermann Detmold, den er 1827 auf der Reise nach München kennengelernt hatte, schrieb er: »Sie können sich keinen Begriff davon machen, wie viel zerstreuende Erscheinungen mich umwogen, wie viel Noth, Unsinn, Lebenskampf, Liebe, Haß mir um die Ohren saust. Was Sie in Deutschland etwa von mir hören, ist nur ein gelindes Echo hiesiger Schwertschläge.«[225] Und gegenüber Johann Georg von Cotta, der seit dem Tod seines Vaters, 1832, den Verlag leitete, begründete er das Ausbleiben von Buchmanuskripten mit dem Geständnis: »Äußere und innere Hemmnisse haben mich auch lange Zeit von jeder größeren literarischen Thätigkeit abgehalten.«[226] Das einzige, was er Cotta anbieten konnte, waren Manuskripte seines polnischen Freundes Breza, der sich nach dem Warschauer Aufstand von 1831 nach Paris geflüchtet hatte und seitdem das Sammelwerk ›Galerie der ausgezeichnetsten Israeliten aller Jahrhunderte‹ herausgab.

Aber nicht alle gesellschaftlichen Pariser Kontakte blieben folgenlos für Heines literarische Karriere. Mit Caroline Jaubert, einer geborenen Gräfin d'Alton-Shée, und deren Mann Maxime Jaubert, einem Staatsanwalt, hatte er zwei Menschen für sich gewonnen, die ihn als Künstler schätzten und ohne Selbsteitelkeit förderten. Caroline verfaßte das ein Jahr nach ihrem Tod 1884 veröffentlichte Erinnerungsbuch ›Heinrich Heines letzte Tage‹, und Maxime ließ sich 1851 von Heine als Testamentsvollstrecker einsetzen. Besonders nachhaltig wirkte auf die Verbreitung von Heines Lyrik in Frankreich das Buch ›Mes Memoires‹, in dem der Bruder von Caroline, Graf Edmond d'Alton-Shée, der bereits mit neunzehn Jahren zum Pair von Frankreich ernannt worden war, die französische Gesellschaft kritisch betrachtete. Er beklagte die unter dem Bürgerkönig Louis-Philippe aufgekommene Lebensgier und stellte fest: »Nicht die großen Lyriker der Restauration, Victor Hugo und Lamartine, sondern der Deutsch-Franzose Heinrich Heine, das die Gegensätze beherrschende Genie, bediente uns bis zur Berauschung aus seiner magischen Flasche mit Sinnlichkeit, Ironie und Gefühl.«[227]

Am 10. Dezember 1835 erließ der Deutsche Bundestag ein Verbot sämtlicher Schriften der sogenannten ›Jungdeutschen‹. Diese Maßnahme bildete den Schlußakt des Zensurkriegs, der 1819 mit den Karlsbader Beschlüssen gegen demagogische Umtriebe begonnen hatte. Das Verbot, das zunächst den namentlich genannten Autoren Ludolf Wienbarg – er benutzte in seinen ›Ästhetischen Feldzügen‹ als erster die Bezeichnung ›Junges Deutschland‹ –, Theodor Mundt, Karl Gutzkow, Heinrich Laube und Heinrich Heine galt, sollte eine Warnung an alle Buch- und Zeitungsverleger sein, künftig keine Texte, auch keine von über zwanzig Bogen Umfang, ohne staatliche Genehmigung zu veröffentlichen. Die Androhung und Durchführung von Verlagsschließungen und Inhaftierungen bewirkten innerhalb kurzer Zeit eine totale Lähmung der liberalen Publizistik. Der französische Gesandte beim Deutschen Bundestag, der die radikale Unterdrückung oppositioneller Meinungen als Beginn geistiger Stagnation erkannte, schrieb an den Außenminister in Paris: »Man kann die Maßnahmen, die gegen einige Werke der neuen literarischen Schule, genannt die junge deutsche Literatur, beschlossen worden sind, verstehen, aber vielleicht geht man in der Vorsicht zu weit, wenn man von vornherein alles verurteilt, was noch aus der Feder dieser jungen Schriftsteller kommen kann.«[228]

Heine, der durch das Verbot seiner Bücher in Deutschland finanziell schwer getroffen wurde – ebenso Campe, der Hauptverleger liberaler Autoren –, schrieb an die ›Hohe Bundesversammlung‹ einen offenen Brief, den er als ›Bitte‹ und nicht als ›Protestazion‹ verstanden wissen wollte. In etwas naiver Unterschätzung des bürokratisch verzweigten Machtapparats, der hinter dem Bundestagsbeschluß stand, argumentierte er aus der freien Geistigkeit seiner Pariser Schriftstellerexistenz: »Wenn ich mich gegen etwas verwahre, so ist es allenfalls gegen die Meinung des Publikums, welches mein erzwungenes Stillschweigen für ein Eingeständnis strafwürdiger Tendenzen oder gar für ein Verleugnen meiner Schriften ansehen könnte. So bald mir das freye Wort vergönnt ist, hoffe ich bündigst zu erweisen, daß meine Schriften nicht aus irreligiöser und unmoralischer Laune, sondern aus einer wahrhaft religiösen und moralischen Synthese hervorgegangen sind, einer Synthese, welcher nicht bloß eine neue literarische Schule, benamset das junge Deutschland, sondern unsere gefeyertsten Schriftsteller, sowohl Dichter als Philosophen, seit langer Zeit gehuldigt haben. Wie aber auch, meine Herren, Ihre Entscheidung über meine Bitte ausfalle, so seyen Sie doch überzeugt, daß ich immer den Gesetzen meines Vaterlands gehorchen werde. Der Zufall, daß ich mich außer dem Bereich Ihrer Macht befinde, wird mich nie verleiten, die Sprache des Haders zu führen; ich ehre in Ihnen die höchsten Autoritäten einer geliebten Heimath.«[229] Dieser Brief wurde zwar in einer deutschen Zeitung veröffentlicht, verlor sich aber auf dem Weg zu einem gutwilligen Empfänger in den Postablagen des Bundestags und blieb somit ohne Antwort.

Trotz ihrer politischen und literarischen Verschiedenheiten im Detail, waren sich die Jungdeutschen darin einig, daß Wolfgang Menzel, der sich vom Juliliberalen zum antiliberalen Vorkämpfer der Reaktion gewandelt hatte, den Hauptinitiator des Verbots, Metternich, durch seinen Einfluß als Literaturkritiker wesentlich bestärkt habe. Bereits vor dem Bundestagsbeschluß vom 10. Dezember 1835 war Menzel als Verräter der liberalen Autoren angegriffen worden, u. a. von Gutzkow in seiner ›Apellation an den gesunden Menschenverstand‹ und von Wienbarg in der Verteidigungsschrift ›Menzel und die junge Literatur‹.

Von Börne erschien Ende 1836 ›Menzel der Franzosenfresser‹ und von Heine schließlich im Juli 1837 der Aufsatz ›Ueber den Denunzianten‹, der stark zensiert bei Campe erschien.

Das, was Heine wie Börne und Gutzkow, der später umschwenkte und sich mit dem schwäbischen Dichterkreis um Ludwig Uhland verband, seit Jahren zunehmend reizte, war Menzels Entwicklung zum patriotischen Anwalt von Religion und Sitte und zum Verteidiger der staatlichen Literaturpolitik. Menzel hatte seinerseits immer heftiger gegen Heine polemisiert, den er mit Blick auf Metternich als Kopf der Jungdeutschen darstellte, und sich dabei auf die unterste Ebene begeben, wenn er etwa behauptete, für Heine sei die Heilige Maria eine schöne Jüdin, »die er, die Hände in den Hosen, aufs unanständigste beliebäugele«.[230] Heine zahlte Menzel die antisemitischen Angriffe heim, indem er spottete: »Dieser Held des Deutschtums, dieser Vorkämpe des Germanismus, sieht gar nicht aus wie ein Deutscher, sondern wie ein Mongole ... jeder Backenknochen ein Kalmuck.« Und in Erinnerung an Menzels Verbindung zur Burschenschaft ›Teutonia‹, forderte er ihn zum Duell heraus, indem er ihn vorschriftsmäßig dreimal als feige bezeichnete.

Wie tief ihn das Verbot traf, als dessen geistigen Urheber er Menzel ansah – »wir waren sogar ehemals gute Freunde« –, machte Heine seinen Lesern in der Einleitung des Aufsatzes deutlich: »Ihr kennt den Bundestagsbeschluß vom Dezember 1835, wodurch meine ganze Schriftstellerei mit dem Interdikt belegt ward. Ich weinte wie ein Kind! Ich hatte mir so viel Mühe gegeben mit der deutschen Sprache, mit dem Akkusativ und Dativ, ich wußte die Worte so schön an einander zu reihen, wie Perl an Perl, ich fand schon Vergnügen an dieser Beschäftigung, sie verkürzte mir die langen Winterabende des Exils, ja, wenn ich deutsch schrieb, so konnte ich mir einbilden, ich sei in der Heimat, bei der Mutter ... Und nun ward mir das Schreiben verboten!«[231]

Als Fortsetzung seines ›Anti-Menzel‹ schrieb Heine 1839 eine Parodie mit dem Titel ›Der Schwabenspiegel‹. In dieser literarischen Streitschrift, in der er seine eigene Position verdeutlichen wollte, faßte er unter dem spöttischen Begriff ›schwäbische Schule‹ die apolitischen, zeit- und weltfremden Natur- und Liebeslyriker Gustav Schwab, Justinus Kerner, Karl Meyer, den

›Ungarn‹ Nikolaus Lenau, Gustav Pfizer, den ›Kaschuben‹ Wolfgang Menzel, Eduard Mörike – dessen Namen er auf Anraten Campes durch drei Sternchen ersetzte – und Ludwig Uhland zusammen, den er allerdings als spätes ›Kind‹ der Romantik als Ausnahme behandelte. Da sich die politischen Fronten seit dem Bundestagsbeschluß verhärtet hatten und kaum noch Kompromisse zu erwarten waren, versuchte Heine die Literaten wachzurütteln und sie auf ihre Aufgaben als moderne Autoren hinzuweisen. Ein moderner Autor habe zeitkritisch und geistig aufgeschlossen zu sein, um nicht zum Diener des öffentlichen Geschmacks und damit zum Handlanger der Regierenden zu werden. Heine verteidigte wie zur Zeit seiner ›Harzreise‹ und wie in den Folgejahren seinen Stand als freier Schriftsteller, wohl wissend, daß er dadurch auch in Opposition zu den Liberalen geriet, die sich immer weiter den nationalistischen Patrioten annäherten und die Abschirmmauern um Deutschland erhöhten.

Bevor Heine im ›Schwabenspiegel‹ die einzelnen Lyriker im Stil sarkastischer Tierfabeln vorstellte, erinnerte er an die berühmten Schwaben Schiller, Schelling, Hegel, Kepler und die Hohenstaufen, um dann zu fragen, wer denn heute diejenigen seien, die die ›schwäbische Schule‹ bildeten. Seinen fiktiven Partner ließ er daraufhin antworten: »Wohlan ... wir wollen Ihnen die Wahrheit sagen: die Renommeen, die Sie eben aufgezählt, sind viel mehr europäisch als schwäbisch, sie sind gleichsam ausgewandert und haben sich dem Auslande aufgedrungen, statt daß die Renommeen der schwäbischen Schule jenen Kosmopolitismus verachten und hübsch patriotisch und gemütlich zu Hause bleiben bei den Gelbveigelein und Netzelsuppen des teuren Schwabenlandes. – Und nun kam ich endlich dahinter, von welcher bescheidenen Größe jene Berühmtheiten sind, die sich seitdem als schwäbische Schule aufgetan, in demselben Gedankenkreise umherhüpfen, sich mit den selben Gefühlen schmücken und auch Pfeifenquäste von derselben Farbe tragen.«[232]

Den Abschluß dieser literaturpolitischen Auseinandersetzung, hinter der nichts Geringeres stand als der Kampf um die Weichenstellung für die kommenden Jahrzehnte, bildete ein bitteres Monologstück Heines. Es wurde im April 1839, kurz nach Erscheinen des ›Schwabenspiegels‹, in der Leipziger ›Zeitung für die elegante Welt‹ – Laube, der ehemalige Herausgeber, befand sich gerade als ›unerwünschte Person‹ auf dem Weg nach Paris – veröffentlicht und trug die Überschrift: »Schriftstellernöthen. Offener Brief des Dr. Heine an Herren Julius Campe, Inhaber der Hoffmann und Campeschen Buchhandlung zu Hamburg«.

Das Problem, das Heine seit der verschärften Zensurpraxis mehr denn je beschäftigte, war der Schutz des Originalmanuskripts vor den unterschiedlichen Eingriffen, die vor dem Druck erfolgen konnten. Seit 1835 war er bereits mehrfach mit Campe heftig aneinandergeraten, weil er diesem – nicht immer zu Unrecht – unterstellte, eigenmächtig Streichungen vorzunehmen, die die Zensur womöglich gar nicht gefordert habe. Er ging von dem jüngsten Beispiel des ›Schwabenspiegels‹ aus, der stark zensiert erschienen war, wobei offenblieb, ob er Campe, dessen zeitweiligen Mitarbeiter Gutzkow, den ›schwäbischen‹ Abtrünnigen, oder die Zensurbehörde dafür verantwortlich zu machen hatte. Allgemein bedeutete diese Unsicherheit für alle freien Autoren, Selbstzensur zu üben oder, wie Heine es formulierte, mit der Schere im Kopf zu schreiben. Es stellte sich die Frage: Warum überhaupt noch schreiben, wenn jede Abweichung von der Norm bereits eine Provokation sein kann? Es gelang Heine, eine artistische Strategie der Selbstzensur zu entwickeln, die seine Werke für die offizielle Zensur unangreifbar machte. Er mußte sich dabei allerdings mehr denn je auf die Fähigkeit seiner Leser verlassen, diese Artistik als Verschleierung des Inhalts zu erkennen.

Die Form des ›offenen Briefs‹, die Heine nach dem Schreiben an die Bundesversammlung zum zweitenmal wählte, war eine Neuheit, die schon bald Nachahmer fand und bis heute zu den gebräuchlichsten Mitteln gehört, durch die sich Intellektuelle und Künstler Gehör verschaffen. Campe hatte auf die Unterstellung, er streiche aus Angst vor der Zensur zu großzügig in den Texten herum, zunächst gutmütig mit den Worten reagiert: »Wir sind Freunde und verstehen uns, warum dieser Trödel.« Als Heine dann auch in persönlichen Briefen seine Vorwürfe wiederholte, verwahrte sich Campe energischer dagegen. Immerhin sei er der Hauptverleger liberaler Literatur in Deutschland und habe sich sogar schon einem Polizeiverhör unterziehen müssen. Wenn sein Verlag geschlossen würde, könnten seine Autoren, die kein anderer Verleger übernehmen würde, nichts mehr veröffentlichen und wären wirtschaftlich ruiniert.

Der Streit wurde beigelegt, flackerte aber Anfang 1840 wieder auf, als es um das ›Börne‹-Buch ging. Es sollte Heines Antwort auf Börnes ›Pariser Briefe‹ und seinen politischen Radikalismus sein. Campe war jedoch der Ansicht, daß sich ein rein polemisches Buch so schlecht verkaufen würde wie die ›Französischen Zustände‹, die ›Romantische Schule‹ und der ›Salon‹. ›Salon II‹ war 1835 mit der historisch fundierten Abhandlung ›Zur Geschichte der Religion und Philosophie in Deutschland‹ und dem wiederaufgenommenen Gedichtzyklus ›Neuer Frühling‹ erschienen, ›Salon III‹ 1837 mit dem autobiographischen Text ›Florentinische Nächte‹ und den ›Elementargeistern‹, einem poetisch verschlungenen Reigen nordischer Sagen und Legenden.

Im Jahr 1840 nahm Heines Leben noch einmal einen Aufschwung, der seiner ersten Erfolgsphase nach der ›Harzreise‹ ähnelte. Die Stagnation, in der er seit Mitte der dreißiger Jahre gelebt hatte, löste sich auf, und seine Produktion nahm an Umfang und Qualität wieder zu. Dafür gab es politische und praktische Ursachen. In Preußen hatten sich die Zensurbestimmungen seit der Thronbesteigung des geistig und literarisch interessierten Friedrich Wilhelm IV. gelockert. Entscheidende Verfassungsänderungen widerstrebten zwar dem willensschwachen, im romantischen Gottesgnadentum versponnenen König, aber Heine konnte einige Fesseln seiner Selbstzensur vorsichtig abstreifen.

In Paris stabilisierte sich seine finanzielle Lage, so daß er und Mathilde für einige Jahre den schlimmsten materiellen Sorgen enthoben waren. Heine hatte sich 1836 auf Börsenspekulationen eingelassen, die ihn sämtlicher Mittel beraubten. In seiner Verzweiflung nahm er wieder Kontakt zu Moser auf, dem er 1831 die Freundschaft wagen mangelnder Unterstützung in der Platen-Affäre aufgekündigt hatte. Moser konnte jedoch finanziell wenig für ihn tun, so daß ihm wieder einmal nur der Bittgang zu seinem Onkel blieb. Da sich Salomon Heine, dessen Sohn Carl seit 1837 mit Cecile, einer Tochter des in Paris ansässigen Bankiers Elie Furtado, verlobt war, nicht mit dem armen Neffen blamieren wollte – Heine wurde gelegentlich von den Furtados eingeladen –, ließ er sich erweichen und zahlte von 1837 bis 1839 eine recht stattliche Summe. Als der Geldsegen schließlich ausblieb und auch von Campe vorläufig kein Honorar mehr kam – die vertraglich vereinbarten Zahlungen für eine geplante Gesamtausgabe endeten im März 1840 –, erhielt Heine eine Nachricht, die ihn vor einer neuen Finanzkatastrophe rettete.

Das französische Außenministerium teilte ihm mit, daß er aus einem Geheimfonds eine Jahrespension erhalten würde. Sie entsprach dem Gehalt eines Universitätsprofessors, hing aber von der Gunst eines Ministers ab und war daher zeitlich begrenzt. Bei Heines Fürsprecher handelte es sich um den politisch und menschlich von ihm hochgeschätzten Premierminister Adolphe Thiers, der mehrmals unter Louis-Philippe amtierte. 1840 wurde er von François Guizot abgelöst und 1871, nach dem Sturz Napoleons III., im Alter von vierundsiebzig Jahren zum ersten Präsidenten der neuen Republik gewählt. Zu Heines Glück verlängerte Guizot die Pension, die ihm Thiers wenige Monate vor seinem Rücktritt gewährt hatte. Von da an gingen die jährlichen Zahlungen bis zur Revolution von 1848 regelmäßig ein. Als die Liste der aus dem Geheimfonds unterstützten Künstler, Wissenschaftler und Publizisten dann veröffentlicht wurde, mußte sich Heine, der über die staatlichen Zuwendungen Stillschweigen bewahrt hatte, von Freunden und Feinden vorwerfen lassen, von der Regierung gekauft worden zu sein.

Ganz konnte er diesen Verdacht niemals loswerden, denn er hatte in der ›Augsburger Allgemeinen‹ nachweislich Artikel über Thiers geschrieben, die auf eine Bestätigung des Regierungskurses hinausliefen. Andererseits teilte er mit vielen Liberalen die Meinung, daß Thiers ein guter Mann für sie sei. Der konservativere Guizot fand nicht die gleiche publizistische Unterstützung, was den Vorwurf der ›Regierungsservilität‹ wieder fragwürdig machte. Heine wäre auch als Professor im damaligen Deutschland zur Loyalität gegenüber dem Staat verpflichtet gewesen. Sogar Hegel ging deswegen Kompromisse ein, indem er seine subversive Philosophie durch sprachliche Ungetüme verschleierte.

Hätte sich Heine durch die Pension, die das Gehalt für die ihm in Deutschland verweigerte Professur ausglich, zu mehr hinreißen lassen, als einen liberalen Mann wie Thiers zu loben, so wäre auch das zu verstehen gewesen. Die französische Regierung hatte ihm, dem ehemaligen Bürger des Departements Bergen-Düsseldorf, den verbrieften Schutz gewährt, und sie tat es auch in den vierziger Jahren unter Guizot – zum Beispiel 1845, als sie auf Antrag deutscher Bundesbehörden Karl Marx, Arnold Ruge und Michael Bakunin, nicht aber den ebenfalls angeforderten Heine aus Frankreich auswies.[233]

Im Jahr 1840 begann Heines neue Produktionsphase. Er schrieb, nach mehrjähriger Unterbrechung, erneut für die ›Augsburger Allgemeine‹ und wandte sich, im Zusammenhang mit seinem steigenden Interesse für soziale Fragen, wieder intensiver der Lyrik zu. Bereits im August 1840 erschien bei Campe – unzensiert – das ›Börne‹-Buch und zwei Monate später, im Oktober 1840, der vierte und letzte Band des ›Salon‹. Er enthielt das Novellenfragment ›Der Rabbi von Bacherach‹ – zur Wiederaufnahme dieses Textes wurde Heine durch die Judenverfolgung in Damaskus angeregt –, die Berichte ›Über die französische Bühne‹ und einige neue Romanzen und Gedichte.

Mit dem Buch ›Ludwig Börne. Eine Denkschrift‹ – Campe benutzte anfangs den polemischer wirkenden Titel ›Heinrich Heine über Ludwig Börne‹ – präsentierte Heine einen Text, der innerhalb seines Werks eine Ausnahme blieb. Es gelang ihm, ein vielschichtiges und umfangreiches Material unter einem Thema zusammenzufassen und zu einer geschlossenen Form umzugestalten. Nichts Vorläufiges und Zufälliges wie in seinen anderen fragmentarischen Prosatexten, sondern, unter Beibehaltung des assoziativen Stils, ein bewußtes Verknüpfen von Einzelbeispielen mit der dynamisch sich entwickelnden Hauptlinie. Ausgehend von einigen wichtigen Lebensstationen Börnes, erweiterte Heine sein eigentliches Thema, die ›politische Sturm- und Drangperiode‹, durch Darstellung von Personen und Ereignissen, die die europäischen Freiheitsbewegungen seit der Pariser Julirevolution von 1830 zwischen Frankreich und Polen bestimmten. Höhepunkt und Abschluß bildete die als warnendes Beispiel vorgeführte Wandlung Börnes und seiner Mitstreiter zu ›wahnsinnigen‹ Radikalen, die religiösen und politischen Fanatismus als Heils- und Befreiungslehre predigten. Die wahre demokratische Gesellschaft und nebenbei auch die Kunst, so das Fazit, müßten auf diesem Weg zugrunde gehen.

Die Empörung, die das Buch auslöste, entzündete sich an der Degradierung Börnes vom öffentlich anerkannten Freiheitshelden zum verkappten und rachsüchtigen Scharfrichter aller Mäßigen und Andersdenkenden. Eine der provozierendsten

Textstellen lautete: »Der Vorwurf in den Worten ›argwöhnischer Kleingeist‹ soll hier weniger das Individuum als vielmehr die ganze Gattung treffen, die in Maximilian Robespierre, glorreichen Andenkens, ihren vollkommensten Repräsentanten gefunden. Mit diesem hatte Börne zuletzt die größte Ähnlichkeit: im Gesichte lauerndes Mißtrauen, im Herzen eine blutdürstige Sentimentalität, im Kopfe nüchterne Begriffe ... Nur stand ihm keine Guillotine zu Gebote, und er mußte zu Worten seine Zuflucht nehmen und bloß verleumden. Auch dieser Vorwurf trifft mehr die Gattung; denn sonderbar! eben so wie die Jesuiten, haben die Jakobiner das Lügen als ein erlaubtes Kriegsmittel adoptiert, vielleicht, weil sich beide der höchsten Zwecke bewußt waren: jene stritten für die Sache Gottes, diese für die Sache der Menschheit ... Wir wollen ihnen daher ihre Verleumdungen verzeihen! Ob aber bei Ludwig Börne nicht manchmal ein geheimer Neid im Spiele war? Er war ja ein Mensch, und während er glaubte, er ruiniere den guten Leumund eines Andersgesinnten nur im Interesse der Republik, während er sich vielleicht noch etwas darauf zu Gute tat, dieses Opfer gebracht zu haben, befriedigte er unbewußt die versteckten Gelüste der eignen bösen Natur, wie einst Maximilian Robespierre, glorreichen Andenkens!«[234]

Nur Laube ergriff öffentlich Heines Partei: Dieser habe ›nie etwas Besseres geschrieben‹ und Börne sei ›nie so treffend geschildert‹ worden. Sonst warf man Heine ›Überheblichkeit‹ vor, erkannte, daß er sich ›vollkommen in seiner moralischen Auflösung‹ zeige, und verglich den männlichen, zeitgemäßen Börne mit dem weibischen, überholten Heine. Enttäuscht von den negativen Reaktionen und beunruhigt durch die gegen ihn gerichteten Intrigen radikaler Republikaner und ihrer Anhänger, schrieb er am 27. Januar an Gustav Kolb nach Augsburg: »Es herrscht hier eine düstre, verbissene Stimmung und man ist noch nicht sicher vor den schrecklichsten Ausbrüchen. Ich habe große Furcht vor dem Gräul einer Proletarierherrschaft, und ich gestehe Ihnen, aus Furcht bin ich ein Konservativer geworden.«[235]

Fünf Monate später kam es tatsächlich zu einem physischen Angriff auf Heine, aber das Motiv dafür lag nicht in politischer, sondern in persönlicher Erregtheit. Eingedenk der polemischen Kritik, die Börne in seinen ›Briefen aus Paris‹ an ihm geübt hatte, war ihm selber in seinem ›Börne‹-Buch die Feder ausgerutscht. Da er seit seinem Besuch bei Börne in Frankfurt 1827 intimere Kenntnis von dessen Verhältnis zu Jeanette Wohl besaß und von ihrer auch nach Jeanettes Verheiratung in Paris fortgesetzten Beziehung wußte, entwarf er ein Dreiecksverhältnis, in das er als Dritten Jeanettes Mann, Salomon Strauß, als vermeintlich devoten Börne-Verehrer einfügte. Die boshafte Szene mußte die noch lebenden Eheleute in Wut versetzen.

»Einen großen, vielleicht den größten Einfluß übte damals auf Börne die sogenannte Madame Wohl, eine bereits in diesen Blättern erwähnte zweideutige Dame, wovon man nicht genau wußte, zu welchem Titel ihr Verhältnis zu Börne sie berechtigte, ob sie seine Geliebte oder bloß seine Gattin. Die nächsten Freunde behaupteten lange Zeit steif und fest, daß Madame Wohl ihm heimlich angetraut sei und eines frühen Morgens als Frau Doktor Börne ihre Aufwartungen machen werde ... Unstreitbar herrschte zwischen beiden die innigste Zuneigung, aber während das Publikum zweifelhaft war, welche sinnliche Tatsachen daraus entsprungen sein möchten, überraschte uns einst die plötzliche Nachricht, daß Madame Wohl sich nicht mit Börne, sondern mit einem jungen Kaufmann aus Frankfurt vermählt habe ...

Die Verwunderung hierüber ward noch dadurch gesteigert, daß die Neuvermählte nebst ihrem Gatten hierherkam, mit Börne ein und dieselbe Wohnung bezog, und alle drei einen einzigen Haushalt bildeten. Ja, es hieß, der junge Gatte habe die Frau nur deshalb geheuratet, um mit Börne in nähere Berührung zu kommen, er habe sich ausbedungen, daß zwischen beiden das frühere Verhältnis unverändert fortwalte. Wie man mir sagt, spielte er im Hause nur die dienende Person, verrichtete die roheren Geschäfte und ward ein sehr nützlicher Laufbursche für Börne, mit dessen Ruhm er hausieren ging und gegen dessen Gegner er unerbittlich Gift und Galle geiferte.«[236]

Jeanette und Salomon Strauß rächten sich zunächst mit einer ungeschickten polemischen Schrift, in der sie Heine als kleines Talent hinstellten, das sich an dem großen Denkmal deutscher Freiheit und am deutschen Wesen überhaupt vergriffen habe. Er sei ein Klatschliterat, der selbst vor edlen Verstorbenen wie Börne keinen Respekt zeige. Aus einer zufälligen Begegnung Heines mit Strauß am 14. Juli 1841, die zu einem heftigen Wortwechsel führte – deutsche Zeitungen berichteten von einer ›weitschallenden‹ Ohrfeige –, wurde schließlich ein Duell auf Pistolen, bei dem Heine am 7. September 1841 eine leichte Verletzung davontrug. Die Gemüter der Beteiligten sowie der schadenfrohen Zuschauer beruhigten sich erst wieder, nachdem die ganze Affäre in der Presse breitgetreten worden war. Eine dämpfende Wirkung hatte in Deutschland die zugunsten Heines formulierte Erklärung, die der junge Jurastudent Ferdinand Lassalle am 25. September 1841 in der ›Breslauer Zeitung‹ veröffentlichte.[237] Er kam 1844 nach Paris, wo er Heine bei dessen Erbschaftsstreit einen weiteren Dienst erwies.

Mitten in diesem Trubel heiratete Heine am 31. August 1841 in der Kirche Saint-Sulpice seine treue Mathilde. Onkel Salomon erhöhte daraufhin die kürzlich wieder zugestandene Jahresrente. An Campe schrieb der Neuvermählte zwei Tage vor seinem Duell mit Strauß: »Heute melde ich Ihnen ein Begebniß, welches ich Ihnen bereits mehre Tage vorenthielt – nemlich meine Vermählung mit dem schönen und reinen Wesen, das bereits seit Jahren unter dem Namen Mathilde Heine an meiner Seite weilte, immer als meine Gattin geehrt und betrachtet ward.«[238]

## 7.
## *Paris II – Rückkehr zur Lyrik*
(1842–1848)

Am 28. Februar 1842 schrieb Heine an Campe: »Ich bin überzeugt, daß ich jetzt meine bedeutendsten lyrischen Produkte geben kann. Nur Ruhe muß ich mir schaffen und mich von meinem bösen Kopfübel etwas heilen.«[239] Trotz der alten Klagen über die schlechte Gesundheit und die schwachen Finanzen, ging es Heine in den nächsten drei Jahren bis 1844 verhältnismäßig gut. Erholungsreisen, die ihn neuerdings nach Cauterets, einen Modekurort in den nördlichen Pyrenäen, führten, ließen ihn seine zunehmenden physischen Leiden ertragen, und die regelmäßigen Einkünfte aus der französischen Staatspension und der Jahresrente des Onkels ermöglichten es ihm, auch ohne Zeitungs- und Buchhonorare mit Mathilde annehmbar zu leben. Daß der Druck, der durch die übermäßige Arbeit an den stoffreichen Artikelserien und die schreibaufwendigen Auseinandersetzungen mit den Gegnern seiner politischen und künstlerischen Ansichten entstanden war, nachgelassen hatte, spürte er deutlich. Endlich konnte er die so lange zurückgedrängte lyrische Kraft wieder unter Beweis stellen. Zehn Jahre lang war seine Poesie in Nutz- und Unterhaltungsprosa versickert und der Gefahr ausgesetzt gewesen, in der Verschwendung an Tagesware trivial zu werden.

Die beruhigende Gegenwart der kindlich wilden Mathilde, mit der er jetzt ständig, wenn auch bei getrennten Schlafzimmern, zusammenwohnte, der von Exzessen befreite routiniertere Umgang mit der Pariser Gesellschaft und die Verbindung zu seinem deutschen und französischen Publikum, das durch Buch- und Zeitungsverlage jederzeit für ihn erreichbar war, verschafften ihm die notwendige gespannte Stille, um sich in seinem innersten Wesen wiederzufinden. Im ersten freien Atemschöpfen vermischten sich vor seinen Augen die Wälder des Harzes und der Pyrenäen, die Gespenster des roten Sefchens und die Elementargeister nordischer Sagen, die romantischen

Phantasien aus der Vergangenheit und die sinnlich-realen Erfahrungen aus der Gegenwart. In Cauterets, umgeben von der Pariser Sommergesellschaft und den dunklen Wäldern, in denen noch Bären hausten, war er plötzlich wieder da, der poetische Schub. Heine begann seinen ›Sommernachtstraum‹ zu schreiben, das Epos vom Tanzbären ›Atta Troll‹, ein artistisches Kunststück im Widerspiel von Romantik und Zeitkritik. Gleich die ersten zwei Strophen der ›versifizirten Reisebilder‹ stimmten auf beide Ebenen ein.

»Rings umragt von dunklen Bergen,
Die sich trotzig übergipfeln,
Und von wilden Wasserstürzen
Eingelullet, wie ein Traumbild,

Liegt im Tal das elegante
Cauterets. Die weißen Häuschen
Mit Balkonen; schöne Damen
Stehn darauf und lachen herzlich.«

Als ›Atta Troll‹, das ›letzte freie Waldlied der Romantik‹, wie Heine verkündete, im März 1843 in der ›Zeitung für die elegante Welt‹ erschien – Laube hatte wieder die Redaktion übernommen –, reagierten fast alle liberalen Kritiker enttäuscht. Sie mißverstanden die Verbindung von Schilderungen im romantischen Stil mit witziger Polemik gegen Tendenzliteratur als Rückzug in die unpolitische Kunst. Erst die 1847 veröffentlichte erweiterte Buchfassung fand ein positiveres Echo, denn man erkannte jetzt, durch die inzwischen erschienenen ›Neuen Gedichte‹ aufmerksam gemacht, den neuen Trend der Poesie Heines: Hatte er früher romantische Lyrik mit satirischen Widerhaken versehen, so versah er jetzt realistisch-satirische Lyrik mit romantisch-poetischen Zwischentönen. Der französische Dichter Théodore Banville bekannte 1853: »Wenn ich sehe, wie man überall nach einer Formel für moderne Poesie sucht, muß ich lachen, denn sie wurde bereits im ›Atta Troll‹ gefunden.«[240]

Im Hinblick auf das Mißverständnis, er habe der politischen Literatur eine Absage erteilt, nur weil er Tendenzdichtung für schlechte Dichtung hielt, erklärte Heine 1847 im Vorwort zur Buchausgabe des ›Atta Troll‹: »Das Talent war damals [zur Zeit radikaler Republikaner wie Börne] eine sehr mißliche Begabung, denn es brachte in den Verdacht der Charakterlosigkeit. Die scheelsüchtige Impotenz hatte endlich, nach tausendjährigem Nachgrübeln, ihre große Waffe gefunden gegen die Übermüdung des Genius; sie fand nämlich die Antithese von Talent und Charakter. Es war fast persönlich schmeichelhaft für die große Menge, wenn sie behaupten hörte: die braven Leute seien freilich in der Regel sehr schlechte Musikanten, dafür jedoch seien die guten Musikanten gewöhnlich nichts weniger als brave Leute, die Bravheit aber sei in der Welt die Hauptsache, nicht die Musik. Der leere Kopf pochte jetzt mit Fug auf sein volles Herz, und die Gesinnung war Trumpf. Ich erinnere mich eines damaligen Schriftstellers, der es sich als ein besonderes Verdienst anrechnete, daß er nicht schreiben könne; für seinen hölzernen Stil bekam er einen silbernen Ehrenbecher [Auszeichnung von liberalen Verbänden für verdienstvolle Patrioten]. Bei den ewigen Göttern! damals galt es die unveräußerlichen Rechte des Geistes zu vertreten, zumal in der Poesie. Wie eine solche Vertretung das große Geschäft meines Lebens war, so habe ich sie am allerwenigsten im vorliegenden Gedicht außer Augen gelassen, und sowohl Tonart als Stoff desselben war ein Protest gegen die Plebiscita der Tagestribünen... ich schrieb dasselbe zu meiner eignen Lust und Freude, in der grillenhaften Traumweise jener romantischen Schule, wo ich meine angenehmsten Jugendjahre verlebt.«[241]

Heine wußte, daß er unter den jungen begabten Schriftstellern immer mehr Nachahmer fand. Nur besaßen sie noch nicht genug Einfluß, um sich in Zeitschriften öffentlich für ihn einsetzen zu können. Anders der junge Jurist Lassalle, der in der ›Ohrfeigenaffäre‹ sein Dichteridol verteidigte, oder der junge Komponist Richard Wagner, der sich von 1840 bis 1842 in Paris aufhielt. Heine half ihm mit seinen Beziehungen zu den Berühmtheiten der Pariser Musikszene, konnte aber nicht verhindern, daß Wagner mit seinem Projekt ›Der Fliegende Holländer‹, einer beliebten Opernvorlage jener Jahre, die Heine im ›Schnabelewopski‹ verarbeitet hatte, scheiterte.

Wagner, der den Poeten Heine verehrte und von seinen antisemitischen Wahnvorstellungen noch weit entfernt war, nahm ebenfalls die ›Ohrfeigenaffäre‹ zum Anlaß, sich öffentlich zu ihm zu bekennen. Der Artikel erschien am 23. Juni 1841 in der ›Leipziger Allgemeinen Zeitung‹. Darin wetterte er:

»Wer von unserm jungen Volk eine Feder zur Hand nimmt, gut oder schlecht, bewußt oder unbewußt, sucht er es Heine nachzumachen, denn nie hat eine so plötzlich und mit Blitzes-Schnelle hervorgerufene, gänzlich unvermuthete Erscheinung ihre Richtung so unwiderstehlich beherrscht, als die Heine's die ihrige. Nicht genug aber, daß wir nachher geduldig zusehen, wie unsere Polizei dieß herrliche Talent von seinem vaterländischen Boden verjagt, daß wir mit schnell erschlaffter Spannkraft übersehen, wie seine üppige Wurzel aus der Erde gerissen wird, die ihr allein Nahrung geben konnte, daß wir dem zu Folge mit schläfrigem Gähnen bemerken, Freund Heine hätte in Paris das Reisebilder Schreiben verlernt, daß wir ihn zwingen, aufzuhören, Deutscher zu seyn, während er doch nimmer Pariser werden kann – nein! wir freuen uns auch, wenn diesem Heine eine [schlechte] Behandlung widerfährt.«[242]

Als Wagner im Frühjahr 1842, verbittert über den ausgebliebenen Erfolg, aber mit der fertigen Partitur zum ›Fliegenden Holländer‹ im Gepäck, Paris verließ, rückte Heine in einen seiner Musikberichte für die ›Augsburger Allgemeine‹ die Zeilen ein: »Welche traurigen Erfahrungen mußte Herr Richard Wagner machen, der endlich, der Vernunft und des Magens gehorchend, das gefährliche Projekt, auf der französischen Bühne Fuß zu fassen, klüglich aufgab und nach dem deutschen Kartoffelland zurückflatterte.«[243]

Seit Anfang 1843 klagte Heine über Trübung der Augen, Lidschmerzen und eine »Erschlaffung der Gesichtsmuskeln auf der rechten Seite«, wie er an seine Mutter schrieb. Beunruhigt über die Lähmungserscheinungen, die ihn an einen plötzlichen Tod denken ließen, verfaßte er am 7. April 1843 ein Testament. Er ernannte Mathilde zur Universalerbin und Maximilian und Detmold zu literarischen Nachlaßverwaltern. Nach Aufzählung der ihm liebsten Menschen – seine Mutter, seine Schwester, sein Bruder Gustav, Vetter Carl und Onkel Salomon – beendete er den kurz gehaltenen Text mit der feierlichen Erklärung: »Nach den teuren Verwandten deren ich erwähnt, nach meinem seligen Vater und meinem armen Weibe, habe ich auf dieser Welt nichts so sehr geliebt wie das französische Volk, das teure Frankreich.«[244]

Alles ging jedoch weiter wie gewohnt. Heine arbeitete am

›Atta Troll‹, der auch in der Buchfassung unvollendet blieb, redigierte Artikel für die ›Augsburger Allgemeine‹, schrieb mit dem neu gewonnenen Elan Gedichte und besuchte Balzac, die Oper und die Futardos, deren Tochter Cecile 1838 Carl Heine geheiratet hatte und seitdem in Hamburg lebte. Im September 1843 empfing er Friedrich Hebbel, der ihm im Auftrag Campes ein Exemplar der dritten Auflage des zweiten Teils der ›Reisebilder‹ überreichte. Beide Dichter verstanden sich sofort, und es war für Heine eine stärkende Wohltat, von einem andern großen Talent, das sich in die gleiche Richtung realistischer Literatur bewegte, vorbehaltlos bewundert zu werden.

Am 16. September 1843 berichtete der dreißigjährige Hebbel seiner Freundin Elise Lensing nach Hamburg: »›Sie sind Hebbel? Ich freue mich außerordentlich, Sie persönlich kennenzulernen! Sie sind einer von wenigen‹, fügte er hinzu, ›die ich schon zuweilen beneidet habe.‹ Es kam nun gleich ein lebhaftes Gespräch zwischen uns in Gang, wir wechselten die geheimen Zeichen, an denen die Ordensbrüder einander zu erkennen geben, aus und vertieften uns in die Mysterien der Kunst. Mit Heine kann man das Tiefste besprechen, und ich erlebte einmal wieder die Freude einer Unterhaltung, wo man bei dem andern nur anzuticken braucht, wenn man den eigensten Gedanken aus seinem Geist hervortreten lassen will. Das ist sehr selten. Im allgemeinen hat Heine einen unerwartet günstigen Eindruck auf mich hervorgebracht. Er ist allerdings etwas angeründet, aber keineswegs dick, und in seinem Gesicht mit den kleinen, scharfen Augen liegt etwas Zutrauen-Einflößendes … Ich glaube, er ist der unerbittlichste Feind aller Mittelmäßigkeit, auch der wahrhaft poetischen, die es zu nichts bringt, aber die Kraft weiß er zu respektieren.«[245]

Sie sprachen auch über Hamburg, aber nicht über Hebbels Freundin Elise, sondern über Heines Onkel Salomon, der seit einigen Wochen schwer erkrankt war. Heine machte sich Sorgen, wie es nach dem Tod seines Onkels weitergehen sollte, aber er wußte auch, daß er mit ihm seinen zweiten Vater verlieren würde. Er traf sich noch einmal mit Hebbel, sich insgeheim auf Hamburg vorbereitend. Zufälligerweise erschien einen Tag vor seiner Abreise im ›Wandsbecker Intelligenzblatt‹ sein Gedicht auf den politisch und poetisch gleichgesinnten Georg Herwegh, der Ende Dezember 1842 in Berlin von Friedrich Wilhelm IV. empfangen worden war und unmittelbar danach, auf Druck preußischer Behörden, Deutschland hatte verlassen müssen. Heine erkannte in ihm das eigene Schicksal.

»Ein schimpfender Bedientenschwarm,
Und faule Äpfel statt der Kränze –
An jeder Seite ein Gendarm,
Erreichtest endlich du die Grenze.

Dort bleibst du stehn. Wehmut ergreift
Dich bei dem Anblick jener Pfähle,
Die wie das Zebra sind gestreift,
Und Seufzer dringen aus der Seele:

›Aranjuez, in deinem Sand,
Wie schnell die schönen Tage schwanden,
Wo ich vor König Philipp stand
Und seinen ukermärkischen Granden.

Er hat mir Beifall zugenickt,
Als ich gespielt den Marquis Posa;
In Versen hab ich ihn entzückt,
Doch ihm gefiel nicht meine Prosa.‹«[246]

Innerhalb von acht Tagen erreichte Heine über Brüssel, Osnabrück und Bremen am 29. Oktober 1843 Hamburg. Dem Onkel ging es wieder besser, man umarmte sich, dinierte mit Verwandten und Gästen, und als Heine hörte, daß sein Onkel ein Hospital für Arme gestiftet habe, schrieb er das Gedicht ›Das neue Israelitische Hospital zu Hamburg‹, das er den politisch engagierten ›Zeitgedichten‹ einfügte, denn die sich im beginnenden Industriezeitalter ausbreitende Armut war noch ein Tabuthema, obwohl die Fürsten bereits auf Dampfschiffen fuhren und sich an den Gaslaternen in ihren Residenzstädten erfreuten.

»Ein Hospital für arme, kranke Juden,
Für Menschenkinder, welche dreifach elend,
Behaftet mit den bösen drei Gebresten,
Mit Armut, Körperschmerz und Judentume!
…
Der teure Mann! Er baute hier ein Obdach
Für Leiden, welche heilbar durch die Künste

Des Arztes (oder auch des Todes!), sorgte
Für Polster, Labetrank, Wartung und Pflege –

Ein Mann der Tat, tat er was eben tunlich;
Für gute Werke gab er hin den Taglohn
Am Abend seines Lebens, menschenfreundlich,
Durch Wohltun sich erholend von der Arbeit.

Er gab mit reicher Hand – doch reichre Spende
Entrollte manchmal seinem Aug, die Träne,
Die kostbar schöne Träne, die er weinte
Ob der unheilbar großen Brüderkrankheit.«[247]

Auch mit Campe verlief alles in schönster Harmonie. Man sprach über einen neuen Lyrikband – das politische Gedicht, das während der Freiheitskämpfe der Griechen und Polen in den zwanziger und dreißiger Jahren florierte, hatte erst wieder durch den unerwartet reaktionären Kurs Friedrich Wilhelms IV. Auftrieb bekommen und man sprach wiederholt über eine Gesamtausgabe. Campe erklärte sich bereit, für die Rechte an dem vollständigen Werk, einschließlich der noch durch Einzelhonorare zu vergütenden nachfolgenden Texte, eine Rente zu zahlen. Der Jahresbetrag war nicht überwältigend, dafür aber bis zu Heines Lebensende garantiert. Campe hielt sich an die Vereinbarung, und Heine baute an seinem Werk, als wollte er es neu erschaffen. Er war glücklich, belebt und produktiv, wie in den Entstehungsjahren des ›Buchs der Lieder‹. Detmold wünschte sich ein Wiedersehen in Hannover, Varnhagen in Berlin und Laube in Leipzig. An Mathilde schrieb er, sie solle Deutsch lernen und einen modernen Hut für seine Schwester kaufen, denn er wolle sie im nächsten Jahr nach Hamburg mitnehmen.

Anfang Dezember reiste er ab, besuchte Detmold in Hannover, Christian Sethe, den gediegenen, aber getreuen Freund, in Münster und traf am 15. Dezember über Aachen und Brüssel wieder in Paris ein. Von Brüssel aus hatte er der Mutter geschrieben: »Werde Dir erst in sechs oder acht Tagen wieder schreiben können, denn sowie ich in Paris ankomme, bin ich gleich mit einem solchen Wust von Geschäften überschüttet, daß ich nicht sobald zum schreiben kommen dürfte ... Grüße mir Lottchen, meine liebe Schwester, und ihre Kinder.«[248]

Heine gehörte nun bereits seit Jahren zu den Berühmtheiten,

die besucht wurden, von denen man ein Urteil, einen Zeitschriftenbeitrag, Anteilnahme und Bestätigung erhoffte und erbat. Nur selten kam es dabei zu Begegnungen, die ihn persönlich befriedigten, wie mit Laube, zeitweise mit Börne oder mit Hebbel und Herwegh. Spontanes Zutrauen faßte er auch zu dem fünfundzwanzigjährigen Karl Marx, der 1843 wegen der deutschen Zensur nach Paris gekommen war, um eine Zeitschrift für politisch radikale Ideen zu gründen. Er lernte ihn am 20. Dezember 1843 durch Arnold Ruge, den Herausgeber des frühsozialistischen ›Vorwärts‹ kennen, und bereits Anfang des nächsten Jahres verkehrte er freundschaftlich mit ihm und seiner Frau Jenny.

Marx besaß für Heine trotz seines jugendlichen Alters die beruhigende Zuverlässigkeit eines liberal denkenden Mannes, der, anders als der reizbare und sentimentale Börne, seine Überzeugungen aus der nüchternen Analyse der gesellschaftlichen Verhältnisse und nicht aus den ständig wechselnden Erscheinungen des politischen Alltags gewann. Neben dem gemeinsamen Interesse an Philosophie und Literatur verband sie die Zusammenarbeit an der Zeitschrift ›Deutsch-Französische Jahrbücher‹, deren erste Nummer Marx am 7. Februar 1844 herausgab. Über die von Sympathie getragenen gegenseitigen Bestätigungen ging das geistige Verhältnis jedoch nicht hinaus. Heine blieb bei seiner moderaten politischen Einstellung, und Marx, der ein phänomenales Gedächtnis besaß, machte in seinen späteren Werken nur gelegentlich literarische Anleihen bei Heine, etwa mit dem Begriff ›Opium fürs Volk‹, den er als Metapher für Religion dem ›Börne‹-Buch entnahm.

Von der geplanten Lyriksammlung ›Neue Gedichte‹, die Heine neben dem ›Buch der Lieder‹ als die zweite Säule seines poetischen Werks bezeichnete, bereitete ihm das ›große Gedicht‹ mit dem schönen und traurigen Titel ›Deutschland. Ein Wintermärchen‹ besondere Mühe. Es ähnelte in den stilistischen Grundzügen und in der Gestaltung den ›versifizirten Reisebildern‹ des ›Atta Troll‹, aber anstelle des etwas kompliziert angelegten Charakters des Tanzbären und der nicht immer eindeutigen Anspielungen, sollte das ›Wintermärchen‹ wieder vom Autor selbst erlebt werden und in Personal und Umgebung deutsche Zeitgenossen und deutsche Verhältnisse erkennbar abbilden.

Heine spürte, daß ihm nach der Übung mit dem ›Atta Troll‹

und dem Wiedersehen mit Deutschland ein großer Wurf gelang, der seine eigenen Anforderungen für poetisch-politische Literatur in hohem Maß erfüllte. Am 17. April 1844 teilte er Campe mit, daß das ›große Gedicht‹ fertig sei, und erklärte ihm, was auf ihn zukomme. »Ich will es nur noch mahl durchgehen mit der Lupe, und dann schicke ich es Ihnen direkt zu über Havre. Es ist ein gereimtes Gedicht, welches … die ganze Gärung unserer deutschen Gegenwart in der kecksten, persönlichsten Weise ausspricht. Es ist politischromantisch und wird der prosaischbombastischen Tendenzpoesie hoffentlich den Todesstoß geben. Sie wissen, ich prahle nicht, aber ich bin diesmal sicher, daß ich ein Werkchen gegeben habe, das mehr furore machen wird als die populärste Broschüre und das dennoch den bleibenden Werth einer klassischen Dichtung haben wird … Ich habe wie gesagt, niemandem eine Zeile von meinem Gedicht gezeigt, lasse auch keine Zeile (obgleich manche hochpoetisch unverfängliche Stücke drin sind) bey Laube drucken oder anderswo. Kurz, ich will überraschen, einen Schlag machen – und rechne auf Ihre Klugheit und Freundschaft. Auch Hamburg habe ich (zu Ihrem Ergötzen und Nutzen) mit harmlosem Humor bedacht. Liebster Campe! nur stumm wie ein Fisch.«[249]

Im 23. Kapitel (Caput XXIII) des ›Wintermärchens‹ hatte Heine längst eine Überraschung für seinen Verleger vorbereitet. Dieser vierte Abschnitt über Hamburg begann mit zwei vierzeiligen Strophen, die, als Stilmittel eingesetzt, dem ganzen Gedicht die unaufhaltsame Bewegung gaben:

»Als Republik war Hamburg nie
So groß wie Venedig und Florenz,
Doch Hamburg hat bessere Austern; man speist
Die besten im Keller von Lorenz.

Es war ein schöner Abend, als ich
Mich hinbegab mit Campen;
Wir wollten mit einander dort
In Rheinwein und Austern schlampampen.«[250]

Noch aber war es mit dem Druck nicht soweit. Heine feilte wie gewohnt bis zum letztmöglichen Termin an seinen Texten, an einigen geselligen Abenden sogar zusammen mit Marx, wie dessen Tochter Eleanor sich später erinnerte: »Es gab eine Zeit, wo Heine tagaus tagein bei Marxens vorsprach, um ihnen seine Verse vorzulesen und das Urtheil der beiden jungen Leute einzuholen. Ein Gedichtchen von acht Zeilen konnten Heine und Marx zusammen unzählige Male durchgehen, beständig das eine oder andere Wort diskutierend und so lange arbeitend und feilend, bis alles glatt und jede Spur von Arbeit und Feile aus dem Gedicht beseitigt war.«[251]

Am 30. Mai 1844 schickte Heine das Manuskript des ›Wintermärchens‹ und der ›Neuen Gedichte‹ an Campe voraus, bevor er selbst mit Mathilde nach Hamburg reiste – diesmal mit dem Schiff von Le Havre –, um sie den nächsten Verwandten vorzustellen und den Druck des Lyrikbands zu überwachen. In seinem Gepäck befand sich das Manuskript ›Die armen Weber‹ (später ›Die schlesischen Weber‹), das entstanden war, nachdem preußische Truppen am 6. Juni 1844 einen Aufstand schlesischer Weber niedergeschlagen hatten. Am 22. Juli traf das Ehepaar in Hamburg ein. Für Mathilde verlief die Begegnung mit den Verwandten so unersprießlich, daß sie bereits nach zwei Wochen allein nach Paris zurückfuhr. Heine blieb, und am 25. September erschienen endlich die ›Neuen Gedichte‹ mit ›Neuer Frühling‹, ›Verschiedene‹, ›Der Tannhäuser‹, ›Romanzen‹ und ›Zeitgedichte‹ sowie ›Deutschland. Ein Wintermärchen‹, das Campe als Einzeldruck herausbrachte.

Heine mußte sich beeilen, Deutschland wieder zu verlassen, da der preußische Innenminister wegen der Mitarbeit am ›Vorwärts‹ und an den ›Deutsch-Französischen Jahrbüchern‹ einen Haftbefehl gegen ihn erlassen hatte. Erst in Paris erfuhr er von der Aufnahme der ›Neuen Gedichte‹ durch die Kritiker. Die meisten wagten nicht, den politisch Verfolgten zu loben. Sie wichen auf die romantischeren Gedichte des ›Neuen Frühlings‹ und der ›Romanzen‹ aus, die sie mit dem ›Buch der Lieder‹ verglichen und überwiegend als Wiederholungen bezeichneten. Nur wenige, wie Laube, besaßen den Mut, Heine öffentlich zu bestätigen, daß er ein neuer politischer Poet geworden sei, »er kommt, der ach so oft todtgesagte! gepfiffen und gesungen gellend und verführerisch wie er nur je gesungen hat«[252].

Wie stark bereits kurze Zeit nach der Veröffentlichung der ›Neuen Gedichte‹ die Wirkung auf das Publikum war, bewies der Nachdruck einzelner Gedichte auf Flugblättern. In Berlin erhielt Friedrich Wilhelm IV. am 19. November 1844 von seinem Innenminister einen Bericht über die Beschlagnahme von ›Druckblättern‹, auf denen Heines ›Die schlesischen Weber‹ veröffentlicht sei, »eine in aufrührerischem Tone gehaltene und mit verbrecherischen Äußerungen angefüllte Ansprache an die Armen im Volke«. Man habe beobachtet, daß dieses Druckblatt paketeweise in Schenken verteilt und daraus vorgelesen worden sei. Der Bericht endete mit dem Hinweis auf die bereits eingeleiteten Gegenmaßnahmen: »Bei der Wichtigkeit des Falles wurde das Königliche Kammergericht aufgefordert, Ermittlungen anzustellen, wo das Flugblatt gedruckt worden war.«[253]

Friedrich Engels übersetzte ›Die schlesischen Weber‹ ins Englische und erklärte Heine zum, »hervorragendsten unter allen lebenden deutschen Dichtern«. Doch populärer wurde im Lauf der Jahrzehnte das ›Wintermärchen‹, das viele Nachahmer fand. Zensur und politische Vereinnahmung oder Gegnerschaft erreichten jedoch, daß die ›Neuen Gedichte‹ bis auf wenige Ausnahmen, zu denen die Romanze ›Ritter Olaf‹ und das Frühlingslied ›Leise zieht durch mein Gemüt‹ gehören, kaum ins Bewußtsein der Leser drangen, weder damals noch in der Folgezeit. Welchen Betrug an Heine das bedeutet, versteht man erst, wenn man sie alle gelesen hat. Nicht nur das ›Wintermärchen‹ und die ›Weber‹, auch das ›Israelitische Hospital‹, ›Georg Herwegh‹ und die vielen anderen Gedichte wie das zeitlose ›In der Fremde‹ aus dem Zyklus ›Verschiedene‹:

»Es treibt mich fort von Ort zu Ort,
Du weißt nicht mal warum;
Im Winde klingt ein sanftes Wort,
Schaust dich verwundert um.

Die Liebe, die dahinten blieb,
Sie ruft dich sanft zurück:
O komm zurück, ich hab dich lieb,
Du bist mein einziges Glück!

Doch weiter, weiter, sonder Rast,
Du darfst nicht stille stehn;
Was du so sehr geliebet hast,
Sollst du nicht wiedersehn.«[254]

Am 16. Dezember 1844 schickte Carl Heine zweihundert Francs als Weihnachtsgeschenk für Mathilde und teilte mit, daß sein Vater sich gesundheitlich völlig erholt habe. Am 24. Dezember schrieb Charlotte ihrem Bruder, daß Onkel Salomon einen Tag zuvor gestorben sei. Heine antwortete am 29. Dezember: »Gestern abend spät erhielt ich Deinen Brief. Du kannst Dir leicht vorstellen, welche schreckliche Nacht verbracht habe. Das Gehirn zittert mir im Kopf. Ich kann noch keine zwey Gedanken zusammen fassen. Obgleich ich auf den Fall gefaßt war, erschüttert er mich doch so tief, wie mich seit dem Tode meines Vaters noch nichts bewegt ... Dieser Mann spielt eine große Rolle in meiner Lebensgeschichte und soll unvergeßlich geschildert werden. Welch ein Herz! Welch ein Kopf! Ueber seine letzten Verfügungen bin ich längst ohne Besorgniß; er hat mir selbst genug davon gesagt oder deutlich angedeutet.«[255]

Als am 30. Dezember wieder ein Brief von Carl kam, öffnete Heine ihn in höchster Anspannung, denn er vermutete, den Anteil seines Erbes zu erfahren. Die Vermutung war richtig, aber was er las, ließ ihn vorübergehend das Bewußtsein verlieren. Nach dem Testament seines Onkels erhielt er nur eine einmalige unerhebliche Summe, und was schlimmer war: Carl erklärte ihm, daß die von seinem Vater gezahlte Jahresrente ab 1845 auf die Hälfte reduziert werde. Für die Weiterzahlung, zu der er durch nichts und niemanden verpflichtet sei, da keinerlei schriftliche Abmachungen vorlägen, verlange er, daß Heinrich nichts mehr über die Familie veröffentliche und alles zurückhalte, was bereits geschrieben sei.

Heine war entsetzt und verzweifelt. Ohne die Zahlungen, die ihm sein Onkel auf Lebenszeit zugesichert hatte, konnte er kaum noch existieren. Schon gar nicht in Paris, mit Mathilde und als Kranker, der immer mehr Pflege, teure Medikamente und teure Ärzte brauchte. Er wolle sich von Carl weder geistig noch materiell ›knebeln‹ lassen und einen ›Todeskampf‹ beginnen, schrieb er an Campe. Die Motive für Carls verständnislose und harte Entscheidung wurden niemals ausreichend geklärt. Er war eine prosaische Natur wie sein Vater, aber im Gegensatz zu diesem widmete er sich lieber, wie Heine es ausdrückte, dem Wein, den Weibern und dem Tabak als karitativen Aufgaben. Vielleicht neidete er seinem Vetter Heinrich den Ruhm, aber gerade dieser berühmte Mann hatte ihn nicht verlassen, als er an Cholera erkrankte und halb Paris vor Angst aus der Stadt floh. Auch das klassische Motiv der Eifersucht wurde erwogen: Heinrich habe womöglich ein Verhältnis mit Cecile gehabt, bevor Carl sie heiratete. Nichts davon konnte nachgewiesen werden.

Heines Kampf um seine Rente dauerte über zwei Jahre und beschleunigte durch die damit verbundenen Aufregungen die ohnehin fortschreitende Lähmung, die über das Zentralnervensystem nach und nach den ganzen Körper erfaßte. Heine befand sich zwar bei Beginn der Auseinandersetzungen in einem der üblichen Erschöpfungszustände, die langen und konzentrierten Produktionsphasen folgten, aber der zusätzliche Kräfteverschleiß verlangsamte seine Regeneration erheblich. Erst Anfang der fünfziger Jahre gewann er sein volles künstlerisches Vermögen zurück, in Anbetracht seiner physischen Leiden ›eine medizinische Rarität‹.[256]

Während der zweijährigen Kampagne gegen Carl, für die Heine Meyerbeer, Fürst Pückler-Muskau, Varnhagen, Lassalle, Mitglieder der Familie Futardo und verschiedene Zeitungen mobilisierte, überwogen in seinen persönlichen Briefen die Klagen über seine zerrüttete Gesundheit. Am 23. Januar 1845 schrieb er an Detmold: »Ein kranker, arbeitsunfähiger Kopf, Mathilde, grimmige Privatfeinde, politische Verfolgung, noch allerley geheime Schäden, die täglich ausbrechen können und dabey kein Geld – das kann ich nicht aushalten.«[257] Das harte Los der politisch Verfolgten, die Ausweisung, traf ihn diesmal als Schützling des französischen Parlaments nicht. Man bestätigte sein unverbrüchliches Aufenthaltsrecht, wies ihn aber darauf hin, daß er damit nicht die französische Nationalität erworben habe. Marx mußte auf Anweisung des Innenministers, der den preußischen Behörden eine Art Amtshilfe leistete, Ende Januar 1845 Frankreich verlassen. Er verabschiedete sich von Heine mit den Zeilen: »Von Allem, was ich hier an Menschen zurücklasse, ist mir die Heinesche Hinterlassenschaft am unangenehmsten. Ich möchte Sie gern mit einpacken.«[258]

Im Sommer 1845 bezog Heine für vier Monate ein kleines Landhaus in Montmorency nordwestlich von Paris und nahm Schwefelbäder im benachbarten Enghien-les-Bains. Als er im

Oktober nach Paris zurückkehrte, hatten sich weder seine körperlichen Leiden noch seine Stimmung verbessert. Hinsichtlich des Erbschaftsstreits schrieb er an Campe: »Ach, theurer Freund, man hat sich schrecklich an mir versündigt, man hat mit unerhörter Schändlichkeit an meinem Genius gefrevelt, ich kann mir die Wunde nicht länger verläugnen, und es werden Jahre hingehen ehe der alte Humor wieder gesund sprudelt. Ein tieferer Ernst, ein unklarer Ungestüm hat mich ergriffen, der vielleicht eigenthümlich furchtbare Ausbrüche gestattet in Prosa und Versen – aber das ist doch nicht, was mir ziemt und was ich wollte. Einst süßestes Leben, jetzt Verdüsterung und Todeslust.«[259]

Anfang des Jahres 1846 trat Lassalle in Berlin an Alexander von Humboldt mit der Bitte heran, von der preußischen Regierung für Heine die Erlaubnis zu erwirken, sich von dem berühmten Arzt Johann Friedrich Dieffenbach behandeln zu lassen. Trotz bester Verbindungen mußte Humboldt zwei Wochen später seinen Mißerfolg eingestehen. Der preußische König sei von Heine beleidigt worden, man könne ihm daher kein freies Geleit zusagen. Heine wollte sich bei dem zwanzigjährigen Lassalle für die Mittlerdienste revanchieren und empfahl ihn Varnhagen. Im Rückblick auf die eigene Jugend schrieb er:

»Mein Freund, Herr Lassalle ... ist ein junger Mann von den ausgezeichnetsten Geistesgaben ... Jedenfalls war diese Vereinigung von Wissen und Können, von Talent und Charakter für mich eine freudige Erscheinung und Sie bey Ihrer Vielseitigkeit im Anerkennen, werden gewiß ihr volle Gerechtigkeit widerfahren lassen. Herr Lassalle ist nun einmahl so ein ausgeprägter Sohn der neuen Zeit, der nichts von jener Entsagung und Bescheidenheit wissen will, womit wir uns mehr oder minder heuchlerisch in unserer Zeit hindurchgelungert und hindurchgefaselt. Dieses neue Geschlecht will genießen und sich geltend machen im Sichtbaren; wir, die Alten, beugten uns demüthig vor dem Unsichtbaren, haschten nach Schattenküssen und blauen Blumengerüchen, entsagten und flennten und waren doch vielleicht glücklicher, als jene harten Gladiatoren, die so stolz dem Kampftode entgegengehen. Das tausendjährige Reich der Romantik hat ein Ende, und ich selbst war sein letzter und abgedankter Fabelkönig.«[260]

Der ›letzte Fabelkönig‹ beherrschte noch immer sein Reich.

Heine schrieb 1846 im Getöse von Paris und im Lärm des Erbschaftsstreits, mit schwer herabsinkenden Augenlidern und von Schmerzen gepeinigt, ganz unvermittelt aus seiner poetischen Welt heraus eines seiner schönsten Gedichte, das 1851 im Lyrikband ›Romanzero‹ aufgenommen wurde und jedes andere Reich und jede andere Epoche überdauerte.

»Der Asra

Täglich ging die wunderschöne
Sultanstochter auf und nieder
Um die Abendzeit am Springbrunn,
Wo die weißen Wasser plätschern.

Täglich stand der junge Sklave
Um die Abendzeit am Springbrunn,
Wo die weißen Wasser plätschern;
Täglich ward er bleich und bleicher.

Eines Abends trat die Fürstin
Auf ihn zu mit raschen Worten:
Deinen Namen will ich wissen,
Deine Heimat, deine Sippschaft!

Und der Sklave sprach: Ich heiße
Mohamet, ich bin aus Jemen,
Und mein Stamm sind jene Asra,
Welche sterben, wenn sie lieben.«[261]

Heine setzte seine Einfälle meist in kürzester Zeit um, arbeitete aber dafür, zum Leidwesen Campes, sehr lange an den Korrekturen. Als ihm im Januar 1846 der Direktor von ›Her majesty's Theatre‹ in London, Benjamin Lumley, seine Aufwartung machte und ihn fragte, ob er ihm eine Vorlage für ein phantastisches Ballett entwerfen könne, sagte der von Geldsorgen geplagte Heine sofort zu. Da er sich oft mit Mythen beschäftigt hatte, bedurfte es nur seiner Rückerinnerung und Inspiration, um das gewünschte Szenarium fertigzustellen. Der Text mußte nicht ausgefeilt werden, und die Sinnennähe des Tanzes belebte seine Vorstellungskraft. Schon vierzehn Tage später schickte er den Entwurf ›Die Göttin Diana‹ nach London und erhielt dafür viertausend Francs Honorar.

Wegen technischer und künstlerischer Schwierigkeiten konnte Lumley zwar keine Aufführung zustande bringen, aber er machte den Ballettentwurf nicht dafür verantwortlich. Ende des Jahres 1846 bat er um eine zweite Skizze, die Heine ebenso schnell ablieferte. Doch das Mißgeschick wiederholte sich, das ›Tanzpoem Doktor Faust‹ wurde nicht realisiert. Heine, der sich gerade von seinem ›Faust‹ Erfolg und zusätzliche Tantiemen versprochen hatte, verhandelte noch bis 1852 mit Lumley und zeitweise auch mit Laube, der seit 1850 das Wiener Burgtheater leitete, aber ohne Ergebnis.

Das uneinsichtige Verhalten Carls, der sich nicht einmal durch Briefe von Meyerbeer und Pückler-Muskau umstimmen ließ, gab Heine pessimistische Gedanken über die Ungerechtigkeit dieser Welt ein. »Sie haben keinen Begriff davon«, schrieb er an Varnhagen, »wie selbstquälerisch mein Gemüth ist, wenn es sich gedemüthigt sieht in sich selber.«[262] Und am 15. Februar 1846 bekannte er Varnhagen niedergeschlagen: »Ich bin so unglücklich und elend, wie ich es nie war, und ließe ich nicht ein hülfloses Weib zurück, so würde ich ruhig meinen Hut nehmen und der Welt Valet sagen.«[263] Dann raffte er sich wieder auf und berichtete Lassalle: »Mein körperlicher Zustand ist entsetzlich. Ich küsse, fühle aber nichts dabey, so stark gelähmt sind meine Lippen. Auch der Gaumen und ein Theil der Zunge affizirt, und alles, was ich esse, schmeckt mir wie Erde. Dieser Tage habe ich kaiserlich russische Bäder versucht, von der strengsten Observanz. An Muth fehlt es mir nicht.«[264]

Immerhin war Heine physisch noch kräftig und beweglich genug, um im März 1846 ein Diner zu geben, zu dem er so illustre Gäste wie Balzac und Berlioz einlud. Und er konnte noch Anfang Juni die weite Reise quer durch Frankreich bis zu den Pyrenäen machen. Diesmal besuchte er die Heilquellen von Bagnères-de-Bigorre und von Barèges, die ebenso wie Cauterets in der weiteren Umgebung von Lourdes in den Bergen liegen. »Der Anblick der Naturschönheiten erfrischt mir die Seel«, schrieb er am 25. Juni aus Barèges. Da er länger als sonst aus Paris fortblieb, tauchten in den Zeitungen Gerüchte auf. Heine sei im Irrenhaus – das kam von seinen hämischen Feinden. Und: Heine sei tot – das kam von seinen besorgten Freunden.

Als er Anfang September nach Paris zurückkam, erfaßten ihn

von neuem Depressionen. Die Kuren schlugen nicht mehr an, er hatte sein spärliches Geld umsonst ausgegeben. Bereits von unterwegs, aus Tarbes, am Rand der Pyrenäen, schrieb er an Campe: »Meine Meinung geht dahin, daß ich nicht mehr zu retten bin, daß ich aber vielleicht noch eine Weile, ein oder höchstens zwey Jahre, in einer trübseligen Agonie mich hinfristen kann. Nun, das geht mich nichts an, das ist die Sorge der ewigen Götter, die mir nichts vorzuwerfen haben, und deren Sache ich immer mit Muth und Liebe auf Erden vertreten habe. Das holdselige Bewußtseyn ein schönes Leben geführt zu haben, erfüllt meine Seele selbst in dieser kummervollen Zeit, wird mich auch hoffentlich in den letzten Stunden bis an den weißen Abgrund begleiten. – Unter uns gesagt, dieser letztere ist das wenigst Furchtbare, das Sterben ist etwas schauderhaftes, nicht der Tod, wenn es überhaupt einen Tod giebt. Der Tod ist vielleicht der letzte Aberglaube.«[265]

Am 27. September 1846 korrigierte Heine sein Testament aus dem Jahr 1843. Anstelle des viel herumreisenden Bruders Maximilian setzte er neben Detmold als zweiten literarischen Nachlaßverwalter Heinrich Laube ein. Und er fügte einen längeren Klagetext über seine Armut hinzu, derentwegen er seine Frau im Elend zurücklassen müsse. »Obgleich ich von Natur und vom Glücke mehr als andere Menschen begünstigt ward; obgleich es mir zur Ausbeutung meiner Geistesgaben weder an Verstand noch an Gelegenheit gebrach; obgleich ich, aufs engste befreundet mit den Reichsten und Mächtigsten dieser Erde, nur zuzugreifen brauchte, um Gold und Ämter zu erlangen: so sterbe ich dennoch ohne Vermögen und Würden. Mein Herz hat es so gewollt, denn ich liebte immer die Wahrheit und verabscheute die Lüge.«[266]

Bei den ›Reichsten‹ und ›Mächtigsten‹ dachte Heine an seinen Onkel und an die Furtados, aber vor allem an den Baron James de Rothschild, in dessen Haus, das heißt in dessen tempelartigem Palast außerhalb von Paris, er durch die Baronin Betty de Rothschild bereits 1834 aufgenommen worden war. James de Rothschild, damals wahrscheinlich der reichste Bankier Europas, den der Schriftsteller François-René de Chateaubriand ›le maître des rois – den Herrn der Könige‹ nannte, duldete bei seinen illustren Abendgesellschaften gutmütig die sarkastischen Scherze von Salomon Heines Neffen. Er habe sich bei Rothschilds ›millionairement‹ (statt ›famillièrement‹) amüsiert, schrieb Heine, und er stellte fest, daß das ›Geldelend‹ noch quälender sei als Armut.

Unmittelbar nach der testamentarischen Fixierung seines wirtschaftlichen Elends nahm sich Rothschild, dem die Armut des berühmten ›Hamburger Neffen‹ zu Ohren gekommen war, seiner an und beteiligte ihn an erfolgreichen Spekulationen. Der Gründer des ›Vorwärts‹, Heinrich Börnstein, erinnerte sich in seinen ›Memoiren‹ an diese geglückte Börsenaktion, die dazu beitrug, Heine aus seiner materiellen Not zu befreien. »Baron Rothschild, der dem Dichter sehr geneigt war, hatte ihm bei der Emission der Nordbahn-Aktien zehn Stück davon geschenkt, mit der Bedingung, sie nicht eher zu verkaufen, bis sie so und so hoch im Course ständen; deshalb behielt Rothschild auch Heine's Aktien im Depot und als sie auf dem stipulirten Course angelangt waren, verkaufte er sie für ihn und Heine hatte, außer dem Aktien-Kapital, noch einen baaren Gewinn von 20.000 Francs.«[267]

Und im selben Monat Oktober 1846 geschah das Wunder: Carl, erschüttert durch die für echt gehaltene Nachricht vom Tod seines Vetters, war endlich zu sich gekommen und gab nach. Er sei, so schrieb er in liebenswürdigstem Ton, bereit, die Rente, die sein Vater festgelegt habe, regelmäßig weiterzuzahlen. Am 25. Februar 1847 kam Carl schließlich nach Paris, um auch persönlich Frieden zu schließen. So hart er sich vorher verhalten hatte, so weich war er nach Beendigung des Erbschaftsstreits. Bis zu Heines Tod erhöhte er die Rente fast auf das Doppelte, machte zusätzlich Geldgeschenke und setzte schriftlich fest, daß Mathilde nach dem Tod ihres Mannes die Hälfte seiner Rente bis ans Lebensende erhalten sollte.

Einen Tag nach dem Treffen mit Carl fügte Heine, vor Erleichterung noch tief gerührt, seinem Testament vom 27. September 1846 einen Nachtrag hinzu: »Seitdem ich dieses Testament schrieb, hat eine Aussöhnung zwischen mir und meinem Vetter Carl Heine stattgefunden … und als er mir zum Pfande seines feierlichen Versprechens die Hand reichte, drückte ich sie an meine Lippen, so tief war ich erschüttert und so sehr glich er in diesem Moment seinem seligen Vater, meinem armen Oheim, dem ich so oft wie ein Kind die Hand küßte, wenn er mir eine Güte erwies!«[268]

Heine brach noch einmal übermütig aus. Er schickte der Baronin Rothschild ein Exemplar des ›Atta Troll‹, bestimmte einige Wertpapiere als Erbe für seine Schwester Charlotte Embden, mietete wieder ein Landhaus in Montmorency und schrieb sich seinen Haß auf Preußen und Friedrich Wilhelm IV., den ›Romantiker auf dem Thron‹, durch dessen Willensschwäche die reaktionäre Militärclique und Hofkamarilla wieder die Oberhand gewonnen hatten, von der Seele. Das Gedicht ›Schloßlegende‹ war sein schärfster Angriff auf das Preußentum und eins seiner provozierendsten Gedichte überhaupt:

»Zu Berlin im alten Schlosse,
Sehen wir, aus Stein gemetzt,
Wie ein Weib mit einem Rosse
Sodomitisch sich ergötzt.

Und es heißt: daß jene Dame
Die erlauchte Mutter ward
Unsres Fürstenstamms; der Same
Schlug fürwahr nicht aus der Art.

Ja, sie hatten alle wenig
Von der menschlichen Natur!
Und an jedem Preußenkönig
merkte man die Pferdespur.

Stets brutal zugleich und blöde,
Stallgedanken, jammervoll,
Ein Gewieher ihre Rede,
Eine Bestie jeder Zoll.

Du allein, du des Geschlechtes
Letzter Sprößling, fühlst und denkst
Wie ein Mensch, und hast ein echtes
Christenherz, und bist kein Hengst.«[269]

Als Heine nach fünf Monaten aus der Abgeschiedenheit von Montmorency nach Paris zurückflüchtete, mietete er die von der Fürstin Belgiojoso ausgewählte Wohnung in der Rue da le Victoire nördlich der großen Boulevards. Dort erhielt er mehrfach Besuch von Levin Schücking und Friedrich Engels, mußte aber bald wieder ausziehen, denn die Fürstin hatte übersehen, daß sich genau unter seinem Appartement ein Pferdestall befand. Die nächste Wohnung lag in der Rue de Berlin. Da sich Heines Gesundheitszustand jedoch ganz plötzlich verschlechterte, begab er sich auf Anraten seines Hausarztes, des Österreichers Dr. Leopold Wertheim, wenige Tage nach dem Umzug in eine Privatklinik, in der er vom 6. Februar bis zum 7. Mai 1848 blieb.

Während eines Essens, das er an einem der gelegentlichen Ausflugstage in seiner Wohnung in der Rue de Berlin für Dr. Wertheim gab, bewegte sich eine aufgebrachte Menschenmenge durch die Straße, und der Kutscher, der Heine in die Klinik zurückbringen sollte, meldete aufgeregt, daß der Wagen umgestürzt und zur Errichtung einer Barrikade verwendet worden sei. Das geschah am 23. Februar 1848, einen Tag nach dem Ausbruch der ›Februarrevolution‹.

Mit dieser dritten Revolution seit 1789 änderte sich vieles in Europa, aber nicht genug, um die Fürsten endgültig zu entmachten und die Entwicklung des Nationalismus zu einer aggressiven Ideologie aufzuhalten. In Frankreich mußte Louis-Philippe abdanken, und am 26. Februar wurde von der provisorischen Regierung mit dem Dichter Alphonse de Lamartine an der Spitze die zweite französische Republik ausgerufen. Vier Jahre später kam der Neffe Napoleons durch einen Staatsstreich an die Macht und regierte als Kaiser Napoleon III. bis 1870.

In den Ländern des Deutschen Bundes kam es trotz zahlreicher Aufstände ebenfalls nur zu trügerischen Veränderungen. In Wien trieben die Aufständischen Metternich in die Flucht und erzwangen die Einberufung eines österreichischen Reichstags, aber die Monarchie blieb bis zum 11. November 1918 bestehen. In München dankte Ludwig I. zugunsten seines Sohns Maximilian II. ab. In Berlin gelang es Friedrich Wilhelm IV., die ihm aufgezwungene preußische Nationalversammlung auszuschalten und eine ihm genehmere Verfassung gewaltsam durchzusetzen. Er regierte noch bis 1858, gefolgt von Wilhelm I., der 1871 den Titel Deutscher Kaiser annahm. Die größten Hoffnungen der Demokraten richteten sich auf den Bundestag, der Ende Februar 1848 die Zensur für Druckschriften aufhob und am 18. Mai 1848 in der Paulskirche in Frankfurt am Main die Deutsche Nationalversammlung eröffnete. Schon bald aber verlor die Frankfurter Versammlung ihren Einfluß an Preußen, das ab

1871 das von Otto von Bismarck mit Nachdruck geschaffene Deutsche Reich beherrschte.

Während die Straßenkämpfe noch tobten, verließ Heine am 7. Mai 1848 die Klinik wegen zu hoher Kosten und bezog am Rand von Paris in Passy ein Gartenhaus. Nach vier Monaten kehrte er wieder in die Stadt zurück und mietete in der, heute am Bahnhof Saint-Lazare entlanglaufenden, Rue d'Amsterdam Nr. 50 eine Wohnung, die er erst kurz vor seinem Tod noch einmal wechselte. Als sich seine anfängliche Verwirrung über den gewaltsamen Umsturz der Bürgermonarchie gelegt hatte – »es ist ein Jammer, anzusehen, wie die Welt ruinirt ist. Besonders die Künstler und gar die Dichter müssen jetzt verhungern«, schrieb er am 6. September an seine Schwester –, begann er die zahlreichen Texte durchzusehen, die er während der vergangenen fünfzehn Jahre über die Zustände in Frankreich und Deutschland abgefaßt hatte.

Die Gedanken, die ihn dabei bewegten, formulierte er 1854 im Vorwort zu ›Lutetia‹, einem Sammelband seiner großen Berichte für die ›Augsburger Allgemeine Zeitung‹. Im Rückblick auf das Jahr 1848 bedauerte er nicht die Abschaffung der damaligen Monarchie und des damaligen konservativen Parlaments, aber ihn beunruhigten noch immer die plötzlich sichtbar gewordenen Kräfte des Volkes, die eher Zerstörung als eine neue freiheitliche Ordnung zu bringen schienen. Ohne die gestalterischen Ansätze des Frühsozialismus als Ausdruck veränderten historischen Bewußtseins zu erkennen, fürchtete er für die Zukunft die Auflösung gesellschaftlicher Formen und eine geistige und kulturelle Nivellierung. Diese Entwicklung habe er bereits seit langem vorausgesehen:

»Bis zur Katastrophe vom 24. Februar [Abdankung des Königs und Erstürmung des Parlaments] gehen nicht meine Pariser Berichte, aber man sieht schon auf jeder Seite ihre Notwendigkeit, und sie wird beständig vorausgesagt mit jenem prophetischen Schmerz, den wir in dem alten Heldenlied finden, wo Trojas Brand nicht den Schluß bildet, aber in jedem Verse geheimnisvoll knistert. Ich habe nicht das Gewitter, sondern die Wetterwolken beschrieben, die es in ihrem Schoße trugen und schauerlich düster heranzogen. Ich berichtete oft und bestimmt über die Dämonen, welche in den untern Schichten der Gesellschaft lauerten, und aus ihrer Dun-

*Heine und die Reaktion. Titelblatt der Zeitschrift ›Jugend‹, München*

*Heine in mittleren Jahren*

*Der Verlagsbuchhändler Julius Campe*

*August Graf von Platen*

*Heine zu Beginn seiner Pariser Jahre*

*Die Fürstin Cristina Belgiojoso*

*Louis Philippe, der ›Bürgerkönig‹*

*Ludwig Börne*

*Pariser Boulevard*

*Friedrich Wilhelm IV., König von Preußen*

*Heinrich Laube*

*Ludwig Uhland*

*Heine in seinen späteren Pariser Jahren*

*Napoleon III.*

*Heine und seine Frau Mathilde. Gemälde von Ernst Kietz um 1850*

*Letztes Porträt Heines*

*Grabmal Heines auf dem Friedhof Montmartre in Paris*

kelheit heraufbrechen würden, wenn der rechte Tag gekommen. Diese Ungetüme, denen die Zukunft gehört, betrachtete man damals nur durch ein Verkleinerungsglas, und da sahen sie wirklich aus wie wahnsinnige Flöhe – aber ich zeigte sie in ihrer wahren Lebensgröße, und da glichen sie vielmehr den furchtbarsten Krokodilen, welche jemals aus dem Schlamm gestiegen.«[270]

## 8.
## *Paris III – letzte Gedichte*
(1848–1856)

Seit Ende des Jahres 1848 konnte Heine seine Wohnung nicht mehr verlassen. Seinen gesellschaftlichen Verkehr hatte er bereits seit längerer Zeit stark einschränken müssen, aber jetzt war es ihm unmöglich geworden, sich weiter als zwischen Bett, Tisch und Fenster zu bewegen. Schließlich mußte er sich sogar tragen lassen, wenn er noch einmal sein kissenüberhäuftes Lager, das ihn vor Schmerzen schonte, mit einem Sessel vertauschen wollte. Doch er konnte schreiben und lesen, notfalls diktieren und sich vorlesen lassen, so daß sein Geist und seine Phantasie, die bis zu seinem letzten Atemzug Bilder, Gedanken, Worte und Träume hervorbrachten, sich in ein Werk verwandelten, das, für sich genommen, die Fülle eines langen und reichen Lebens enthielt.

Er klagte mitunter über Einsamkeit und Isolation, aber darunter litt er bereits als junger Dichter zwischen Klopstocks Grab und zugefrorener Alster, wenn ihn das ›Unwohlseyn‹ ergriff und selbst die ›Göttinnen‹ vom Jungfernstieg ihn nicht von seinem ›persönlichen Schmerz‹ zu erlösen vermochten. Die Außenwelt hatte er längst vielfach in sich aufgenommen und gespeichert, und sie drang noch immer zu ihm, in Form von Briefen und Büchern und in Gestalt von Besuchern und seiner Mathilde, die ihn pflegte wie ihr Kind und ihm den neuesten Klatsch aus dem Gewürzladen von Michel Jacob im Nachbarhaus erzählte.

Wer ihn nicht mit seinen Behinderungen sah, dachte, alles liefe wie bisher. Und das stimmte und stimmte auch nicht, denn einerseits spekulierte er weiter mit Aktien und stritt sich mit Campe um die Herausgabe seines Gesamtwerks, andererseits erfüllte er ein Arbeitspensum wie selten zuvor in seinem Leben, und er schuf die ›dritte Säule seiner Poesie‹, den ›Romanzero‹, nachts, wenn ihm in Stunden der Schlaflosigkeit die besten Einfälle kamen, und tagsüber, wenn er mit der Überwachheit seines Verstandes die Verse pedantisch sorgfältig überprüfte und korrigierte.

Im ›Romanzero‹ und in dem vierten und letzten Lyrikband ›Gedichte. 1853 und 1854‹ schritt Heine noch einmal das Labyrinth der Welt ab. Die Frauengestalten traten etwas an den Rand, denn ähnlich wie im ›Candide‹ von Voltaire – man verglich Heine immer häufiger mit diesem politisch engagierten Philosophen –, ging es vor allem um die Illustrierung einer skeptisch bis pessimistisch betrachteten Menschheitsgeschichte. Zu allen Zeiten und in allen Regionen wiederholen sich die Kämpfe zwischen Aberglauben und Glauben, zwischen Armen und Reichen, zwischen Starken und Schwachen. Die auf Gegensätzen aufgebaute Typisierung von Liebeserfahrungen, die Heines Lyrik streckenweise monoton erscheinen läßt, verband sich als Stilelement außerordentlich harmonisch mit sozialen, politischen und religiösen Themen.

Da Heine die Individualisierung von menschlichen Beziehungen nicht lag – die linken Republikaner und Sozialisten beschuldigten ihn bereits wegen der sinnenfreudigen Gedichte in ›Verschiedene‹ des apolitischen Subjektivismus –, entdeckte er nach der langen Phase journalistischer Prosa in den dreißiger Jahren auch für die Poesie das Stoffreservoir der Weltgeschichte und der Tagespolitik. Mit seiner ungeheuren Sprachbegabung, man möchte sagen, mit seiner Sprachalchimie, verwandelte er Theoretisches, Komplexes, Abstraktes zu individuell erfaßbaren Bildern, Szenen und Abläufen, die das menschliche Schicksal meinen, es aber nicht als einzelnes hervorheben und in sich ausleuchten und gestalten.

Er schuf seit den späten vierziger Jahren in höchster Vollendung die Tendenzliteratur, die er in ihrer schlechten Ausführung bei Kollegen so heftig attackiert hatte. Keine Aktualität und kein die Zeit bewegendes Problem fehlte in seinen Gedichten. Das gesamte Streitpotential der damaligen Gesellschaft war eingefangen. Atheismus gegen Glaubensorthodoxie, Kapitalismus gegen Kommunismus-Sozialismus – das hieß James de Rothschild und Carl Heine gegen Marx und Lassalle – und Ideologie gegen Philosophie. Dann passierte das Hinübergleiten in die Anfänge realistischer Literatur, wo sich ein neuer Mensch artikulierte mit neuen dichterischen Mitteln. Berühmt wurde das Gedicht ›Morphine‹. Keine vierzeiligen Liedstrophen mehr, keine klingenden Reime – nur noch ein in sich rhythmisch schwingender Textblock und die Nähe zur selbsterfahrenen Realität. Den Hintergrund bildeten die Heine ärztlich verordnete Einnahme von Morphium, um die unerträglich gewordenen Schmerzen zu betäuben, und der durch die Droge verstärkt wahrgenommene träumerische Übergang vom Schlaf zum Tod.

»Groß ist die Ähnlichkeit der beiden schönen
Jünglingsgestalten, ob der eine gleich
Viel blässer als der andre, auch viel strenger,
Fast möchte ich sagen viel vornehmer aussieht
Als jener andre, welcher mich vertraulich
In seine Arme schloß – Wie lieblich sanft
War dann sein Lächeln und sein Blick wie selig!
Dann mocht es wohl geschehn, daß seines Hauptes
Mohnblumenkranz auch meine Stirn berührte
Und seltsam duftend allen Schmerz verscheuchte
Aus meiner Seel – Doch solche Linderung,
Sie dauert kurze Zeit; genesen gänzlich
Kann ich nur dann, wenn seine Fackel senkt
Der andre Bruder, der so ernst und bleich. –
Gut ist der Schlaf, der Tod ist besser – freilich
Das beste wäre, nie geboren sein.«[271]

Trotz intensivster Bemühungen der Fürstin Belgiojoso wurde Heine von der neuen Regierung des am 10. Dezember 1848 mit überwältigender Mehrheit gewählten Präsidenten Louis-Napoleon Bonaparte – drei Jahre später Kaiser Napoleon III. – nicht wieder auf die Liste der Staatspensionäre gesetzt. Der Wegfall dieser beträchtlichen Summe stürzte Heine erneut in empfindliche Geldnöte, die ihn in seinem invaliden Zustand besonders hart trafen. Carl half großzügig aus, wenn Heine ihn auch wie einst Onkel Salomon sehr inständig darum bitten mußte, und in kritischsten Augenblicken schickte James de Rothschild einen Wechsel. Sogar Heines Mutter, die erst durch Campe erfahren hatte, wie schwerkrank ihr Sohn war, überwies tausend Francs, die er allerdings postwendend zurückgehen ließ. Als einzige Möglichkeit, sich finanziell wieder unabhängig zu machen, blieb das Spekulieren mit Aktien. Dieses Geschäft betrieb er mehrere Jahre lang mit wechselndem Glück, wobei er zeitweise an einen Börsianer geriet, der ihn um sein Geld zu betrügen versuchte.

Aus der ständigen Sorge heraus, für den täglichen Haushalt, für die Rechnungen der beiden sich abwechselnden Ärzte Leopold Wertheim und David Gruby und für gelegentlich notwendige Hilfen eines Sekretärs oder einer Pflegerin aufkommen zu müssen, überforderte Heine die Geduld und Verständnisbereitschaft Campes. Er drängte ihn in aggressivstem Ton zur Fertigstellung der Werkausgabe, die ihm bei gutem Verkauf weitere Honorare für Nachauflagen einbringen konnte, und er scheute sich nicht vor erpresserischen Tricks, indem er drohte, sich mit seinen noch unveröffentlichten Texten an andere Verleger zu wenden. Campe nahm dieses Verhalten schließlich übel und beantwortete fast drei Jahre lang keine Briefe mehr.

Während Heine immer häufiger von seiner Familie besucht wurde – nur seine Mutter wagte die weite Reise nicht –, schrieb er von Brief zu Brief flehentlicher an seinen alten Campe, ihn nicht länger durch Schweigen zu strafen. Die tröstliche Anwesenheit von Maximilian und Gustav, die er gelegentlich auch wegen ihres Lebenswandels oder zu heftigen Temperaments mit Vorwürfen überschüttete, und von Charlotte und Carl, die ihm Hamburg nahe brachten, ließ ihn nicht eine Sekunde vergessen, daß sein Werk noch nicht abgeschlossen war. Er brauchte Campe dringlicher als jeden anderen Menschen auf der Welt. Trotz Morphium, Lärm aus der Nachbarwohnung und körperlichen Schwierigkeiten wuchs sein ›Romanzero‹-Manuskript von Gedicht zu Gedicht.

Im Juni 1851 ließ Campe auf Umwegen durchblicken, daß er zu einer Versöhnung bereit sei. Heine, der auf dem ›Romanzero‹ wie auf glühenden Kohlen saß, wartete immer ungeduldiger und reagierte sogar gereizt auf Mathilde, deren Pflege er sonst so wortreich lobte. Am 15. Juli schrieb er an Gustav, der in Wien das ›Fremdenblatt‹ herausgab: »Meine Frau sorgt für mich und pflegt mich wie ein Engel, aber deßwegen hört sie dennoch nicht auf, einem Geschlecht anzugehören, das der liebe Gott nicht mit Vernunft geschaffen hat, d. h. zu gleicher Zeit daß diese Weiber keine Vernunft haben und daß auch der liebe Gott sie in einer unvernünftigen Stunde erschaffen hat. Sage das nicht unsrer lieben Mutter, welche auch ihren Mann bis ans Grab liebte; diese war immer noch die vernünftigste

Frau, und wir wissen doch was wir wissen... Campe läßt mir wissen, daß er jetzt ganz bestimmt hierherkommen wird, und deßhalb lasse ich auch alles Litterarische im selben Zustand.«[272]

Am 15. Juli 1851 traf Campe dann endlich in Paris ein. Er blieb zehn Tage, in denen er mit Heine über die Gesamtausgabe und die baldige Veröffentlichung des ›Romanzero‹ – für ein Honorar von sechstausend Mark, zahlbar in drei Raten – sprach. Im August brachte Gustav das nochmals überarbeitete und ergänzte Manuskript nach Hamburg, und am 14. September teilte Campe mit, daß er den Lyrikband in einer Rekordauflagenhöhe von 5000 Stück drucken lassen werde. Heine schickte ihm daraufhin noch ein ›Nachwort‹ zu, das er »unter den furchtbarsten Schmerzen und in dumpfer Betäubnis« geschrieben habe und dessen letzte Zeile keine Phrase sei. In Anspielung auf die ›Geisterwelt‹ des schwedischen Naturphilosophen Emanuel Swedenborg, endete das Nachwort zum ›Romanzero‹:

»In der anderen Welt des Swedenborg werden sich auch die armen Grönländer behaglich fühlen, die einst, als die dänischen Missionäre sie bekehren wollten, an diese die Frage richteten: ob es im christlichen Himmel auch Seehunde gäbe? Auf die verneinende Antwort erwiderten sie betrübt: der christliche Himmel passe alsdann nicht für Grönländer, die nicht ohne Seehunde existieren können.

Wie sträubt sich unsere Seele gegen den Gedanken des Aufhörens unserer Persönlichkeit, der ewigen Vernichtung! Der horror vacui, den man der Natur zuschreibt, ist vielmehr dem menschlichen Gemüte angeboren. Sei getrost, teurer Leser, es gibt eine Fortdauer nach dem Tode, und in der anderen Welt werden wir auch unsere Seehunde wiederfinden. Und nun, lebe wohl, und wenn ich Dir etwas schuldig bin, so schicke mir Deine Rechnung.«[273]

Mitte Oktober erschien der ›Romanzero‹ mit den drei Teilen ›Historien‹, ›Lamentationen‹ und ›Hebräische Melodien‹, 1854 gefolgt von dem Nachtrag ›Gedichte von 1853 und 1854‹. Zusammen mit drei Nachdrucken erreichte die Gedichtsammlung bis Anfang 1852 die enorme Auflagenhöhe von 21.000 Exemplaren. Der Anfangserfolg ließ aber schnell nach. Die Kritiker, die einen sanften und gezähmten Heine erwartet hatten, nahmen durch ihre moralischen und politischen Warnungen vor den Frivolitäten und religiösen und patriotischen Blasphemien des unbelehrbaren Spötters den Lesern das Vergnügen. Nicht weniger hinderlich für den Absatz des ›Romanzero‹, der nach acht Jahren den Dichter des ›Buchs der Lieder‹ und der ›Neuen Gedichte‹ wieder in voller Kraft, wenn auch mit traurigeren Tönen zeigte, war das sofortige Verbot in Preußen, Österreich und einigen anderen Bundesländern. Das Interesse versiegte unter dem öffentlichen Meinungsdruck.

Welche anregende Lektüre und welche das Urteilsvermögen schärfenden Einblicke in die unsaubere Welt der Geschäftemacher und der Staat und Kirche Lenkenden wurden dadurch unterbunden! Da führt Heine den Eigner eines Sklavenschiffs, Mynher van Koek, vor, der die Ladung kalkuliert und den Verlust nach der Überfahrt von Afrika nach Südamerika taxiert:

»Der Gummi ist gut, der Pfeffer ist gut,
Dreihundert Säcke und Fässer;
Ich habe Goldstaub und Elfenbein –
Die schwarze Ware ist besser.

Sechshundert Neger tauschte ich ein
Spottwohlfeil am Senegalflusse.
Das Fleisch ist hart, die Sehnen sind stramm,
Wie Eisen vom besten Gusse.

Ich hab zum Tausche Branntewein,
Glasperlen und Stahlzeug gegeben;
Gewinne daran achthundert Prozent,
Bleibt mir die Hälfte am Leben.

Bleiben mir Neger dreihundert nur
Im Hafen von Rio-Janeiro,
Zahlt dort mir dreihundert Dukaten per Stück
Das Haus Gonzales Perreiro.«

Auf Befragen berichtet der Schiffsarzt, daß allzu viele Sklaven während der letzten Tage gestorben seien.

»Doch seufzend fällt ihm in die Red
Van Koek: Wie kann ich lindern
Das Übel? wie kann ich die Progression
Der Sterblichkeit verhindern?

Der Doktor erwidert: ›Durch eigne Schuld
Sind viele Schwarze gestorben;
Ihr schlechter Odem hat die Luft
Im Schiffsraum so sehr verdorben.

Auch starben viele durch Melancholie,
Dieweil sie sich tödlich langweilen;
Durch etwas Luft, Musik und Tanz
Läßt sich die Krankheit heilen.‹«

Mynher van Koek ist mit dem Vorschlag einverstanden und ruft:

»›Musik! Musik! Die Schwarzen solln
Hier auf dem Verdecke tanzen.
Und wer sich beim Hopsen nicht amüsiert,
Den soll die Peitsche kuranzen.‹«[274]

Balladen wie ›Das Sklavenschiff‹ interessierten auch die Leser in Nordamerika. 1855, noch vor dem Sezessionskrieg, erhielt Campe die Nachricht, daß der Verlag Weik in New York eine – unautorisierte – Heine-Gesamtausgabe vorbereite. Unautorisiert, das hieß für Heine: kein Honorar und Schlamperei bei den Texten. Ähnliche Probleme hatte er mit dem kurzen Prosastück ›Die Götter im Exil‹, einer bereits in den ›Elementargeistern‹ behandelten These von der ›Umwandlung‹ und ›Verteufelung der Götter‹ durch das Christentum. Dieser Text erschien zuerst in einer von Heine bewilligten französischen Übersetzung in Paris. Ehe Campe ihn dann veröffentlichen konnte, hatte bereits ein deutscher Publizist die französische Version ins Deutsche rückübertragen und in den Handel gebracht. Doppelt ärgerlich für Heine: der Text erschien zwangsläufig verstümmelt und war als Übersetzung von Honorarzahlungen ausgenommen.

Am 7. Juni 1852 berichtete er Campe von seiner Arbeit an dem Prosaband ›Lutetia‹ – der alte lateinische Name für Paris –, mit dem er sein Hauptwerk als politischer Publizist und völkerversöhnender Missionar vorlegen wollte. Diese Arbeit kostete sehr viel Zeit, denn Heine mußte die alten Artikel, die er in den dreißiger und frühen vierziger Jahren für die ›Augsburger Allgemeine Zeitung‹ geschrieben hatte, thematisch ordnen und formal angleichen. ›Lutetia‹ sollte sein Vermächtnis werden für die lange angestrebte Einheit von Zeitkritik und künstlerischer Prosa. Auch Campe würde dieses Werk für sein Publikum begrüßen.

»[Man] hat mich darauf aufmerksam gemacht, daß das Publikum viel mehr Gefallen jetzt findet an Schilderung sozialer und politischer Zustände, als an dem alten belletristischen Kunst- und Litteraturgeschwätz. Ich benutze diese Winke, und in meinem Geiste formirt sich ein Buch, welches Blüthe und Frucht, die ganze Ausbeute meiner Forschungen während einem Vierteljahrhundert in Paris seyn wird, und, wo nicht als Geschichtsbuch, doch gewiß als eine Chrestomathie [Sammlung vorbildlicher Texte] guter publizistischer Prosa sich in der deutschen Litteratur erhalten wird. Nach dem ›Romanzero‹, versicherten mir längst einige Freunde, verlangte man Prosa von mir, und ich hoffe, auch dieser Forderung mit Gottes Hülfe aufs beste zu entsprechen.«[275]

Die Vorbereitungen erstreckten sich über zwei Jahre bis zum Herbst 1854. Die Aufnahme der ›Berichte über Politik, Kunst und Volksleben‹ war in Deutschland ebenso gedämpft wie beim ›Romanzero‹. In Frankreich dagegen, wo ein Jahr später eine Übersetzung herauskam, wurde ›Lutèce. Lettres sur la vie politique, artistique et sociale de la France par Henri Heine‹ ein so großer Erfolg, daß bis 1871 neun Auflagen erschienen. Zum Zeitpunkt des Drucks arbeitete Heine an den autobiographischen Texten ›Memoiren‹ – er hatte sie seit Jahrzehnten angekündigt, aber erst jetzt konzentriert in Angriff genommen – und ›Geständnisse‹. In den ›Geständnissen‹ kam es deutlich zu einer Absage an den Atheismus. Bereits 1851 war in Anwesenheit von zwei Notaren und den erforderlichen zwei Zeugen, einem Bäcker und einem Gewürzhändler aus der Nachbarschaft, Heines letztes Testament in diesem Sinn aufgesetzt worden. Darin hieß es nach Diktat des Erblassers:

»Seit vier Jahren habe ich allem philosophischen Stolz entsagt, und ich bin zu den religiösen Ideen und Gefühlen zurückgekehrt. Ich sterbe im Glauben an Einen Einzigen und Ewigen Gott, den Schöpfer der Welt, dessen Gnade ich für meine unsterbliche Seele erflehe. Ich bereue es, in meinen Werken manchmal von heiligen Dingen ohne den ihnen schuldigen Respekt gesprochen zu haben, aber ich wurde vielmehr durch den Geist meiner Epoche als von meinen eigenen Neigungen fortgerissen. Wenn ich ohne mein Wissen die guten Sitten und die Moral, die die wahre Substanz aller monotheistischen Glaubensanschauungen ist, verletzt habe, so bitte ich Gott und die Menschen dafür um Verzeihung.«[276]

Aus dem Bedürfnis nach mehr Ruhe, nahm Heine im August 1854 noch einmal die Anstrengung eines Umzugs auf sich. Da ihm die von Mathilde im Vorort Batignolles vorbereitete Wohnung jedoch noch weniger behagte, kehrten sie schon zwei Monate später mit dem gesamten Hausstand nach Paris zurück und mieteten ein Appartement in der Avenue Matignon Nr. 3, nur wenige Schritte vom Elysée-Palast entfernt. Die Arztbesuche von Wertheim und Gruby wurden häufiger, doch trotz abnehmender Kräfte empfing Heine weiterhin alte Bekannte wie Berlioz, Pückler-Muskau, die Fürstin Belgiojoso, Caroline Jaubert und die Schriftstellerin Fanny Lewald, mit deren Bruder, dem Schauspieler und Regisseur August Lewald, er viele Jahre lang von Paris aus korrespondiert hatte.

Im Juni 1855 erschien in Heines Wohnung eine junge Frau von siebenundzwanzig Jahren, Elise Krinitz, die nur vorbeigekommen war, um eine Kommission zu erledigen. Heine hörte ihre Stimme im Nebenzimmer, rief sie zu sich herein und verliebte sich innerhalb weniger Augenblicke wie nie zuvor in seinem Leben. ›Mouche‹, wie er sie nannte, verehrte den Dichter seit vielen Jahren und fühlte sich durch seine zärtlichen Aufmerksamkeiten beglückt und geschmeichelt. Heine schickte ihr Briefe, die keine Spur von Ironie enthielten, und drückte ohne Umschweife sein Bedauern aus, daß er kein Mann mehr sei, sondern nur noch Geist, »was vielleicht Ihnen, aber nicht mir sonderlich zusagt«[277]. Bis zu seinem Tod besuchte sie ihn in kurzen Abständen und berichtete in ihrem 1884 unter dem Pseudonym Camille Selden veröffentlichten Buch ›Die letzten Tage von H. Heine‹ viele rührende Kleinigkeiten über Heines Persönlichkeit und seine häusliche Umgebung. Heine widmete ihr das Gedicht ›Lotusblume‹.[278]

Als er am 17. Februar 1856 nachmittags zwischen vier und fünf Uhr starb, war seine ständige Pflegerin bei ihm. In einem Brief an Gustav Heine berichtete sie: »Er flüsterte dreimal das Wort: ›Schreiben‹. Ich verstand ihn nicht mehr, antwortete aber: ›Ja‹. Dann rief er: ›Papier – Bleistift …‹ Dies waren seine letzten Worte.«[279] Am 20. Februar fand Heines Beerdigung auf dem

Friedhof Montmartre statt. Von seinem Publikum hatte er sich bereits zwei Jahre zuvor verabschiedet: »Aber, wie du wohl weißt, geneigter Leser, ich bin kein Papst geworden, auch kein Kardinal, nicht mal ein römischer Nuntius, und wie in der weltlichen, so auch in der geistlichen Hierarchie habe ich weder Amt noch Würden errungen. Ich habe es, wie die Leute sagen, auf dieser schönen Erde zu nichts gebracht. Es ist nichts aus mir geworden, nichts als ein Dichter.«[280]

## *Anmerkungen*

1 Heinrich Heine: Memoiren. Sämtliche Schriften in zwölf Bänden. Hg. Klaus Briegleb. München 1976. Bd. 11, S. 573–574
2 Heine: Memoiren. Sämtliche Schriften Bd. 11, S. 572
3 Heine: Memoiren. Sämtliche Schriften Bd. 11, S. 559
4 Heine: Memoiren. Sämtliche Schriften Bd. 11, S. 583–584
5 Heine: Memoiren. Sämtliche Schriften Bd. 11, S. 581–582
6 Heine: Memoiren. Sämtliche Schriften Bd. 11, S. 586
7 Heinrich Heine: Der Rabbi von Bacherach. Sämtliche Schriften Bd. 1, S. 436 u.466
8 Heinrich Heine: Ludwig Börne. Eine Gedenkschrift. Sämtliche Schriften Bd. 7, S. 22
9 Heinrich Heine: Romanzero. Sämtliche Schriften Bd. 11, S. 129
10 Heinrich Heine: Briefe aus Berlin. Sämtliche Schriften Bd. 3, S. 47
11 Heine: Memoiren. Sämtliche Schriften Bd. 11, S. 557
12 Heinrich Heine: Ideen. Das Buch Le Grand. Sämtliche Schriften Bd. 3, S. 271
13 Heine: Ideen. Das Buch Le Grand. Sämtliche Schriften Bd. 3, S. 273–281
14 Heine: Memoiren. Sämtliche Schriften Bd. 11, S. 560
15 H. H. Houben: Gespräche mit Heine. Frankfurt a. M. 1926, S. 4
16 Michael Werner: Begegnungen mit Heine. Hamburg 1973, Bd. 1, S. 31
17 Heine: Memoiren. Sämtliche Schriften Bd. 11, S. 6O1
18 Heine: Memoiren. Sämtliche Schriften Bd.11, 3.601
19 Arthur Stern: Heinrich Heines Krankheit und seine Ärzte. In: Heine-Jahrbuch 1964. Hamburg 1964, S. 63–79
20 Werner: Begegnungen mit Heine, Bd. 1, S. 54
21 Werner: Begegnungen mit Heine, Bd. 1, S. 510–512
22 Werner: Begegnungen mit Heine, Bd. 1, S. 40–41
23 Heine: Memoiren. Sämtliche Schriften Bd. 11, S. 560–561
24 Heinrich Heine: Briefe. Hg. Friedrich Hirth. Mainz 1965. Bd. 1, S. 3
25 Wanda Kampmann: Deutsche und Juden. Frankfurt a. M. 1979, S. 85
26 Kampmann: Deutsche und Juden, S. 87

27 Ismar Elbogen/Eleonore Sterling: Die Geschichte der Juden in Deutschland. Frankfurt a. M. 1966, S. 185
28 Ludwig Börne: Gesammelte Schriften. Leipzig 1899. Bd. 1, S. 212
29 Heinrich Heine: Aus den Memoiren des Herren von Schnabelewopski. Sämtliche Schriften Bd. 1, S. 526
30 Heine: Schnabelewopski. Sämtliche Schriften Bd. 1, S. 508–509
31 Heine: Briefe Bd. 1, S. 8
32 Heine: Briefe Bd. 1, S. 8
33 Heine: Briefe Bd. 1, S. 8
34 Heine: Briefe Bd. 1, S. 8
35 Heine: Briefe Bd. 1, S. 8
36 Heine: Schnabelewopski. Sämtliche Schriften Bd. 1, S. 514
37 Heine: Schnabelewopski. Sämtliche Schriften Bd. 1, S. 515
38 Heine: Briefe Bd. 1, S. 10
39 Heine: Schnabelewopski. Sämtliche Schriften Bd. 1, S. 514–515
40 Heine: Schnabelewopski. Sämtliche Schriften Bd. 1, S. 517–518
41 Heinrich Heine: Florentinische Nächte. Sämtliche Schriften Bd. 1, S. 577
42 Heinrich Heine: Aufzeichnungen. Sämtliche Schriften Bd. 11, S. 621
43 Heine: Briefe Bd. 1, S. 4
44 Heine: Schnabelewopski. Sämtliche Schriften Bd. 1, S. 516
45 Heinrich Heine: Buch der Lieder. Sämtliche Schriften Bd. 1, S. 9
46 Heine: Buch der Lieder. Sämtliche Schriften Bd. 1, S. 24
47 Heine: Buch der Lieder. Sämtliche Schriften Bd. 1, S. 20
48 Werner: Begegnungen mit Heine, Bd. 1, S. 36
49 Werner: Begegnungen mit Heine, Bd. 1, S. 58
50 Heine: Briefe Bd. 1, S. 167
51 Houben: Gespräche mit Heine, S. 841
52 Heinrich Heine: Byron-Übersetzungen. Sämtliche Schriften Bd. 1, S. 393
53 Heine: Briefe Bd. 1, S. 18–19
54 Heinrich Heine: Nachgelesene Gedichte. Sämtliche Schriften Bd. 1, S. 242–243
55 Heine: Briefe Bd. 1, S. 10–11
56 Heine: Briefe Bd. 1, S. 20
57 Heine: Briefe Bd. 1, S. 23
58 Werner: Begegnungen mit Heine, Bd. 1, S. 40
59 Werner: Begegnungen mit Heine, Bd. 1, S. 49
60 Heine: Briefe Bd. 1, S. 12
61 Heine: Briefe Bd. 1, S. 278
62 Heine: Briefe Bd. 1, S. 18

63 Werner: Begegnungen mit Heine, Bd. 1, S. 43
64 Werner: Begegnungen mit Heine, Bd. 1, S. 43
65 Heine: Buch der Lieder. Sämtliche Schriften Bd. 1, S. 58
66 Heine: Briefe Bd. 1, S. 19–21
67 Heine: Briefe Bd. 1, S. 15
68 Heine: Briefe Bd. 1, S. 23–24
69 Heine: Buch der Lieder. Sämtliche Schriften Bd. 1, S. 159
70 Heinrich Heine: Almansor. Sämtliche Schriften Bd. 1, S.284–285
71 Heine: Briefe Bd. 4, S. 26
72 Heine: Briefe Bd. 1, S. 26
73 Heine: Briefe Bd. 1, S. 28–29
74 Heine: Buch der Lieder. Sämtliche Schriften Bd. 1, S. 66
75 Heine: Nachgelesene Gedichte. Sämtliche Schriften Bd. 1, S. 248
76 Johannes Sembritzki: Karl August Varnhagen von Ense als Zeuge des zeitgenössischen Theaters in Berlin. Diss. Berlin 1970, S. 16
77 Houben: Gespräche mit Heine, S. 38
78 Hannah Arendt: Rahel Varnhagen. München 1959, S. 210
79 Houben: Gespräche mit Heine, S. 38
80 Heine: Buch der Lieder. Sämtliche Schriften Bd. 1, S. 10
81 Sembritzki: Varnhagen, S. 12–13
82 Heinrich Heine. Ein Material für Festveranstaltungen zur 100. Wiederkehr seines Todestages am 17. Februar 1956. Hg. Kulturbund zur demokratischen Erneuerung Deutschlands. Berlin 1956, S. 263–264
83 Heine: Briefe Bd. 1, S. 36
84 Heine: Briefe Bd. 1, S. 34
85 Werner: Begegnungen mit Heine, Bd. 1, S. 59
86 Werner: Begegnungen mit Heine, Bd. 1, 3.56
87 Heine: Briefe aus Berlin. Sämtliche Schriften Bd. 3, S. 25–26
88 Heine: Briefe aus Berlin. Sämtliche Schriften Bd. 3, S. 24
89 Heine: Ludwig Börne. Sämtliche Schriften Bd. 7, S. 80
90 Heinrich Heine: Über Polen. Sämtliche Schriften Bd. 3, S. 71
91 Heine: Über Polen. Sämtliche Schriften Bd. 3, S. 80
92 Heine: Briefe Bd. 1, S. 65
93 Jüdisches Lexikon. Frankfurt a. M. 1902, Spalte 1173
94 Michael Graetz: Renaissance des Judentums im 19. Jahrhundert: ›Der Verein für Cultur und Wissenschaft der Juden‹ 1819–1824. In: Bild und Selbstbildnis der Juden Berlins zwischen Aufklärung und Romantik. Berlin 1992, S. 213–214
95 Heine: Briefe Bd. 1, S. 62–63
96 Heinrich Heine: Ludwig Marcus. Denkworte. Sämtliche Schriften Bd. 9, S. 180

97 Werner: Begegnungen mit Heine, Bd. 1, S. 65
98 Werner: Begegnungen mit Heine, Bd. 1, S. 69
99 Heinrich Heine. Ein Material für Festveranstaltungen, S. 261
100 Heine: Briefe Bd. 1, S. 44
101 Karl Immermann. Ein Dichter zwischen Poesie und sozialer Wirklichkeit. Ausstellungskatalog des Heinrich-Heine-Instituts. Düsseldorf 1990, S. 46
102 Heine: Briefe Bd. 1, S. 52
103 Heine: Briefe Bd. 2, S. 366–367
104 Heine: Briefe Bd. 1, S. 54
105 Heine: Buch der Lieder. Sämtliche Schriften Bd. 1, S. 96
106 Heine: Briefe Bd. 1, S. 60–69
107 Heine: Briefe Bd. 1, S. 72–73
108 Heine: Buch der Lieder. Sämtliche Schriften Bd. 1, S. 128
109 Heine: Buch der Lieder. Sämtliche Schriften Bd. 1, S. 130–131
110 Heine: Buch der Lieder. Sämtliche Schriften Bd. 1, S. 130
111 Heine: Buch der Lieder. Sämtliche Schriften Bd. 1, S. 130
112 Heine: Briefe Bd. 1, S. 85
113 Werner: Begegnungen mit Heine, Bd. 1, S. 83–84
114 Heine: Briefe Bd. 1, S. 102
115 Heine: Buch der Lieder. Sämtliche Schriften Bd. 1, S. 113
116 Heine: Briefe Bd. 1, S. 100–101
117 Heine: Briefe Bd. 1, S. 103–104
118 Heine: Briefe Bd. 1, S. 107
119 Heine: Briefe Bd. 1, S. 108–109
120 Heine: Briefe Bd. 1, S. 108–109
121 Heine: Briefe Bd. 1, S. 127
122 Heine: Briefe Bd. 1, S. 121
123 Heine: Briefe Bd. 1, S. 131
124 Heine: Briefe Bd. 1, S. 269–270
125 Heine: Briefe Bd. 1, S. 157
126 Heine: Briefe Bd. 1, S. 162–163
127 Heine: Briefe Bd. 1, S. 179
128 Heine: Briefe Bd. 1, S. 181–182
129 Heine: Briefe Bd. 1, S. 216–217
130 Heine: Briefe Bd. 1, S. 187
131 Heine, Briefe Bd. 1, S. 188
132 Heine, Briefe Bd. 1, S. 191
133 Heinrich Heine: Die Harzreise. Sämtliche Schriften Bd. 3, S. 162
134 Werner: Begegnungen mit Heine, Bd. 1, S. 128
135 Heine: Briefe Bd. 1, S. 250–251
136 Heine: Briefe Bd. 1, S. 224–225
137 Heine: Briefe Bd. 1, S. 250

138 Heine: Briefe Bd. 1, S. 241
139 Heine: Briefe Bd. 1, S. 254
140 Heine: Briefe Bd. 1, S. 255
141 Edda Ziegler: Julius Campe. Der Verleger Heinrich Heines. Hamburg 1976, S. 67–68
142 Heine: Briefe Bd. 1, S. 262
143 Heine: Die Harzreise. Sämtliche Schriften Bd. 3, S. 144–145
144 Heine: Die Harzreise. Sämtliche Schriften Bd. 3, S. 137
145 Heine: Sämtliche Schriften Bd. 4, S. 725
146 Heine: Briefe Bd. 1, S. 284
147 Heine: Briefe Bd. 1, S. 293
148 Heine: Briefe Bd. 1, S. 306
149 Heine: Sämtliche Schriften Bd. 4, S.798
150 Heine: Sämtliche Schriften Bd. 4, S. 783
151 Heine: Sämtliche Schriften Bd. 4, S. 784 u.785
152 Heine: Briefe Bd. 1, S. 317
153 Heinrich Heine: Die Nordsee III. Sämtliche Werke Bd. 3, S. 225–226
154 Heinrich Heine: Englische Fragmente. Sämtliche Schriften Bd. 3, S. 538–539
155 Heine: Nachgelesene Gedichte. Sämtliche Schriften Bd. 7, S. 444
156 Heine: Briefe Bd. 1, S. 317
157 Heine: Briefe Bd. 1, S. 311
158 Heine: Nachgelesene Gedichte. Sämtliche Schriften Bd. 7, S. 447
159 Heine: Briefe Bd. 1, S. 313
160 Heine: Briefe Bd. 4, S. 155
161 Heine: Englische Fragmente. Sämtliche Schriften Bd. 3, S. 602
162 Heine: Briefe Bd. 1, S. 325
163 Werner: Begegnungen mit Heine, Bd. 1, S. 157
164 Heine: Briefe Bd. 1, S. 314
165 Heine: Sämtliche Schriften Bd. 8, S. 900
166 Heine: Sämtliche Schriften Bd. 8, S. 901
167 Heine: Sämtliche Schriften Bd. 4, S. 735
168 Werner: Begegnungen mit Heine, Bd. 1, S. 158
169 Heine: Ludwig Börne. Sämtliche Schriften Bd. 7, S. 12–14
170 Heine: Briefe Bd. 1, S. 342–343
171 Heine: Briefe Bd. 1, S. 332
172 Heine: Briefe Bd. 1, S. 335
173 Werner: Begegnungen mit Heine, Bd. 2, S. 537
174 Heine: Briefe Bd. 1, S. 341
175 Gerhard Höhn: Heine-Handbuch. Stuttgart 1987, S. 187
176 Heinrich Heine: Über den Denunzianten. Sämtliche Schriften Bd. 9, S. 31

177 Heinrich Heine: Französische Maler. Sämtliche Schriften Bd. 5, S. 72–73
178 Heine: Briefe Bd. 1, S. 356
179 Heine: Briefe Bd. 1, S. 358
180 Werner: Begegnungen mit Heine, Bd. 1, S. 166–167
181 Heine: Briefe Bd. 1, S. 359
182 Heine: Briefe Bd. 1, S. 313
183 Heine: Briefe Bd. 1, S. 364
184 Heinrich Heine: Die Bäder von Lucca. Sämtliche Schriften Bd. 3, S. 470
185 Heine: Briefe Bd. 1, S. 381
186 Werner: Begegnungen mit Heine, Bd. 1, S. 173
187 Werner: Begegnungen mit Heine, Bd. 1, S. 173
188 Werner: Begegnungen mit Heine, Bd. 1, S. 176
189 Heine: Briefe Bd. 1, S. 385–386
190 Heine: Briefe Bd. 1, S. 390–391
191 Heine: Briefe Bd. 1, S. 400
192 Heine: Sämtliche Schriften Bd. 3, S. 242
193 Heine: Briefe Bd. 1, S. 371
194 Heine: Sämtliche Schriften Bd. 4, S. 830
195 Heine: Briefe Bd. 1, S. 360
196 Werner: Begegnungen mit Heine, Bd. 1, S. 173
197 Heine: Sämtliche Schriften Bd. 4, S. 832
198 Heine: Die Bäder von Lucca. Sämtliche Schriften Bd. 3, S. 456
199 Heine: Englische Fragmente. Sämtliche Schriften Bd. 3, S. 603
200 Heine: Briefe Bd. 2, S. 4
201 Heine: Briefe Bd. 1, S. 471
202 Heine: Briefe Bd. 2, S. 42
203 Heine: Briefe Bd. 2, S. 98
204 Heinrich Heine: Lutetia. Sämtliche Schriften Bd. 9, S. 274
205 Heine: Briefe Bd. 4, S. 260
206 Heine: Briefe Bd. 2, S. 5
207 Heine: Briefe Bd. 2, S. 72
208 Heinz Becker: Der Fall Heine – Meyerbeer. Berlin 1958, S. 135
209 Heine: Briefe Bd. 2, S. 21–22
210 Heinrich Heine: Neue Gedichte. Sämtliche Schriften Bd. 7, S. 327
211 Heine: Neue Gedichte. Sämtliche Schriften Bd. 7, S. 335
212 Heine: Sämtliche Schriften Bd. 8, S. 905 u.906
213 Heine: Sämtliche Schriften Bd. 8, S. 907
214 Heine: Sämtliche Schriften Bd. 8, S. 912
215 Heine: Französische Maler. Sämtliche Schriften Bd. 5, S. 87
216 Heinrich Heine: Die Romantische Schule. Sämtliche Schriften Bd. 5, S. 359

217 Ludwig Börne: Briefe aus Paris. Gesammelte Schriften Bd. 3, S. 585–589
218 Heine: Briefe Bd. 2, S. 38
219 Heine: Briefe Bd. 2, S. 67
220 Heine: Briefe Bd. 4, S. 110
221 Wolfgang Hädecke: Heinrich Heine. München 1985, S. 322
222 Heinrich Heine: Über die Französische Bühne. Sämtliche Schriften Bd. 5, S. 351
223 Berndt W. Wessling: Franz Liszt. München 1979, S. 100
224 Wessling: Franz Liszt, S. 99
225 Heine: Briefe Bd. 2, S. 73
226 Heine: Briefe Bd. 2, S. 86
227 Heine: Briefe Bd. S, S. 140
228 Heine: Briefe Bd. 5, S. 152
229 Heine: Briefe Bd. 2, S. 113
230 Höhn: Heine-Handbuch, S. 312
231 Heine: Über den Denunzianten. Sämtliche Schriften Bd. 9, S. 26–42
232 Heinrich Heine: Der Schwabenspiegel. Sämtliche Schriften Bd. 9, S. 58–59
233 Michael Werner: Heines französische Staatspension. In: Heine-Jahrbuch 1977. Hamburg 1977, S. 134–142
234 Heine: Ludwig Börne. Sämtliche Schriften Bd. 7, S. 93–94
235 Heine: Briefe Bd. 2, S. 379
236 Heine: Ludwig Börne. Sämtliche Schriften Bd. 7, S. 95–96
237 Heine: Sämtliche Schriften Bd. 12, S. 530–533
238 Heine: Briefe Bd. 2, S. 411
239 Heine: Briefe Bd. 2, S. 420
240 Höhn: Heine-Handbuch, S. 78
241 Heinrich Heine: Atta Troll. Sämtliche Schriften Bd. 7, S. 492–495
242 Heine: Sämtliche Schriften Bd. 12, S. 519–520
243 Heine: Lutetia. Sämtliche Schriften Bd. 9, S. 443
244 Heinrich Heine: Testamente. Sämtliche Schriften Bd. 11, S. 533–534
245 Friedrich Hebbel: Sämtliche Werke. Berlin 1904–1907, Bd. 2, S. 285
246 Heine: Neue Gedichte. Sämtliche Schriften Bd. 7, S. 422
247 Heine: Neue Gedichte. Sämtliche Schriften Bd. 7, S. 420–421
248 Heine: Briefe Bd. 2, S. 495
249 Heine: Briefe Bd. 2, S. 506–507
250 Heinrich Heine: Deutschland. Ein Wintermärchen. Sämtliche Schriften Bd. 7, S. 628
251 Höhn: Heine-Handbuch, S. 107

252 Höhn: Heine-Handbuch, S. 94
253 Heine: Briefe Bd. 5, S. 404
254 Heine: Neue Gedichte. Sämtliche Schriften Bd. 7, S. 369
255 Heine: Briefe Bd. 2, S. 564
256 Stern: Heinrich Heines Krankheit, S. 78
257 Heine: Briefe Bd. 3, S. 10
258 Höhn: Heine-Handbuch, S. 107
259 Heine: Briefe Bd. 3, S. 29
260 Heine: Briefe Bd. 3, S. 37
261 Heine: Romanzero. Sämtliche Schriften Bd. 11, S. 41
262 Heine: Briefe Bd. 3, S. 58
263 Heine: Briefe Bd. 3, S. 52
264 Heine: Briefe Bd. 3, S. 67
265 Heine: Briefe Bd. 3, S. 82
266 Heine: Testamente. Sämtliche Schriften Bd. 11, S. 534
267 Werner: Begegnungen mit Heine, Bd. 2, S. 15
268 Heine: Testamente. Sämtliche Schriften Bd. 11, S. 536
269 Heine: Neue Gedichte. Sämtliche Schriften Bd. 11, S. 270
270 Heine: Lutetia. Sämtliche Schriften Bd. 9, S. 230–239
271 Heine: Nachgelesene Gedichte. Sämtliche Schriften Bd. 11, S. 333
272 Heine: Briefe Bd. 3, S. 291
273 Heine: Romanzero. Sämtliche Schriften Bd. 11, S. 186
274 Heinrich Heine: Gedichte 1853 und 1854. Sämtliche Schriften Bd. 11, S. 194–197
275 Heine: Briefe Bd. 3, S. 391
276 Heine: Sämtliche Schriften Bd. 12, S. 294
277 Heine: Briefe Bd. 3, S. 617
278 Heine: Nachgelesene Gedichte. Sämtliche Schriften Bd. 11, S. 342–343
279 Werner: Begegnungen mit Heine, Bd. 2, S. 472
280 Heinrich Heine: Geständnisse. Sämtliche Schriften Bd. 11, S. 498

# *Zeittafel*

1797 Am 13. Dezember wird Harry (Heinrich) Heine als Sohn des Kaufmanns Samson Heine und seiner Ehefrau Betty, geb. van Geldern in Düsseldorf geboren.
1798 Eintragung in das Register der jüdischen Gemeinde.
1800 Geburt der Schwester Charlotte.
1803 Unterricht in der israelitischen Privatschule.
1804 Aufnahme in die Normalschule.
1805 Geburt des Bruders Gustav.
1806 Geburt des Bruders Maximilian.
1807 Eintritt in das Lyzeum.
Das Herzogtum Berg mit Düsseldorf wird französisches Département.
1811 Kaiser Napoleon I. in Düsseldorf. Rechtsgleichheit jedes Bürgers des Départements Bergen, auch der Juden, vor dem französischen Gesetz.
1814 Heine verläßt das Lyzeum (jetzt Gymnasium) ohne Reifezeugnis. Für kurze Zeit Besuch einer Handelsschule in Düsseldorf.
Abdankung Napoleons und Einsetzung Ludwigs XVIII. Eröffnung des Wiener Kongresses am 30. September unter Vorsitz von Metternich.
Das Großherzogtum Bergen wird Preußen zugeschlagen. Eine letzte französische Verordnung gibt allen zwischen 1791 und 1801 in Düsseldorf geborenen Personen das Recht, in Frankreich zu leben. Heine kann deshalb später nicht aus Frankreich ausgewiesen werden.
1815 Heine bricht nach zwei Monaten eine kaufmännische Lehre in Frankfurt a. M. ab. Häufige Bibliotheksbesuche in Düsseldorf.
Rückkehr Napoleons von Elba für ›Hundert Tage‹ und endgültige Abdankung.
Am 8. Juni Begründung des Deutschen Bundes (34 Monarchien und 4 Freie Städte).
1816 Lehrzeit im Bankhaus des Onkels väterlicherseits, Salomon Heine, in Hamburg.
1818 Salomon Heine richtet seinem Neffen ein Manufakturwarengeschäft ein, das den Namen ›Harry Heine & Comp.‹ trägt. In der Zeitschrift ›Hamburgs Wächter‹ erscheinen Heines erste

Gedichte unter dem Pseudonym Sy Freudhold Riesenharf. Wirtschaftskrise nach Beseitigung des napoleonischen Wirtschaftsboykotts gegen England. Studenten und Burschenschaftler feiern am 10. Oktober auf der Wartburg bei Eisenach das Ende der Befreiungskriege gegen Napoleon.

1819 Heine, der von Onkel Salomon finanziell unterstützt wird, macht in Düsseldorf seinen Gymnasiumsabschluß und bereitet sich auf sein Jurastudium vor. Im Dezember Immatrikulation an der Universität in Bonn. Literaturvorlesungen bei August Wilhelm Schlegel.
Annahme der Karlsbader Beschlüsse – Maßnahmen gegen patriotische ›Demagogen‹ – durch die Bundesversammlung. Beginn der Kontrolle durch Zensur und Polizeispitzel.

1820 Heine duelliert sich wegen judenfeindlicher Äußerungen mit einem Burschenschaftler. Er gehört selber zeitweise einem Studentenverband an. Nach Wechsel an die Göttinger Universität wiederholt Auseinandersetzungen mit Burschenschaftlern. Er wird für ein halbes Jahr vom Lehrbetrieb ausgeschlossen.

1821 Ab 20. März in Berlin. Studium an der Universität (u. a. bei Hegel). Bekanntschaft mit Karl August und Rahel Varnhagen. Veröffentlichung der ersten Lyriksammlung: ›Gedichte‹.

1822 Aufnahme in den ›Verein für Cultur und Wissenschaft der Juden‹ und Reise in den preußischen Teil Polens. Es erscheinen die Korrespondenzberichte ›Briefe aus Berlin‹.

1823 Nach Veröffentlichung der ›Tragödien, nebst einem lyrischen Intermezzo‹ und des Berichts ›Über Polen‹ verläßt Heine Berlin und zieht zu seinen Eltern nach Lüneburg. Aufenthalte in Hamburg, Cuxhaven und Ritzebüttel.

1824 Ab 24. Januar Fortsetzung des Studiums in Göttingen. Wanderung durch den Harz und Weiterreise bis Eisenach.

1825 Im Mai juristisches Examen und am 20. Juli Promotion zum Doktor der Rechte. In der Zwischenzeit, am 20. Juni, Übertritt zum protestantischen Glauben durch Taufe in Heiligenstadt. Aufenthalte in Lüneburg, Hamburg und Norderney.

1826 Aufenthalte in Cuxhaven, Ritzebüttel, Norderney, Lüneburg und Hamburg. Campe, der Heines gesamtes Werk herausgibt, veröffentlicht im Mai in seinem Verlag ›Hoffmann und Campe‹ den ersten Band der ›Reisebilder‹ mit dem Prosatext ›Die Harzreise‹ und den Gedichtzyklen ›Die Heimkehr‹ und ›Die Nordsee I‹.

1827 Zu Beginn von Heines Englandreise (14. April bis 16. August) erscheint der zweite Band der ›Reisebilder‹ mit dem Gedichtzyklus ›Die Nordsee II‹, den Prosatexten ›Die Nordsee III‹ und ›Ideen. Das Buch Le Grand‹ und den ›Briefen aus Berlin‹. Die Xenien Immermanns im Anhang von ›Die Nordsee III‹ führen 1829 zur Platen-Affäre. Anschließend an England Aufenthalte in Holland, Norderney, Wangerooge und Hamburg. Im Oktober erscheint das ›Buch der Lieder‹, eine Sammlung von Gedichten aus den Jahren 1819 bis 1827. Im November reist Heine nach München (bei einem Zwischenaufenthalt in Frankfurt Begegnung mit Börne und dessen Freundin Jeanette Wohl). Anstellung durch den Verleger Cotta als Redakteur der ›Neuen allgemeinen politischen Annalen‹.

1828 Reise nach Italien (4. August bis 11. Dezember) und Mitte Dezember Rückkehr nach Hamburg. Heine erfährt, daß sein Vater bereits am 2. Dezember gestorben ist.

1829 Aufenthalte in Hamburg, Potsdam, Berlin und auf Helgoland. Im Dezember erscheint der dritte Band der ›Reisebilder‹ mit den Prosatexten ›Reise von München nach Genua‹ und ›Die Bäder von Lucca‹. Das Kapitel XI der ›Bäder‹ löst die Platen-Affäre aus.

1830 Heine wird wegen seiner Polemik gegen Platen in der Presse und von Freunden angegriffen. Aufenthalte in Hamburg, auf Helgoland und in Berlin. Letzte vergebliche Versuche, ein Staatsamt als Universitätsprofessor oder Jurist zu erhalten.
Im Juli Ausbruch einer Revolution in Paris und nachfolgend Aufstände in Ländern des Deutschen Bundes und in Warschau. In Frankreich wird Louis-Philippe neuer König und repräsentiert bis 1848 die sogenannte Bürgermonarchie.

1831 Im Januar erscheint der vierte Band der ›Reisebilder‹ mit den Prosatexten ›Englische Fragmente‹ und ›Die Stadt Lucca‹. Im Mai verläßt Heine Hamburg und reist über Frankfurt nach Paris. Sommeraufenthalt in Boulogne-sur-Mer.

1832 Heine schreibt für französische und deutsche Zeitungen, darunter Cottas ›Morgenblatt‹ und die in ganz Europa angesehene ›Augsburger Allgemeine‹. Der Verleger Renduel veröffentlicht in der Folgezeit die Werke Heines in Übersetzungen. Heine besucht ab Januar mehrere Versammlungen der Saint-Simonisten.

1833 Bei Campe erscheinen die Berichte ›Französische Zustände‹. Nach dem demokratisch-republikanischen Fest auf Schloß Hambach im Mai verschärft die Bundesversammlung auf Betreiben Metternichs die Maßnahmen gegen ›Demagogen‹. Aufenthalte in Le Havre, Dieppe und Rouen.

1834 Heine schreibt für ›L'Europe littéraire‹ eine Artikelserie über deutsche Literatur (später ›Die Romantische Schule‹) und für die ›Revue des Deux Mondes‹ Essays ›Zur Geschichte der Religion und Philosophie‹. Im Oktober lernt er Crescence Eugénie Mirat im Schuhgeschäft ihrer Tante kennen. Er nennt sie Mathilde und heiratet sie im Jahr 1841. Im Dezember erscheint bei Campe der erste Band des ›Salon‹ mit den Berichten ›Französische Maler‹ und mit 56 Gedichten.

1835 Im Rahmen einer ersten französischen Werkausgabe erscheint ›De l'Allemagne‹. Campe veröffentlicht den zweiten Band des ›Salon‹, der die drei Essays ›Zur Geschichte der Religion und Philosophie in Deutschland‹ und ›Frühlingslieder‹ enthält.

Am 10. Dezember Bundestagsbeschluß gegen die Veröffentlichung der Schriften von Heine, Gutzkow, Laube, Mundt und Wienbarg, den Hauptvertretern des liberalen ›Jungen Deutschlands‹.

1836 Heine schreibt einen ›Offenen Brief‹ an die Bundesversammlung. Im Herbst Reise durch Südfrankreich.

1837 Es erscheint der dritte Band des ›Salon‹ mit dem autobiographischen Text ›Florentinische Nächte‹, einer Studie über nordische Sagen und Legenden mit dem Titel ›Elementargeister‹ und der polemischen Schrift ›Über den Denunzianten‹ gegen den Literarhistoriker Wolfgang Menzel. Tod Börnes am 12. Februar.

1838 Heine nimmt am 2. Oktober an der Hochzeit seines Vetters Carl, des Sohns von Salomon Heine, mit Cecile Futardo, der Tochter eines Pariser Bankiers, teil.

1839 Ein Augenleiden behindert Heine beim Lesen und Schreiben.

1840 Heine schreibt über die Judenverfolgung in Damaskus. Im August erscheint das Buch ›Ludwig Börne. Eine Denkschrift‹, eine kritische Würdigung Börnes und ein Überblick über die Aktivitäten liberaler Bewegungen. Im Oktober Veröffentlichung des vierten Bands des ›Salon‹ mit dem Novellenfragment ›Der Rabbi von Bacherach‹, Berichten ›Über die französische Bühne‹ und neuen Gedichten. Auf Veranlassung des Ministerpräsidenten Thiers bezieht Heine aus einem staatlichen Geheimfonds eine Jahrespension, die 1848 mit dem Sturz der Julimonarchie Louis-Philippes erlischt.

In Preußen wird durch den neuen König Friedrich Wilhelm IV. vorübergehend die Zensur gelockert. Anschließend verschärfter reaktionärer Kurs.

1841 Heine heiratet Mathilde in der Kirche Saint-Sulpice und widmet sich wieder verstärkt der Lyrik. Im Sommer Reise in die Pyrenäen. Im Herbst Duell mit Salomon Strauß, dem Mann von Jeanette Wohl, wegen Beleidigungen im ›Börne‹-Buch (Heine konstruierte ein Dreiecksverhältnis Börne-Jeanette-Strauß).

1842 Heine arbeitet am Epos ›Atta Troll‹.

1843 Im März erscheint ›Atta Troll. Ein Sommernachtstraum‹ in Laubes ›Zeitung für die elegante Welt‹ in Leipzig und als Buch 1847 bei Campe in Hamburg. Von Oktober bis November Reise nach Hamburg. Nach der Rückkehr Bekanntschaft mit Karl Marx, der die Zeitschrift ›Deutsch-Französische Jahrbücher‹ gründete.

1844 Im Oktober zweite Reise nach Hamburg. Im September erscheint Heines zweite große Lyriksammlung ›Neue Gedichte‹ mit den Teilen ›Neuer Frühling‹, ›Verschiedene‹, ›Der Tannhäuser‹, ›Romanzen‹, ›Zeitgedichte‹ und ›Deutschland. Ein Wintermärchen‹. Am 23. Dezember Tod Salomon Heines.

1845 Beginn eines zweijährigen Erbschaftsstreits mit Carl Heine, der sich weigert, die väterliche Verpflichtung einer Jahresrente für seinen Vetter Heinrich zu übernehmen.

1848 Heine leidet unter Lähmungserscheinungen, die ihn vom Herbst an bis zu seinem Tod ans Bett fesseln. Im Februar Ausbruch einer Revolution in Paris, die sich fast durch ganz Europa fortsetzt, aber bereits nach kurzer Zeit von reaktionären Kreisen erstickt wird.

1851 Die dritte große Lyriksammlung Heines, ›Romanzero‹, erscheint mit den Teilen ›Historien‹, ›Lamentationen‹ und ›Hebräische Melodien‹.

1854 Es erscheinen ›Lutetia‹, das Hauptwerk des Zeitkritikers und Prosakünstlers Heine, ›Gedichte. 1853 und 1854‹ und ›Geständnisse‹.

1855 Heine verliebt sich in Elise Krinitz, seine ›Mouche‹, der er das Gedicht ›Lotusblume‹ widmet.

1856 Am 17. Februar stirbt Heine. Seine Beerdigung findet am 20. Februar auf dem Friedhof Montmartre statt.

## *Bibliographie*

Arendt, Hannah: Rahel Varnhagen. München 1959
Becker, Heinz: Der Fall Heine - Meyerbeer. Berlin 1958
Berlin, Isaiah: Karl Marx. München 1959
Börne, Ludwig: Gesammelte Schriften. Leipzig 1899
Eggert, Jens: Mit lachender Träne. In: Schriften der Heinrich Heine-Gesellschaft. Düsseldorf 1965
Elbogen, Ismar/Sterling, Eleonore: Die Geschichte der Juden in Deutschland. Frankfurt a. M. 1966
Fichte, Hubert: Deiner Umarmungen süße Sehnsucht. Tübingen 1965
Hädecke, Wolfgang: Heinrich Heine. München 1985
Heine, Heinrich: Briefe. Hg. Friedrich Hirth. Mainz 1965
Heine, Heinrich: Sämtliche Schriften. Hg. Klaus Briegleb. München 1976
Hermand, Jost (Hg.): Der deutsche Vormärz. Stuttgart 1967
Höhn, Gerhard: Heine-Handbuch. Stuttgart 1987
Hosfeld, Rolf: Die Welt als Füllhorn: Heine. Berlin 1984
Houben, H. H. (Hg.): Gespräche mit Heine. Frankfurt a. M. 1926
Immermann, Karl: Ausstellungskatalog. Düsseldorf 1990
Kampmann, Wanda: Deutsche und Juden. Frankfurt a. M. 1979
Kraus, Karl: Heine und die Folgen. Stuttgart 1986
Krausnick, Michail: Die eiserne Lerche – Georg Herwegh. Baden-Baden 1990
Kruse, Joseph A.: Heine und Düsseldorf. Düsseldorf 1984
Kuttenkeuler, Wolfgang: Heinrich Heine. Theorie und Kritik der Literatur. Stuttgart 1972
Kuttenkeuler, Wolfgang: Heinrich Heine und Karl L. Immermann. In: Zeitschrift für Deutsche Philologie, Bd. 91. Berlin 1972
Lefebvre, Jean Pierre: Der gute Trommler. Heines Beziehung zu Hegel. Hamburg 1986
Maurois, André: Napoleon. Reinbek 1966
Mayer, Hans: Außenseiter. Frankfurt a. M. 1981
Mende, Fritz: Heinrich Heine. Chronik seines Lebens und Werkes. Berlin 1970
Rosenthal, Ludwig: Heinrich Heines Erbschaftsstreit. Bonn 1982
Ruiz, Alain: Les émigrés allemands en France. Paris 1983
Sammons, Jeffrey L.: Heinrich Heine (Sammlung Metzler Band 261). Stuttgart 1991

Scurla, Herbert: Begegnungen mit Rahel. Berlin 1966
Sembritzki, Johannes: Karl August Varnhagen von Ense als Zeuge des zeitgenössischen Theaters in Berlin. Berlin 1970
Stern, Arthur: Heinrich Heines Krankheit und seine Ärzte. In: Heine-Jahrbuch 1964. Hamburg 1963
Text und Kritik. Zeitschrift für Literatur, Bd. 18/19, Heinrich Heine. München 1962
Weis, Eberhard: Der Durchbruch des Bürgertums. In: Propyläen Geschichte Europas, Bd. 4. Frankfurt a. M. 1975
Werner, Michael: Begegnungen mit Heine. Hamburg 1973
Werner, Michael: Frères d'armes ou frères ennemis? Heine et Boerne à Paris (1830-1840). In: Francia 7 (1979). München 1980
Wessling, Berndt W.: Franz Liszt. München 1979
Wülfing, Wulf: Junges Deutschland. München 1978
Ziegler, Edda: Julius Campe. Der Verleger Heinrich Heines. Hamburg 1976

# *Personenverzeichnis*